责任编辑:郭珍宏

图书在版编目(CIP)数据

2012 年首都旅游产业研究报告/黄先开,张凌云主编. —北京:旅游教育出版社,2012.12
ISBN 978 – 7 – 5637 – 2523 – 6

Ⅰ.①2… Ⅱ.①黄… ②张… Ⅲ.①旅游业—研究报告—北京市—2012 Ⅳ.①F592.71

中国版本图书馆 CIP 数据核字(2012)第 288277 号

2012 年首都旅游产业研究报告

黄先开　张凌云　主编

出版单位	旅游教育出版社
地　　址	北京市朝阳区定福庄南里 1 号
邮　　编	100024
发行电话	(010)65778403　65728372　65767462(传真)
本社网址	www.tepcb.com
E – mail	tepfx@163.com
印刷单位	北京中科印刷有限公司
经销单位	新华书店
开　　本	787mm×1092mm　1/16
印　　张	17.75
字　　数	302 千字
版　　次	2012 年 12 月第 1 版
印　　次	2012 年 12 月第 1 次印刷
定　　价	45.00 元

(图书如有装订差错请与发行部联系)

BEIJING CAPITAL TOURISM INDUSTRY REPORT 2012

黄先开　张凌云　主编

北京市社会科学界联合会·北京旅游学会·北京联合大学旅游学院

2012年首都旅游产业研究报告

首都旅游发展论坛年度系列研究报告（第1卷）

北京·旅游教育出版社

首都旅游发展论坛年度系列
研究报告学术委员会

总顾问：鲁 勇　陈之昌　徐永利

主 任：黄先开

副主任：安金明　张凌云

学术委员会委员（以姓氏拼音为序）：

蔡 红　戴 斌　戴学锋　李 享　李雪敏　刘德谦

刘思敏　宁泽群　石美玉　王 静　王衍用　魏小安

吴必虎　徐菊凤　张广瑞　张 辉　邹统钎

序 言

黄先开[*]

北京联合大学是1985年经教育部批准成立的北京市综合性大学。学校拥有考古学、计算机科学与技术、食品科学与工程、软件工程、工商管理(含旅游管理)5个一级学科硕士学位授权点,经济法学、计算机应用技术、食品科学、特殊教育学、人文地理学、旅游管理学6个学科为北京市重点建设学科。北京联合大学高度重视旅游学科专业建设,大力整合全校资源,重点围绕现代旅游产业发展需要,构建学科专业体系。

北京联合大学旅游学院的前身是1978年在北京第二外国语学院分院基础上组建的"北京旅游学院",1985年并入北京联合大学,是全国最早设立旅游专业的院校。目前学院拥有专任教师150多名,其中高级职称50多名;获得博士学位的教师有50多名,是全国规模最大的旅游专业高等院校。学院主办和编辑的《旅游学刊》(Tourism Tribune)是国内外著名的权威旅游学术期刊。刊物的影响因子一直名列国内同类期刊之首,是首批受国家社科基金资助的学术期刊。

自2010年起,旅游学院积极创造条件引进了一批高水平学科和学术带头人、博士及博士后共23人。力争在"十二五"末,把北京联合大学旅游学院建成全国规模最大、教学条件最好、具有博士学位教师最多的一所专门为旅游研究与旅游行业培养高端人才和开展旅游行业与应用研究的旅游学院。

目前,我国正处于社会经济转型期,旅游业已经成为我国国民经济的战略性支柱产业和现代服务业。旅游业是一门应用性和实践性都很强的新兴学科。从事旅游科研和教学工作者必须走官、产、研、学相结合,多学科、多领域的交叉融合与协同创新的道路。研究旅游实践中的现实问题,并上升到理论构建,再应用于指导实践。正是基

---

[*] 作者系北京联合大学副校长、旅游学院院长,《旅游学刊》主编,北京旅游学会副会长,教授,博士生导师。

于这样的认识,我们与北京市社会科学界联合会、北京旅游学会联合创办了首都旅游发展年度专题论坛,今年是首届。开办这一论坛的宗旨是,为首都旅游业发展把脉,探讨首都旅游业发展中的重大理论问题和发展实践中遇到的疑点难点。今年论坛主题是"北京建设一流国际旅游城市",与会代表就此主题发表了许多很有见地、很有启迪性的真知灼见。为了推广和传播"首都旅游发展年度专题论坛"的成果,北京市社会科学界联合会、北京旅游学会和北京联合大学旅游学院会将每年度参加论坛的专家学者和嘉宾的精彩言论和精辟思想结集出版。同时,为了深化论坛主题的研究,旅游学院还将动员全院的教师,组织科研力量就当年的专题和相关基础理论进行全方位、多视角的研究和调研,其中有些成果的部分内容已经发表。为了丰富论坛的专题研究和全面展示与本专题相关的研究成果,我们将旅游学院教师们的相关研究成果作为论坛研讨内容的补充,一起结集作为《首都旅游产业研究报告》(年度系列报告丛书)发表。为首都旅游产业的发展尽绵薄之力。

第一届首都旅游发展论坛综述

王 静 张凌云

"首都旅游发展论坛"由北京联合大学、北京市社会科学界联合会(北京社科联)和北京旅游学会发起主办,北京市旅游局(现改名"北京市旅游发展委员会")支持,北京联合大学旅游学院承办。首届论坛主题是"北京建设一流国际旅游城市",主要针对北京旅游发展中的热点问题,组织智力资源进行讨论、解读,期望能够为北京旅游业的发展提供方案支持,为政府决策提供服务。论坛会聚了首都旅游界的专家学者,共同研讨北京旅游发展所面临的重大理论和现实问题,推动理论工作部门和实际工作部门之间的联系,在政府、学界、社会之间搭建交流平台,促进学术研究成果更好地服务政府决策与社会需求。

首届首都旅游发展论坛于 2011 年 1 月 16 日在北京联合大学学术报告厅揭幕,活动由开幕式和论题讨论两个部分组成。开幕式由北京联合大学校长柳贡慧教授主持,国家旅游局、教育部、北京市教委、北京首旅集团、北京社科联、北京市旅游局、北京联合大学相关领导以及国内旅游界的知名专家学者、在京高校师生代表三百余人共襄盛举。

在开幕式上国家旅游局政策法规司司长刘小军向论坛的开幕表示祝贺,并致辞说,目前我国处于"十一五"和"十二五"的转折时期,过去五年,是我国旅游业非常重要的黄金发展期,不仅表现在产业和市场规模的急速增长,更是结构优化的一个变革性的发展阶段,产业结构呈现出更多的现代服务业的发展特征,旅游服务贸易的结构有了颠覆性的转变,逆差急速扩大,旅游城乡消费结构发生了非常大的变化,特别是通过旅游渠道,城市的生产、消费要素向农村移动的特征非常明显。根据国务院 41 号文件精神和北京发展的实际,未来五到十年北京将建设成为国际一流的旅游城市。面对继往开来的蓬勃发展时期,将出现一系列亟待研究的重要课题。如世界一流旅游城市建设的路径和标准,旅游公共服务如何与城市公共服务兼容,面向世界的旅游体系的支撑架构,等等。北京联合大学以服务首都经济为己任,以发展旅游学科为重要方向,一直以来,就是旅游业界非常活跃的学术领地,非常期待从这里发现真谛,得到启迪。

北京市社科联党组副书记、副主席陈之昌在致辞中表示,当前全球能源和自然资源日趋紧张,环保呼声日益高涨,转变发展方式、优化产业结构已成为北京市乃至全国都必须面对的战略性问题,旅游产业低碳环保在拉动经济增长、调整产业结构、推进生态文明等方面具有重要的意义。当今世界,许多国家和地区都把发展旅游产业视为经济可持续发展的重要突破口。《国务院关于加快发展旅游业的意见》明确指出,要把旅游业培育成国民经济的战略性支柱产业,《北京市人民政府关于贯彻落实国务院加快发展旅游业文件的意见》中,也强调要着眼世界一流,努力将旅游业培育成为首都经济的重要支柱产业和人民群众更加满意的现代服务业,实现旅游的资源多样化、服务便利化、管理经济化、市场国际化。可以预见,我国和首都北京的旅游业必将迎来新一轮的发展高潮。当前北京已进入全面建设现代化国际大都市的新阶段,进入建设世界城市的新阶段,因此,北京应当借此机会,加快国际一流旅游城市和国际会展之都的建设,推动旅游产业跨越式发展。本次首都旅游发展论坛可以说是应运而生,来自首都各界的专家、学者,将围绕建设世界一流旅游城市的主题,从不同层次、不同角度进行理论研讨和政策建言,希望能够产生更多更好的成果。希望在瞄准世界城市目标,加快推进首都现代化建设的进程中,首都旅游发展论坛能够成为首都理论界和实务界对话的平台,成为推动首都建设国际一流旅游城市的重要阵地。

北京旅游局副局长、北京旅游学会会长安金明同志在致辞中代表北京旅游局张慧光局长和北京旅游学会欢迎所有参会人员,并表示今后还将以不同的方式支持其他类似的旅游学会交流活动。他还说,这次论坛的主题是建设国际一流旅游城市,是北京在建设世界城市战略下实施的新战略,是"一十百千亿"发展目标之一。按照建设国际一流旅游城市的发展目标,北京市正在制定高水平的旅游发展"十二五"规划,根据城市建设需要和功能定位,规划建设各类旅游基础设施、公共服务设施和旅游服务区,储备并筹集资金,开发会奖高端旅游产品,积极推进旅游业转型升级,加快提升向国际一流水平迈进的北京旅游产业服务水平。"十一五"期间,北京旅游已经迈上了新的发展台阶,正为全面实施"十二五"规划打下良好的发展基础。但是北京在旅游产业规模和服务水平等方面与国际一流旅游城市还存在差距,特别是在入境旅游、国际会议主办数量以及旅游基础设施建设等方面都需要改善和提升,在此背景下,在"十二五"开局之年,召开首届首都旅游发展论坛确实是一件非常有意义的事情,相信通过本次论坛,能够为北京旅游业的发展提供更好、更多的建议,能够更有效地、有针对性地指导北京建设国际一流旅游城市。

北京联合大学党委书记徐永利代表北京联合大学对大家的光临表示热烈的欢迎。他在发言中表示,我们隆重举办首都旅游发展论坛,邀请旅游学界、业界的专家学者相聚在北京联合大学,为北京的旅游发展出谋划策,破解制约发展的深层次问题,意义重大。北京联合大学始终以服务首都经济社会发展为己任,并将加强旅游学科专业的建设,加强旅游学术研究,加快旅游学院的发展,为北京国际一流旅游城市的建设、为北京世界城市建设,贡献更大的力量。

开幕式后,论坛进入讨论阶段,由北京联合大学副校长、旅游学院院长黄先开教授作总主持,共分三个论题进行讨论,十四位学界、业界知名专家参与讨论。

论坛第一个论题为"北京离国际一流旅游城市有多远",著名旅游学者魏小安教授作嘉宾主持,中国旅游研究院院长戴斌教授、北京大学吴必虎教授、北京第二外国语学院旅游管理学院院长邹统钎教授和北京联合大学旅游学院徐菊凤教授围绕论题展开了热烈讨论。

魏小安教授认为建设国际一流旅游城市,国际化是一个方向,一流是一个目标,旅游是一个主题,城市是一个载体,需要我们共同去建设。北京需要发挥自身的优势,实现国际化。所谓国际化就是国际化的环境、制度、规则、心态、运作、管理、服务,等等。一流涉及城市建设能力。北京的旅游资源超出了其他各大城市,在所有的大型城市中属于一流,可以说北京的硬件建设几乎没有距离,北京的软件有很大距离。第一,北京的环境是一个根本性的问题。第二,代表北京文化的载体很难找到,文化和历史的感受越来越少,这一方面,北京离国际一流旅游城市存在非常大的差距。第三,在公共环境、公共服务、公共场所的建设方面,北京的差距也非常明显。如果解决不了这些问题,国际一流旅游城市就无从谈起。北京要建设国际旅游城市,不能采取孤岛式发展,要带动周边城市和地区共同发展,要形成水平模式的都市群。北京处于后工业发展阶段,不能按照工业化发展思路进行建设,后工业化社会是服务业主导的社会。总之,国际一流旅游城市建设中重要的是我们要做什么。第一,公共;第二,环境;第三,细节;第四,形象;第五是工作的落实。

戴斌教授认为讨论北京离国际一流旅游城市有多远,首先要问的是离老百姓有多远。一个城市,如果不能让它的市民感到亲切、自然,就不可能让国际游客、外来人口、旅游者感到亲近和满意。真正的国际旅游城市,应当是亲民的,让人可亲近的。一个城市是不是国际一流城市,有三个关键词:品质、分享、宽容。一是要有品质,品质是服务。二是分享,对本地市民开放,同时对外来的游客开放。三是宽容。国际化更多的是国际的品质，国际的发展理念，国际化的服务品质，分享的理念，宽容的理念。对于如何来建设世界城市，第一，从形象来说，要宣传一个真实的北京、宽容的北京，是人民共享的北京。第二，更加发挥民间的力量。此外，市场机制在资源配置中起主导作用，要把很多工作做细致。

吴必虎教授认为，建设国际一流旅游城市首先要了解北京和伦敦、东京、巴黎等城市有什么不同，而不要把他们单纯地设为目标。有一些不同要改变，有一些不同要保留。在国际化过程中，北京应该更加张扬自己和这些城市的不同，变成一个国际一流旅游城市，或者说世界城市。

邹统钎教授根据自己的研究成果认为，北京离国际一流旅游城市的确有差距，而且差距不小。所有的世界一流城市有两个条件，要是一个一流的旅游目的地，同时又是一个一流的旅游枢纽。北京的建设要从战略上要转变，不能只是建设成为一个旅游目的地，而应该同时定义为世界一流的旅游目的地城市和枢纽，成为枢纽之后，才能真正提高自己的掌控能力。

徐菊凤教授认为对于"北京离国际一流旅游城市有多远"这个问题应从多层面分析。建设国际一流旅游城市，首先要让政府承担一定的职责，特别是在旅游业方面，政府需要起到协调作用。此外，要做到精细化管理。在旅游发展方面，要迈向细致化发展，而不是无限扩张，要提升品质。

第二个论题"旅游高等教育改革：路在何方"的嘉宾主持人是教育部工商管理教学指导委员会旅游学科组组长、中国旅游协会旅游教育分会副会长马勇教授，论坛嘉宾由南开大学旅游与服务管理学院李天元教授、北京派雷斯酒店管理顾问有限公司张志军总经理和北京联合大学旅游学院宁泽群教授组成。

马勇教授首先介绍了旅游高等教育改革的背景，提出旅游高等教育应如何来适应旅游业的快速发展一直是困扰学术界、教育界和企业界的一个现实问题。尤其是，去年国家出台了《国家中长期教育改革与发展规划纲要》，对旅游高等教育提出了新标准和新要求。他认为旅游高等教育改革应考虑两个问题：旅游高等教育的定位问题和旅游高等教育的创新问题。目前，全国的旅游高等教育分为两个层次，一是本科以上的高等教育，二是职业教育。职业教育的定位比较清晰，但是本科教育或者本科以上的教育（包括硕士、博士），一直以来定位不清晰，导致很多问题。实际上，旅游本科教育应该培养的是管理者而不是服务员。旅游高等教育的创新主要包括课程的创新、师资配备方面的创新等内容，不能忽略社会需求的因素。

李天元教授认为，旅游高等教育改革面临两个问题，一个是满足社会对人才的需求,一个是如何引导这个行业向更优的方向发展。满足社会对人才的需求,就要加强旅游人才的培养。既要保留传统教育优势,又要根据社会需求设置新的专业课程,实行专业学位教育,加强素质教育,培养学生的创新能力。如何引导这个行业向更优的方向发展,主要依靠科学研究。

宁泽群教授认为,旅游高等教育目前主要存在三方面问题:一是培养定位存在问题;二是专业设置存在问题;三是如何看待大学教育的核心问题。旅游高等教育要培养高级人才,培养现有经营管理者的接替者。旅游高等教育专业设置最重要的是核心课程群的设计,一个大学主要是三个知名,知名教授、知名课程、知名教材。大学教育最核心的问题是科学研究。因为大学就是一个知识创新的机构,科研是大学最核心的任务。年轻学者要敢于否定权威,甚至否定自己。旅游高等教育需要创新,不仅要在设计培养方案上创新,还要在教学观点上创新。

张志军总经理认为,高等教育是全社会的问题,应靠全社会来解决。全社会都要对大学生的社会地位重新认识,对服务行业重新认识。旅游高等教育应该培养两种人,一种是企业所需要的高层管理者,另一种是基础理论的研究者。培养企业所需要的高层管理者需要考虑到社会的需求,所以,学校要多设置实践课程,多聘请有企业工作经验的教师或兼职教师。此外,旅游高等教育要尽量扭转抹煞个性和理想化教育的状态。

第三个论题是"如何衡量旅游对北京经济的贡献",主持嘉宾为北京交通大学旅游发展与规划研究中心主任王衍用教授,参与讨论的嘉宾有北京联合大学旅游学院教授、《旅游学刊》创始人之一刘德谦先生、北京第二外国语学院旅游发展研究院张凌云教授(现任北京联合大学旅游学院副院长和旅游发展研究院院长)、中国旅游报经济编辑部刘思敏主任和中国社会科学院旅游研究中心戴学锋副主任。五位专家就论坛话题展开了激烈的讨论,深入浅出地说明了各自的观点。

王衍用教授认为,建设国际一流的旅游城市需要依靠相关数据来支撑,即经济指标。国务院41号文件把旅游产业定位为战略性支柱产业,说明了其对于全国未来经济发展的重要作用。旅游业的收益涉及到社会产业中各个方面,对其本身和其他产业的发展贡献巨大。2008年,旅游收入占到了北京市GDP的6.7%(北京市统计局认为超过5%即为支柱产业),这说明了旅游产业对于北京经济的贡献,但相对来讲,这个数据还是被低估了,因为旅游产业和其他产业的融合度非常高。王教授认为,旅游业第一是形象产业,第二才是功能产业,如果仅仅将其看做经济产业,旅游业就难以得到太大的发展。旅游业的最大贡献是对社会发展的引领作用,而其对经济的贡献则是必然的。

刘德谦教授同意王衍用教授的观点,旅游业的供给,关系到吃住行游购娱,分散在国民经济中的各个行业中。国家有一个关于国民经济行业的标准,行业标准里面有大类、中类、小类,旅游业跨越了很多门类,它创造的价值已经分散到各个行业中去了,而旅游对这些行业的贡献并没有完整剥离开来,纳入到旅游经济创造的贡献中去。旅游业正在成为一个产业集群,不是一个简单、独立的行业,所以其经济贡献值得认真分析。

张凌云教授认为需要从两个层面思考本论题。第一,为什么要衡量旅游对北京经济的贡献?这是一个观念问题。第二,如何衡量旅游对北京经济的贡献?这是一个技术问题,现有的评估手段常用的有三种,一是投入产出表,二是经济普查,三是旅游卫星账户。旅游产业和其他产业不一样,它不是由供给方某一产品的销售量来决定,而是由需求方面决定,它是满足游客的流程过程中的所有需要的汇总。从社会层面我们可以这样计算,在假设没有旅游者的条件下,看北京的经济规模有多大,那么在有了旅游者的情况下,增量就是旅游者带来的。2003年非典时期,通过这种社会实验的比较得出,北京市旅游业对GDP的贡献有7%左右,在全国来看已经很高了。

中国旅游报的刘思敏主任认为,旅游业对经济的贡献不言而喻,在很多国家和地区的重要性都是非常突出的。衡量它的贡献,只是一个技术上的难题。中国旅游报报社最近开辟了一个评论栏目,第一期就是创设旅游恩格尔系数,我们可以找到一个像食物一样的标志性项目来反映一个社会的文明程度,或者居民生活质量程度,而不仅仅是通过解决温饱程度来表明富裕程度。这就是旅游恩格尔系数。旅游对社会的贡献,至少相当于恩格尔时代食品的重要性。北京是旅游业相当发达的地区,旅游的恩格尔系数是比较高的,所以从这个角度,也可以体现出旅游对于北京经济和社会发展的重要作用。

中国社会科学院旅游研究中心戴学锋副主任详细阐述了我国旅游统计的方法及其变迁,并指出目前旅游统计采取了国际通行的支出统计方法,即从旅游者花费的角度进行统计。这种统计方法计算了旅游者的所有花费,是一种较为科学的统计方法。但需要注意抽样群体的代表性和总数量。

衡量旅游对经济的贡献,是政府的需要,也是旅游研究者的需要。旅游对GDP的贡献需要找到科学的计算方法让大家信服。旅游的效益是多元的,经济只是其中一个指标,在谈旅游对经济贡献的同时,也应该强调旅游对社会的贡献和对社会整体经济发展的贡献。

目 录
CONTENTS

第一编 实证研究 ·········· 1

北京建设国际一流旅游城市研究·········· 张凌云 3

北京与东京城市国际旅游发展水平比较研究·········· 张凌云 齐飞 46

2011年北京入境旅游市场发展现状及趋势·········· 张凌云 庞世明 孙琼 56

北京市非物质文化遗产的旅游开发研究·········· 石美玉 李秀娜 石金莲 等 78

第二编 理论探讨 ·········· 127

社会实验:旅游业对地区国民经济影响测度的一种简易方法
——以"非典"时期的北京为例·········· 张凌云 朱新芝 129

第三编 案例研究 ·········· 137

密云县绿色旅游综合配套改革试验区建设研究 ··· 张凌云 张金山 王恒 等 139

通州区京郊旅游发展报告·········· 刘宇 刘敏 吴泰岳 等 175

第四编 项目策划 ·········· 243

水立方2012年度奥运旅游主题策划报告·········· 刘宇 王春才 谭家伦 等 245

第一编　实证研究

- 北京建设国际一流旅游城市研究
- 北京与东京城市国际旅游发展水平比较研究
- 2011年北京入境旅游市场发展现状及趋势
- 北京市非物质文化遗产的旅游开发研究

北京建设国际一流旅游城市研究

张凌云

一、研究背景

北京市委书记刘淇在2011年8月召开的北京旅游产业发展大会上表示,北京确立了打造国际一流旅游城市的发展目标,制定了《关于贯彻落实国务院加快发展旅游产业文件的意见》,提出"大旅游"的发展思路和旅游资源多样化、服务便利化、管理精细化、市场国际化的工作要求,制定了"十二五"旅游发展"一、十、百、千、亿"的任务,即:创建国际一流旅游城市,旅游产业增加值占全市GDP的10%以上,年入境旅游收入超过100亿美元,入境游接待量超过1000万人次,国内游客达到2亿人次。所有这些发展目标中,创建国际一流旅游城市成为重中之重。

虽然目前尚没有世界公认的国际一流旅游城市的统一标准和量化指标体系,但一般来说,国际旅游城市可分为两种类型:一类是一些中小城市因其独特的自然资源、文化遗产或某项独特的旅游吸引物而成为有较强吸引力的某一专题性的旅游观光和度假目的地城市;另一类是国际化大都市,集观光、度假、会展、商务旅游为一身的综合性旅游目的地。前者如墨西哥坎昆、英国巴斯、美国拉斯韦加斯等,后者如法国的巴黎、日本的东京、英国的伦敦、美国的纽约等。北京是国际上著名的特大型城市,又是我国的首都,其功能定位是全国的政治、文化、科教和对外交往中心。显然,北京城市的发展定位应该属于后者。目前,国际公认的综合性、现代化国际一流旅游城市是法国巴黎、日本东京、英国伦敦和美国纽约。其中美国纽约不是首都城市,而是发达的工商城市,其城市性质和功能与我国的上海类似。而北京与其他三座城市,尤其是巴黎具有较大的可比性。因此,对于北京如何建设世界城市的问题,可以通过比较北京与这些公认的国际一流旅游城市之间的差异,将发扬和保持优势、克服和改进劣势作为建设国际一流旅游城市的努力方向和工作目标。

二、北京与世界四大国际一流旅游城市的比较分析

(一)城市基本情况

从北京与四大城市的基本情况的比较中可看出,北京建城历史比四大城市都要悠久,但建都的历史,除纽约不是首都城市外,仅比东京早,略晚于伦敦、巴黎;北京的市区人口比四大城市都要多,但GDP总量、人均GDP和经济密度与四大城市相比,还存在着较大的差距。

表1 北京与东京、巴黎、纽约、伦敦等四大城市基本情况比较

	北 京	东 京	巴 黎	纽 约	伦 敦
建城历史(年)	3050	820	2000	387	2000
建都时间(公元)	12世纪中叶	17世纪初	12世纪初	—	11世纪
市区面积(km²)	735	621	105	8683	303
大区面积(km²)	16 800	13 000	12 012	17 405	1580
行政区划数	16	23	20	5	32
市区人口(万人)	1080(2009)	1301(2010)	221(2008)	918(2010)	717(2007)
大区人口(万人)	2032(2010)	3670(2009)	1150(2008)	1988(2010)	756(2007)
大区人口密度(人/km²)	1045(2009)	2823(2009)	957(2008)	1142(2010)	4761(2007)
GDP(亿美元)	2056(2010)	29 900(2010)	6581(2010)	26 300(2010)	6955(2010)
人均GDP(美元/人)	11 715(2010)	81 471(2009)	57 226(2008)	132 294	91 997
经济密度(万美元/km²)	1225	7308	4695	6510	44 109

资料来源:本研究综合相关资料整理得出

城市的综合经济实力是建设国际一流旅游城市的经济基础,北京的综合经济实力弱于四大城市的现实,说明北京建设国际一流旅游城市任重道远,不可能一蹴而就。

(二)城市经济发展水平

综合衡量城市经济发展水平可以有多项指标,其中城市GDP总量(或人均GDP)和第三产业在国民经济中所占的比重值是较为重要的指标。这两项指标突出地反映出城市经济的发展水平和产业结构。1998年世界四大城市人均GDP是30 322美元,同年北京只有1319美元,仅为世界四大城市平均值的4.3%,但北京人均GDP的增长很快,2006年北京的人均GDP增长到6282美元,八年间增长了4.8倍。2010年已超过了一万美元,而在编制北京市"十一五"规划时,当时专家最为乐观的预测也仅为6000美元,即使扣除人民币升值因素后,这个涨幅也是非常惊人的。按照世界银行划分标准,北京市已经进入中等富裕城市。第三产业比重高达75.8%,居全国首位,接近世界四大城市的低限。

由于统计口径和统计数据的来源不同,世界四大城市的GDP或人均GDP有着不同的版本,一些国际组织对于GDP指标采取购买力平价方法进行校正。因此,各种版本的城市GDP排序,结果不尽相同。在普华永道(PwC)的城市GDP排行榜中,四大城市列于全球GDP前6名。北京以1660亿美元列第38名。从百强城市的GDP和人均GDP排行榜中可看出,世界城市的GDP规模指标要比人均GDP指标更为重要。目前北京的GDP不到巴黎的30%,人均GDP只有巴黎的21.4%。随着北京市经济的高速增长和人民币相对于美元的持续走强,综合多方面的经济预测,预计到2015年前

后,北京人均GDP将接近或达到2万美元,接近中等发达国家水平,达到四大城市20世纪90年代初的水平。到2020年前后,人均GDP将有可能达到3万到5万美元,达到目前巴黎的水平。

(三) 可进入性和城市交通状况

城市可进入性和交通状况是国际化大都市的重要标志,良好的交通条件是一个城市与外界联系和市内出行便捷、畅通的重要保证。从外部交通看,世界四大城市都在同城拥有两个以上的民用机场,伦敦拥有五座机场,年吞吐旅客在一亿人次以上,纽约和巴黎有四座机场,而东京有两个机场。而目前北京仅有一座民用机场,2001年北京首都国际机场年旅客吞吐量仅分别为伦敦的9.6%、东京的13.0%,纽约的13.3%和巴黎的15.3%。但北京近年来民航运力发展较快,随着首都机场3号航站楼及第三条跑道的竣工,北京航空运输能力将大为提高。从城市排行看,2008年北京的机场吞吐量列全球第9位(见表2)。但就单个机场而言,据国际机场协会(ACI)的统计,2009年北京首都国际机场的年吞吐量6530万人次,增长了17%,远远大于一些国际大都市的机场,从而超过美国芝加哥奥海尔机场一跃成为仅次于美国亚特兰大的哈兹菲尔德—杰克逊机场(8800万人次)、英国伦敦希斯罗机场(6600万人次)的全球第三大机场。2010年北京首都国际机场接待人数又增长了20.1%,达到了7395万人次,已经超过希斯罗机场,列全球第二。而同期四大城市均呈负增长(见表3),北京首都国际机场接待人数已超过了四大城市的主要机场。但由于巴黎、东京、伦敦和纽约都有两个以上机场,如巴黎和纽约都有3个机场(见表4~表6),伦敦有4个机场,因此从整个城市来看,这四大城市的机场吞吐量都超过北京,而北京首都机场的运输能力已趋近饱和,仅靠现有的一个首都机场是无法超过这四大城市的。目前北京已经着手在大兴南部开工建设首都第二机场,这个新机场定位为综合性超大型国际枢纽机场,一期新增航空吞吐能力4000万人次。预计到2015年北京的航空吞吐能力将达到1.4亿人次,如果四大城市仍维持近年来的颓势的话,北京的整体机场吞吐量将超过四大城市。

由于我国的幅员辽阔,航空入境口岸城市较多,在其他口岸城市入境后,第二站来京的游客比例较高。据国家旅游局和国家统计局的抽样调查统计,2009年该比例为20.05%(上海为20.08%,广东为10.31%)。此外,直接从北京入境的境外旅客占总吞吐量的比重较小,2008年北京首都国际机场吞吐的入境游客只占到巴黎戴高乐机场的6.8%(据ACI统计年报的相关数据推算得出)。

表2 2007—2009年世界10大世界城市国际机场旅客吞吐量

单位:百万,%

排名	城　市	2009	份　额	2008	份　额	2007	份　额	2009/2008
1	伦　敦	121.2	14.8	126.9	15.2	129.7	16.0	-4.5
2	纽　约	101.5	12.4	106.2	12.7	109.5	13.5	-4.5
3	东　京	94	11.5	100.2	12	66.7	8.2	-6.2

续表

排名	城市	2009	份额	2008	份额	2007	份额	2009/2008
4	亚特兰大	88	10.8	90.0	10.8	88.7	10.9	−2.2
5	巴黎	83	10.1	87.0	10.4	86.1	10.6	−4.7
6	芝加哥	81.5	10	86.7	10.4	95.6	11.8	−6
7	北京	66.9	8.2	55.7	6.7	53.6	4.0	+20.1
8	达拉斯	63.8	7.8	65.2	7.8	59.8	7.4	−2.1
9	洛杉矶	61.4	7.5	67.7	7.9	69.1	8.5	−6.6
10	上海	57	7	51.1	6.1	—	—	+11.5
合计		818.3	100	836.7	100	812.6	100	−2

资料来源：国际民用航空组织（ICAO）2010 年度报告

表3　2010年四大城市及北京单个国际机场旅客吞吐量

单位：千人、千架次

排名	城市	机场	上、下机旅客			航空器架次		
			2010年	2009年	2010年/2009年(%)	2010年	2009年	2010年/2009年(%)
2	北京	首都国际机场	73 948	65 375	13.1	518	488	6.2
4	伦敦	希斯罗机场	65 882	66 037	−0.2	455	466	−2.4
5	东京	东京国际机场（羽田）	64 069	61 934	3.4	342	336	1.8
7	巴黎	戴高乐机场	58 165	57 907	0.4	492	525	−6.3
14	纽约	肯尼迪国际机场	46 487	45 915	1.2	397	415	−4.3

资料来源：国际民用航空组织（ICAO）2010 年度报告，下同

表4　2010年四大城市机场按国际旅客人数排名

排名	城市	机场	上、下机旅客			航空器架次		
			2010年（千）	2009年（千）	2010年/2009年(%)	2010年（千）	2009年（千）	2010年/2009年(%)
1	伦敦	希斯罗机场	61 041	60 782	0.4	402	408	−1.5
2	巴黎	戴高乐机场	53 150	53 015	0.3	438	429	2.1
10	东京	成田机场	32 141	30 862	4.1	170	171	−0.6
12	伦敦	盖特威克机场	27 870	28 721	−3.0	186	197	−5.6
17	纽约	肯尼迪机场	23 103	21 900	5.5	145	142	2.1

表5　2009—2010年巴黎机场乘客运输量

单位:千人

机场名称	2010	增长率(%)	2009	增长率(%)
戴高乐机场	58 200	-4.7	57 900	-4.7
奥利机场	25 200	-4.2	25 100	-4.9
博韦—迪莱机场	2900	4.3	2600	-4.2
总计	83 000	4	85 600	4.3

表6　2000—2008年纽约三个机场的总游客量

年份	游客数(百万)
2008	107.0
2007	110.0
2006	101.5
2005	99.8
2004	93.9
2003	83.6
2002	81.1
2001	82.9
2000	92.4

资料来源:http://www.nycgo.com/articles/nyc-statistics-page

从市内交通看,世界四大城市的公路交通人均占有面积是17.8平方米,而2004年北京城区的公路交通人均占有面积仅4.9平方米。世界四大城市市内交通的另一个现代化标志是地铁运输非常发达,地铁网纵横交错,如蛛网密布。地铁运输量占全市客运量的60%~80%。而2004年北京的地铁运输量仅占全市客运量的11.8%,2009年上升到36.5%。目前北京市共有8条轨道运营线路以及机场专线,运营里程达到228公里、在建里程280.2公里。六环路、京承高速全线贯通,北京市规划到2015年实现"三环、四横、五纵、七放射"的线网地铁格局,轨道交通运营线路将达到19条,共561公里,预计客流量达到1000万人次。截至目前,随着2010年12月30日开通了大兴线、亦庄线、昌平线、房山线、15号线一期首开段等,北京运营线路达到13条。另外,6号线、7号线、8号线二期、9号线、10号线二期、14号线、15号线一期西段,昌平线北段、S1线西段及西郊线等正在建设过程中。

据预测,5年后北京的日常交通出行量将达每天4000万人次。将建成6号线等15条地铁,五环内线网密度将达每平方公里0.51公里,建设快速路300公里,城市主干道300余公里。到2015年,四环以内轨道交通线网覆盖90%,预计在2015年前将全部建成。在"十三五"期间,北京地铁运营里程将可能达到1000公里,名列世界城市前茅。从地面交通看,无论是运营里程、运营线路,还是运送人数,北京都已大大超过东京。出租车数量北京也比东京多出一万多辆,这还不包括非法运营的出租车(即俗称的"黑车")。据估计,北京市非法运营的出租车已达7.2万辆,超过了正规运营的出租车数量。

但地下交通之间、地下交通与地面交通之间换乘不便,地铁设施较陈旧,随着机场地铁和其他新线的开通以及对现有设施的更新,北京的地铁交通有了一个质的变化,并在一定程度上,缓解了地面交通的拥堵压力。目前,北京的高速公路总里程已达到了884公里,位居国际旅游城市前列。纽约、东京和巴黎的城市交通情况见表7~表9。

表7 2009年纽约公共交通运营情况

公共汽车的数量(辆)	6300
公交线路数量(条)	244
公交周乘客量(万)	230
公交年乘客量(亿)	15.8
地铁线路数(条)	26
地铁车厢数(个)	6400
地铁站数(个)	468
地铁平均周乘客量(万)	510
地铁年乘客量(亿)	15.8
地铁轨道长度(英里)	835
有许可证的出租车数(辆)	13 237
出租车年乘客量(万)	2100
出租车每天的乘客数(人次)	65 000

资料来源:http://www.nycgo.com/articles/nyc-statistics-page

表8 2008年东京都营交通运营情况

名　称	运营里程(公里)	线路条数(条)	每天的乘客数目(万人次)
都营地铁	109.0	4	233.7
都营公交	786.3	139	56.3
都电	12.2	1	5.2
日暮里—舍人线	9.7	1	4.9
轨道交通	2134	44	266 000
地面公共交通	786.3	139	21 000

注:表中的东京系指东京都市圈

资料来源:1. 財団法人運輸政策研究機構「都市交通年報」,www. stat. go. jp/data/nenkan /zuhyou/y1213000. xls

2. 东京市内交通事业 www.metro.tokyo.jp/CHINESE/PROFILE/policy12.htm

据统计,2006年度东京都特别行政区每天大约有2825万乘客。而为这些人移动提供条件的正是连接东京都中心和郊外的JR、私营铁路和主要运行于东京23区内的都营地铁(东京地铁),还有与乘客日常生活密不可分的都营电车、都营巴士等公共交通工具。其中,都营交通担负着23区内交通移动量的9.7%。

表9 2009年巴黎交通运营情况

	客运量(万人)	增长率(%)
欧洲之星(高铁)	920	1.2
大力士高铁(西北高铁)	600	-4.6
地铁,其中:	301 940	-0.8
Métro	147 950	-0.5
RER A-B	44 880	-4.2
Réseau d'autobus	99 590	-1.1
Tramway	8910	-0.1
Orlyval et《voyages》	610	-17.6

资料来源:Tourism in Paris,2010

2010年巴黎共有19 036辆出租车,每天每辆车约运营10~12次,按每次乘坐1.5人匡算,一年巴黎的出租车载客量在一亿人次以上。同时,巴黎还为来访游客建有自行车租赁网络,共有市内1360处、郊区291处租赁服务点,一年共租出自行车2610万次。

2009年纽约的出租车共有13 237辆,年载客量2100万人次。东京出租车数量要多于巴黎、纽约,达5.55万辆。而2009年北京合法注册的出租车数量已达6.73万辆,超过了东京。但作为国际化大都市,北京还缺少世界同类城市中必不可少的城市观光巴士(City Tour/Sightseeing Tour)。四大城市均开辟有多线路(一般都经停在景点附近)、多车型(双层敞篷式或封闭式)、多语种导游(人员导游和电子导游)的观光巴士,这几乎已成为一个旅游城市标志性的流动景观和都市旅游重要的交通工具。

(四)国际会议展览

举办大型国际会议是衡量一个城市国际化程度的一个重要指标,是一个城市综合接待能力的集中体现。能否举办大型国际会议首先是要看场馆设施。四大城市中均拥有大型会议展览中心,展场面积最大的是日本,共达17.3万平方米,展位(座位)数最多的是纽约,为9200个。目前北京虽然展场面积较大,但展位(座位)数与四大城市相比,却是最少的(见表10)。

表10 四大城市及北京主要大型会议展览中心情况

城 市	设施名称	展场面积(平方米)	展位(座位)数
东 京	东京国际展览中心	99 660	1000
	东京国际会议中心	5100	5000
	东京国际贸易中心	56 000	336
	东京会议中心	12 500	—
纽 约	纽约会议中心	—	5400
	JKJ会议中心	83 600	3800
巴 黎	巴黎会议中心	—	4000
	凡尔赛展览馆	219 677	—
伦 敦	亚历山德拉宫	13 550	4000
	奥林匹克中心	29 000	200
北 京	国家会议中心	270 000	6000
	中国国际展览中心(新馆)	192 300	—
	中国国际展览中心(旧馆)	90 000	—
	北京国际会议中心	18 000	2500

资料来源:本研究根据各场馆官方网站整理得到

2009年北京座位超过500座的大型会议室有179个。拥有中国国际展览中心、中国国际贸易中心、北京展览馆、北京国际会议中心、全国农业展览馆新馆、北京海淀展览馆、北京东六环展览中心、中国国际科技会展中心、新国际展览中心(一期)、九华国际会展中心、国家会议中心等近30处会展场馆,展厅面积达35.4万平方米。直接收入124.4亿元,其中会议业收入72.5亿元,展览业收入51.9亿元。目前北京能够举办大型的会议展览的中心场所不多,正在打造五大会展中心区:朝阳CBD会展中心区、海淀北部会展中心区、奥运场馆会议中心区、顺义天竺展览中心区、亦庄展览中心区。预计在"十一五"末期,随着这些中心区的场馆建成、运营,北京的会展设施规模和档次将会有较大的改观。

关于国际会议目前世界流行两种不同的认定标准。一是国际大会及会议协会(ICCA)的标准:即至少有50个参加者;定期组织举行会议(不包括一次性会议),必须在至少3个国家轮流举行过。二是国际协会联盟(UIA)的标准:与会代表至少来自5个以上的国家;参会人数在300人以上;会期在3天以上。

ICCA和UIA是目前两个最大的会展业国际组织。前者与我国会展企业联系较为密切,成立于1963年,成员来自85个国家和地区的会议支持部门(媒体、网络公司、软件开发商等)、交通部门(航空公司、铁路公司、租车公司等)和会议场馆(会议酒店、会议中心、展览中心等),共850个,目前我国一些大型会展企业都是其成员。UIA创建于1907年,也是一个在国际上很有影响的行业组织。

据ICCA于2010年发布的《国际协会会议统计报告》(Statistics Report: The International Association Meetings Market),北京在成功举办了奥运会以后,会议场馆和接待设施得到了进一步改善,北京举办国际会议的数量列世界第12位,与四大城市相比,仅少于巴黎,但多于伦敦、东京和纽约。东京和纽约都未能进入前20强(见表11、表12)。

表11　2010年举办会议前20名的城市和国家

名次	城市	会议数量	国家	会议数量
1	维也纳	154	美国	623
2	巴塞罗那	148	德国	542
3	巴黎	147	西班牙	451
4	柏林	138	英国	399
5	新加坡	136	法国	371
6	马德里	114	意大利	341
7	伊斯坦布尔	109	日本	305
8	里斯本	106	中国	282
9	阿姆斯特丹	104	巴西	275
10	悉尼	102	瑞士	244
11	中国台北	99	澳大利亚	239

续表

名次	城市	会议数量	国家	会议数量
12	北京	98	加拿大	229
	布宜诺斯艾利斯	98	荷兰	219
14	伦敦	97	奥地利	212
15	哥本哈根	92	葡萄牙	194
16	首尔	91	瑞典	192
17	斯德哥尔摩	89	韩国	186
18	布达佩斯	87	阿根廷	172
19	布拉格	85	比利时	164
20	中国香港	82	土耳其	160

资料来源：ICCA，http://www.iccaworld.com/npps/story.cfm? nppage = 2503

表12　2001—2010年世界四大城市及北京举办会议数量

	2001	2002	2003	2004	2005	2006	2007	2008	2009	2010
巴黎	94	93	96	138	132	173	153	167	141	147
伦敦	61	70	72	77	104	109	100	105	96	97
东京	46	37	35	49	68	57	75	92	65	68
纽约	21	25	24	36	39	38	41	29	32	26
北京	43	57	32	112	100	105	112	99	114	98

资料来源：同上

另据2008年UIA的统计（与ICCA统计口径不同），巴黎、东京和伦敦分别排名第2、第6和第10位，2004—2008年北京的国际会议数量在105～115次之间，进入了10强。2008年因受北京奥运会前期的房价上涨和后期"安保"措施的影响，国际会议数量下降到75次，仅列世界第22位，以后就没能再进入前10名，2010年巴黎和东京分别列第3和第7位，北京与上述两个城市之间的差距较大（表13）。

表13　2010年举办国际会议数量前十位城市

名次	城市	会议数量	份额（%）
1	新加坡	725	6.5
2	布鲁塞尔	486	4.4
3	巴黎	394	3.6

续表

名次	城市	会议数量	份额(%)
4	维也纳	257	2.3
5	首尔	201	1.8
6	巴塞罗那	193	1.7
7	东京	190	1.7
8	日内瓦	189	1.7
9	马德里	175	1.6
10	柏林	165	1.5

资料来源:UIA,http://www.uia.be/uia-news/international-meetings-statistics-report-year-2010-released

(五)入境旅游者接待规模

入境旅游者规模是衡量旅游城市国际化程度的重要指标,2008年接待入境旅游者超过千万的城市有4座,分别是巴黎、伦敦、曼谷和新加坡,欧亚各两座。而在前10名城市中,亚洲城市就占到了7座(东亚和东南亚5座、中亚2座)、欧洲2座、北美洲1座,四大城市全部都在前10名中(见表14)。

2010年北京接待入境过夜旅游者490.1万人次,同比增长18.8%。其中美国游客70万人次,同比增长20.8%;日本游客52.6万人次,同比增长13.7%;韩国游客50.6万人次,同比增长43.9%。虽然北京接待的入境旅游者人数规模与世界四大城市还存在着一定的差距,世界四大城市接待的境外游客量都位于全球前10名之列(见表14),但与东京的差距正逐渐缩小。近年来,日本由于受海啸和核污染的影响,入境旅游遭受重创,我国的北京和上海都有可能超过东京,进入世界前10名城市排行榜。按照北京"十一五"旅游规划,到2015年北京的入境游接待量将超过1000万人次,实现入境游客的倍增,有望进入前6名。

表14 2008年世界前10大城市接待境外游客情况

	城市	境外游客(万人次)
1	巴黎	1560
2	伦敦	1480
3	曼谷	1021
4	新加坡	1010

续表

	城 市	境外游客(万人次)
5	纽 约	950
6	吉隆坡	894
7	香 港	794
8	迪 拜	758
9	伊斯坦布尔	705
10	东 京	534

注：香港的入境游客中不包括来自中国大陆的游客
资料来源：WTO,2009

对表15～表24中的相关统计数据进行比较,可以看出北京接待的国际游客市场结构较优,远程市场如欧美游客的比例高于东京,但美国市场略低于东京。此外,旅游收入也不如四大城市。

表15　2010年巴黎过夜外国人前10位客源市场

	接待人数(万人次)	2010/2009(%)	市场份额(%)
美 国	120.8	-1.4	14.9
英 国	98.7	-10.7	12.2
意大利	69.5	-3.7	8.6
西班牙	58.9	-1.9	7.3
德 国	56.9	+0.5	7.0
日 本	54.4	+9.5	6.7
比利时	28.9	-0.5	3.6
瑞 士	23.9	-2.3	2.9
荷 兰	23.5	-17.2	2.9
中 国	12.8	+31.5	1.6
其他国家	224.9	+98.8	32.5

资料来源：Tourism in Paris/2010,key figures

表16　巴黎接待的入境过夜游客比例

单位:%

	美国	英国	意大利	西班牙	德国	日本	比利时	瑞士	荷兰	中国	其他
2007	17.2	16.1	8.5	8.6	7.2	7.3	3.1	2.7	2.9	—	—
2008	14.7	15.7	8.9	8.1	7.2	6.5	3.3	3.0	3.2	—	—
2009	15.5	14.0	9.2	7.6	7.2	6.3	3.7	3.1	3.6	1.2	28.5
2010	14.9	12.2	8.6	7.3	7.0	6.7	3.6	2.9	2.9	1.6	32.5

资料来源:Tourism in Paris,2010

表17　2010年伦敦市前10位客源市场

国　家	游客数量(万人次)	份额(%)
美　国	174	11.9
法　国	162	11.1
德　国	125	8.6
意大利	93	6.3
西班牙	87	6.0
爱尔兰	66	4.5
澳大利亚	62	4.2
荷　兰	62	4.2
比利时	49	3.3
瑞　典	44	3.0

资料来源:http://www.londonandpartners.com/media-centre/facts-and-figures/media-fact-sheets

表18　2010年纽约接待的过夜外国人客源市场

国　家	游客数量(万人次)	份额(%)
加拿大	97.7	13.16
法　国	59.6	8.03
巴　西	58.9	7.94
德　国	52.8	7.11
澳大利亚	47.9	6.45

续表

国　家	游客数量（万人次）	份额（%）
意大利	46.9	6.32
中东国家	40.6	5.47
西班牙	38.8	5.23
墨西哥	38.4	5.17
斯堪的纳维亚国家	37.6	5.07
比荷卢经济体	34.3	4.62
东欧国家	29.8	4.02
日　本	29.5	3.97
中国香港	26.6	3.58
爱尔兰	22.5	3.03
韩　国	22.3	3.00
阿根廷	20.5	2.76
以色列	19.0	2.56
印　度	18.5	2.49

资料来源：http://www.nycgo.com/articles/nyc-statistics-page

表 19　东京接待的入境过夜游客比例

单位：%

	美　国	泰　国	中国大陆	韩　国	欧洲各国	澳大利亚	中国台湾	其　他	
2007	18	—		9	17	10	—	9	37
2008	17	14		9	—	11		9	40
2009	16	—		12	11	10	10	8	43

资料来源：据历年日本总务省《观光白书》整理而成

表 20　2006—2010 年伦敦旅游人数和花费

	2006	2007	2008	2009	2010
总游客数量（万人次）	2660	2540	2610	2490	2620
国内游客	1096	1010	1130	1080	1160
国际游客	1560	1530	1480	1410	1460

续表

	2006	2007	2008	2009	2010
总停留夜数(万)	12 570	11 920	11 830	10 860	11 440
国内游客	2460	2340	2740	2380	2490
国际游客	10 110	9580	9090	8480	8950
旅游总花费(亿英镑)	101	104	105	105	112
国内花费	23	22	24	22	25
国际花费	78	82	81	83	87

资料来源：http://www.londonandpartners.com/media-centre/facts-and-figures/media-fact-sheets

表21 2000—2010年纽约旅游人数和花费

	总游客量(万人次)	国内游客(万人次)	国际游客(万人次)	游客直接花费(亿美元)
2010	4880	3910	970	315
2009	4560	3700	860	282
2008	4700	3750	950	321
2007	4600	3710	880	289
2006	4380	3654	730	247
2005	4270	3580	680	228
2004	3990	3380	620	211
2003	3780	3303	480	185
2002	3530	3020	510	141
2001	3520	2950	570	151
2000	3620	29.4	6.8	170

资料来源：http://www.nycgo.com/articles/nyc-statistics-page

表22 2009年北京和东京接待境内外旅游者情况

	北京	东京
入境旅游者(万人次)	413	476
比上一年增长(%)	8.8	-11.0
国内游客人数(亿人次)	1.7	4.3(2008)

续表

	北京	东京
比上一年增长(%)	14.5	-2.5
游客总消费(亿美元)	358	481
比上一年增长(%)	10.0	0.9
入境旅游者消费(亿美元)	43.6	35.8
比上一年增长(%)	-2.3	-6.8

表23 2007—2009年北京接待的入境过夜游客比例

单位:%

	美国	日本	韩国	欧洲各国	加拿大	澳大利亚	新加坡	其他
2007	15.9	15.4	11.7	24.0	3.0	3.4	2.5	24.1
2008	16.0	11.9	10.5	25.6	3.3	3.5	2.8	26.4
2009	14.0	11.2	8.5	19.2	2.9	2.7	2.7	38.8

资料来源:据北京市旅游局,《北京旅游统计年鉴(2010年)》整理而成

表24 2009年北京接待的入境过夜游客比例

	接待人数(万人)	2009/2008(%)	市场份额(%)
1.美国	57.9	7.6	14.0
2.日本	46.2	15.5	11.2
3.韩国	35.2	-0.5	8.5
4.德国	16.8	4.8	4.1
5.英国	16.3	-7.2	3.9
6.俄罗斯	15.0	-16.6	3.6
7.法国	12.9	-11.0	3.1
8.加拿大	12.0	7.2	2.9
9.澳大利亚	11.0	-5.9	2.7
10.新加坡	11.0	18.2	2.7
其他国家	178.3	-382	43.2

资料来源:同上

(六)旅游景区

从旅游景点接待量看,巴黎旅游景点接待人数超过1000万的有3处,东京有2处,而伦敦和北京都尚无一处(见表25)。但北京故宫的接待人数超过了大英博物馆(免门票接待),北京除没有迪士尼乐园外,北京前10大旅游景区的接待人数要多于伦敦和东京。但其中接待的境外游客比例较低。

表25 北京和巴黎、东京、伦敦前10大旅游景区接待人数

单位:万人次

排名	巴黎	游客量	东京	游客量	伦敦	游客量	北京	游客量
1	迪士尼乐园	1540.0	迪士尼乐园	1391(2007)	大英博物馆	557	故宫	833.1
2	巴黎圣母院	1365.0	海上迪士尼	1241(2007)	国家美术馆	478	十三陵特区	760.9
3	圣心大教堂	1050.0	明治神宫	800(平均)	泰特现代美术馆	475	颐和园	731.1
4	罗浮宫	838.8	东京塔	292(2010)	自然历史博物馆	411	八达岭	591.4
5	埃菲尔铁塔	660.4	上野动物园	289(2008)	科学博物馆	279	北京动物园	517.0
6	蓬皮杜文化艺术中心	353.4	新宿御苑	100(2005)	伦敦塔	239	天坛	486.7
7	科学和工业城[2]	305.8	东京国立博物馆	100(平均)	维多利亚与艾伯特博物馆	227	北海公园	381.4
8	奥赛博物馆	302.2	国立科学博物馆	100(平均)	国家肖像美术馆	196	景山公园	270.4
9	圣母显灵圣牌教堂	200.0	国立西洋美术馆	82.4(2005)	圣保罗大教堂	182	朝阳公园	264.0
10	国家自然史博物馆	162.2	富士山	30(2008)	泰特英国美术馆	150	国家博物馆	230.7

注:巴黎、伦敦景区均为2009年度的数据,北京为2006年度数据

(七)旅游饭店设施

北京的饭店设施中,高星级饭店比例较高,经济效益也较好,而巴黎和东京的饭店数量大于北京,但饭店的平均规模比北京要小,高星级饭店的比例不如北京多(见表26~表28)。

表26 巴黎经营性住宿设施类型规模比较

	饭店数量	份额(%)	客房数量	份额(%)
零星级	32	2.2	1683	2.2
1星级	110	7.5	3189	4.2
2星级	526	35.7	22 538	29.4

续表

	饭店数量	份额（%）	客房数量	份额（%）
3星级	594	40.4	25 851	33.7
4星级	189	12.8	20 966	27.4
豪华4星级	2	0.1	50	0.1
5星级	19	1.3	2345	3.1
合计	1472	100	76 622	100

资料来源：Tourism in Paris/2010, key figures

表27　2009年北京星级饭店规模

项目	企业个数（个）	出租率（%）	接待住宿人数（万人次）	构成（%）	接待入境人数（万人次）	构成（%）
合计	815	49	1827.3	100.0	298.0	100.0
4星、5星合计	182	50	924.7	50.6	240.6	80.8
5星	54	50	399.9	21.9	136.4	45.8
4星	128	51	524.8	28.7	104.2	35.0
1~3星合计	633	48	902.7	49.4	57.4	19.2
3星	272	51	590.1	32.3	46.9	15.7
2星	322	44	292.1	16.0	10.2	3.4
1星	39	32	20.5	1.1	0.3	0.1

资料来源：北京统计年鉴2010

表28　2010年北京星级饭店规模

项目	平均出租率（%）	收入合计（万元）	接待住宿人数（人次）	接待入境住宿人数（人次）
合计	56.4	2 565 280	21 253 693	3 389 337
五星	60.4	1 052 821	4 645 792	1 615 816
四星	59.1	780 070	6 035 028	1 194 774
三星	55.0	576 540	6 919 655	477 799
二星	51.4	149 649	3 465 932	99 201
一星	29.8	6199	187 286	1747

表29　东京和北京住宿业企业数量和就业人数比较

东京住宿业	企业个数（个）	就业人数（人）	平均就业	北京住宿业	企业个数（个）	就业人数（人）	平均就业
住宿业总计	65 335	768 278	11.8	住宿业总计	3538	194 014	54.8
旅馆、饭店	52 156	693 091	13.3	旅游饭店	979	147 971	151.1
简易居住地	1216	6466	5.3	一般旅馆	2357	41 540	17.6
辅助住宿业	2204	5121	2.3	其他住宿服务	202	4503	22.3
其他类型住宿	9759	63 600	6.5				
各会社和集体住宿地	3434	34 445	10.0				
其他分类的住宿业	6325	29 155	4.6				

注:1. 平均就业是指平均每个企业的就业人数（下同）

2. 东京为2004年的统计数字,北京为2008年的统计数字。

资料来源:1. 総務省統計局統計調査部経済統計課「サービス業基本調査報告」
http://www.stat.go.jp/data/chouki/zuhyou/16-01.xls

2. 国务院第二次全国经济普查领导小组办公室编. 中国经济普查年鉴2008（第三产业卷）. 北京：中国统计出版社,2010.

从住宿业的数量看,东京的住宿业类型多、数量大,在东京大街小巷星罗棋布。但总体上讲,东京的住宿业企业平均规模比较小。虽然,东京住宿业的企业数量多达6.5万家左右,但平均每家就业人数不到12人,住宿业以中小企业为主。而北京的住宿业企业平均每家就业人数达到了55人左右（见表29）。目前东京的规模以上的西式饭店和日式旅馆共有94 000个房间,从高端奢华房到经济房,可以满足不同层次的需求。另据北京旅游局统计,2009年北京星级饭店836家,共134 310个房间。因此从规模以上饭店看,北京的客房数要大于东京。

目前,全球10大饭店跨国集团中,大多数在北京都有商业存在,其中洲际饭店共管理有22家饭店,客房数超过巴黎、东京。此外,万豪、喜达屋、希尔顿等集团在北京的饭店数都超过了巴黎和东京（见表30）。仅就饭店设施而言,北京已经进入了国际一流旅游城市行列。

表30　世界前10大饭店集团在北京、巴黎和东京的商业存在

		北京	巴黎	东京
洲际饭店集团	饭店数（家）	22	25	4
	客房数（间）	7435	3612	1979
温德姆饭店集团（原胜腾）	饭店数（家）	0	—	—

续表

		北 京	巴 黎	东 京
希尔顿酒店(Hilton)	饭店数(家)	4	0	3
万豪国际集团	饭店数(家)	9	4	3
雅高集团	饭店数(家)	15	210	9
精品国际饭店公司	饭店数(家)	2	43	5
最佳西方国际集团	饭店数(家)	2	80	1
	客房数(间)	551	3780	206
喜达屋饭店与度假村集团	饭店数(家)	8*	4	2
卡尔森饭店集团	饭店数(家)	5	9	1
全球凯悦公司	饭店数(家)	2	3	3

注:其中包括将于2014年开业的1家

(八)餐饮设施和服务

从餐饮业的数量看,东京的餐饮企业数量要多于北京,但企业的平均规模要小于北京。从统计分类看,日本总务省(相当于我国的国务院办公厅)在统计局对服务业基本调查中将餐饮企业经营内容分成15类,而我国全国经济普查中,对餐饮企业的经营内容只分为4类(见表31)。在我国现有的统计分类中,对于连锁餐饮业态的分类也只有中式正餐、中式快餐、外国风味正餐、外国风味快餐、茶馆、咖啡店、酒吧和其他等8类。据北京统计年鉴(2010)披露,北京连锁餐饮共有2054家门店,从业人员84 623名,平均每家从业人员41.2名,高于北京餐饮业的平均水平。

从总体上看,北京的中小餐饮企业数量较少,但平均每家企业的就业人数要比东京高出5倍之多,其外国风味快餐的就业规模最大。

表31 东京和北京餐饮业企业数量和就业人数比较

东京餐饮业	企业个数(个)	就业人数(人)	平均就业	北京餐饮业	企业个数(个)	就业人数(人)	平均就业
餐饮业总计	1 105 797	7 589 748	6.9	餐饮业总计	7129	254 835	35.7
一般餐饮店	419 663	2 777 305	6.6	正餐服务	5653	206 393	36.5
食堂和西餐厅	234 734	1 776 863	7.6	快餐服务	562	33 031	58.8
一般食堂	74 618	528 226	7.1	饮料及冷饮服务	501	4829	9.6
日本料理店	42 031	363 162	8.6	其他餐饮服务	413	10 582	25.6
西洋料理店	28 896	290 657	10.1				
中国料理店	60 942	366 838	6.0				

续表

东京餐饮业	企业个数（个）	就业人数（人）	平均就业	北京餐饮业	企业个数（个）	就业人数（人）	平均就业
烤肉店（东洋料理）	20 997	166 832	7.9				
其他食堂和西餐厅	7250	61 148	8.4				
荞麦乌龙面店	34 639	209 529	6.0				
寿司店	34 877	217 679	6.2				
饮茶店	83 676	314 959	3.8				
其他一般餐饮店	31 737	258 275	8.1				
汉堡包店	5014	129 382	25.8				
什锦烧店	19 596	62 784	3.2				
其他分类的一般餐饮店	7127	66 109	9.3				

资料来源：1.総務省統計局統計調査部経済統計課「サービス業基本調査報告」
http://www.stat.go.jp/data/chouki/zuhyou/16-01.xls
2.国务院第二次全国经济普查领导小组办公室编.中国经济普查年鉴2008（第三产业卷）.北京：中国统计出版社，2010.

（九）其他相关服务和设施

除前述的旅游交通、景区、住宿和餐饮外，城市其他服务功能和设施如信息服务、文化娱乐等也与旅游业发展密切相关。在东京都内，共设有3处"东京观光信息中心"，使用日语和英语两种语言向游客提供各种在东京都内举办的活动、旅游景点、住宿设施及交通路线等信息，解答游客的询问等。免费发放《东京旅游指南》、《东京便携地图》和《东京区域地图》等小册子，有向外国游客介绍东京观光的志愿者，提供导游服务等。东京观光信息中心分别设于东京都厅总部、羽田机场第一旅客候机大厅一层和京城线（往返于市内与成田国际机场之间的电气铁路）上野站。虽然东京观光信息中心数量不多，但这三个地方外来游客人流最为集中，游客密度最大，尤其是口岸机场是最需要获得信息帮助的场所。截至2011年1月，北京在机场、繁华商业街区、郊区高速公路出入口处、景区景点、高星级饭店等处共设有110个"旅游咨询中心"，从业人员达到600多人，2009年接待了164.3万人次咨询，其中本市居民77.6万人次，占65%，外地游客34万人次，占28%；入境游客8.4万人次，占7%。此外，通过电话咨询的44万人次，其中本市居民30万人次，占68%；外地游客13万人次，占30%；入境游客约1万人次，占2%。各种免费发放的旅游资料数由2008年的143.5万份增加到2009年的198.4万份，增长率达到了38%。总之，北京旅游咨询中心的数量和规模都要较东京大得多，发展速度较快。但也应该看到，目前，北京旅游咨询中心也存在着以下问题：可供查询的信息少，更新不及时；网点空间布局不合理，不少咨询中心选址不当,使用率低,形同虚设;使用者的比例结构不尽合理,外省游客和入境游客使用率偏低等。

从影院、演艺厅、酒吧和夜生活场所等文化娱乐和休闲设施看,东京除游戏机中心略少于北京外,其他的设施数量都要比北京多出许多(见表32)。卡巴莱是指带有歌舞表演的餐馆,北京也有少量类似的餐馆,但缺乏对这一类型的专门统计,也可能由于北京的一些规模以下娱乐场所没有被统计在内所致。此外,由于两国的国情不同,北京的夜生活场所在数量、规模和业态种类上都不如东京,也不可能出现像东京新宿歌舞伎町那样的红灯区和类似的色情服务场所集聚的特色街区,而且北京的酒吧数量也远不及东京。加大力度设计和开发出既适合国情,又能受游客欢迎的夜生活产品需要旅游主管部门、旅游企业、文化部门和民间组织(NGO)乃至信息产业部门、网络企业、投融资企业等通力协作共同完成。

表32 2008年东京和北京娱乐场所数量比较

	电影院	剧院及演艺厅	游戏机中心	卡巴莱餐馆	酒吧	夜生活场所
东京	325	111	1088	265	9486	42 901
北京	108	54	1146	—	400[①]	823[②]

注:①估计数

②为2009年数据

资料来源:1. http://www.toukei.metro.tokyo.jp/tnenkan/2008/tn08qyte0520g.htm

2. 北京市统计局,国家统计局北京调查总队. 北京统计年鉴2010. 北京:中国统计出版社,2010.

(十)奥运会带来的发展机遇

四大城市中三个城市共举办过五届奥运会,巴黎(1900年、1924年)、伦敦(1908年、1948年、2012年)和东京(1964年)。虽然美国共举办过四届奥运会,是世界上举办奥运会次数最多的国家,但都还没有在纽约举办过。而巴黎和伦敦都已分别举办过两届和三届奥运会,伦敦已成为世界上举办奥运会次数最多的城市。举办奥运会对于一个城市,尤其是对于发展中国家和新兴工业化国家来说,是推动城市国际化发展的绝好机会。韩国的首尔(旧译汉城)就是由于举办了1988年第24届奥运会,使首尔的城市现代化进程提前了10年,并跻身于国际化城市之列。因此,充分发挥北京"后奥运"旅游效应,对于北京建设国际一流旅游城市有着重大的现实意义。

三、北京与巴黎旅游目的地发展的比较

在粗略地比较了北京与四大城市旅游发展的基础上,我们再对北京与巴黎做一系统比较,这是因为在四大城市中,巴黎与北京的城市性质最为类似,巴黎和北京分别处于欧亚大陆的东西两端,建都历史悠久,历史上一直是全国的文化中心,且都是内陆性城市,这东西两大国际城市在发展旅游业上具有较强的可比性。

1180—1223年菲利普·奥古斯都继承了路易七世的王位而掌权,巴黎成为首都,

到了波旁王朝(1589—1789年)时代,巴黎逐渐取代了罗马成为欧洲的文化中心。而北京则经燕京、辽南京、金中都、元大都以后,从明成祖朱棣(1406年)起改称北京,从此北京就一直是我国的政治和文化中心,取代了汉唐盛世时的西安(长安),成为多民族文化的交汇之地。此外,将巴黎和北京进行比较的现实意义还在于,法国之所以能够成为世界第一大旅游目的地国家,巴黎所起的作用功不可没。2020年我国要建成世界第一大旅游接待国,北京理应发挥更大的作用。

(一)巴黎与北京城市发展和旅游业基础条件比较

巴黎地区市区面积和人口都远小于北京,但巴黎大区(法兰西岛)的面积和人口与北京的差异相对较小。但北京的GDP和人均GDP只有巴黎的14.5%和15.2%(见表33)。

表33　巴黎和北京城市基本情况比较

	建城历史（年）	建都时间（公元）	大区面积/市区面积（平方公里）	大区人口（万人）	市区人口（万人）	GDP(PIB)（亿美元）	人均GDP（万美元）
巴黎	约2000	12世纪初	12 000/105	1170	222	5640	5.70
北京	约3050	12世纪中	16 800/4568	1755	1044	1660	0.98

注:巴黎系2007年的资料,北京人口数系2009年资料,其余系2008年资料

资料来源:1. Tourism in Paris/2009, key figures.
　　　　　2. 2009年北京市旅游统计年鉴,北京市旅游局
　　　　　3. 2009年北京市统计年鉴,北京市统计局

从城市可进入性看,巴黎有两个主要机场,戴高乐机场(2008年接待了6000万人)和奥利机场(2008年接待了2600万人),还有两个规模较小的机场:布尔歇机场和博韦—迪莱机场。2009年北京新跑道和新航站楼投入使用后,年吞吐旅客达到6530万人次,与巴黎的差距正在逐渐缩小。由于法国等欧洲国家领土面积普遍较小,乘火车跨国旅游非常方便,巴黎发往周边国家的国际列车频度很高,如发往比利时布鲁塞尔的列车每天达28次之多,发往英国伦敦的也达到24次,仅巴黎—伦敦的欧洲之星高速列车2008年就运送了910万人次。而北京距周边国家和地区较远,出境列车车次较少,发车频度也远不及巴黎。

从拥有的世界文化遗产资源看,虽然北京的文化遗产认定世界文化遗产的时间要晚于巴黎,但拥有的世界遗产数量却多于巴黎。目前北京共有6项世界文化遗产,而巴黎只有3项,北京比巴黎整整多出一倍。

(二)巴黎与北京旅游经济和旅游市场比较

巴黎目前年接待外国游客人数约是北京的1.9倍,但北京的旅游消费(收入)约为巴黎的1.7倍,旅游税收收入是巴黎的5.3倍,而旅游就业巴黎略高于北京。北京的机场和公共交通业收入比巴黎要少得多,但北京的铁路企业收入比巴黎高出一倍多。巴黎旅游饭店企业的收入是北京的1.7倍。

表34 2008—2009年巴黎和北京旅游经济①情况比较

	巴 黎	北 京
接待过夜游客总量(万人次)	1141.64(2009)	1941.75(2009)
接待入境过夜游客(万人次)	790.54(2009)	412.5(2009)
接待国内过夜游客(万人次)	651.10(2009)	1529.25(2009)②
旅游消费/收入(亿欧元/亿美元)③	128.08(2008)	319.51(2008)
旅游消费占本地GDP(%)	3.34(2008)	2.69(2008)
旅游税收(万欧元/万美元)	3111(2008)	24137(2008)
旅游税收占全国旅游的比例(%)	9.9(2008)	9.1(2008)
旅游就业(人)	367 288(2008)	341 888(2008)
旅游就业占本地就业比例(%)	12.8(2008)	11.7(2004)④
旅游饭店企业收入(亿欧元/亿美元)	44.93(2008)	38.54(2008)⑤
交易会和展览会收入(亿欧元/亿美元)	3.12(2008)	5.2(2008)⑥
机场收入(亿欧元/亿美元)	25(2008)	6.64(2008)⑦
公共交通网收入(亿欧元/亿美元)	41(2008)	8.0(2008)⑧
国营铁路公司收入(亿欧元/亿美元)	23.2(2008)	70.5(2008)
高速列车收入(亿欧元)	10.36(2008)	—

注:①由于两市在统计制度上存在差异,有些指标统计口径不尽一致,数据仅供参考
　　②北京的国内游客数仅以入住星级饭店的人数为准
　　③2008年美元兑人民币全年平均汇率为6.9451,欧元兑美元全年平均汇率为1.4708,下同
　　④据2004年北京旅游附属账户(BJ-TAS)
　　⑤仅统计星级饭店
　　⑥据2008年北京巴士股份有限公司年报
　　⑦据2008年北京首都国际机场股份有限公司年报
　　⑧据北京联合大学会展研究所李智玲,王春才:北京会议产业集聚区的形成与发展研究。http://www.chinareform.org.cn/cirdbbs/dispbbs.asp?boardid=25&id=297443
资料来源:1. Tourism in Paris/2009, key figures.
　　　　　2.2009年北京市旅游统计年鉴,北京市旅游局
　　　　　3.2009年中国旅游统计年鉴(副本),国家旅游局

2009年巴黎接待的入境过夜旅游者790.5万人次,比北京的412.5万高出1.9倍,但国内过夜旅游者北京比巴黎多2.3倍,北京接待的过夜旅游者总人数要高出巴黎1.7倍,但国际化程度远不如巴黎(见表34)。

从入境外国人前10位客源市场看,巴黎的前10位客源市场所占的整个巴黎入境旅游市场份额高达72.9%,而北京只占到56.8%。巴黎前10位客源市场除美国、日本外,大多数是欧洲区内周边市场。而对于北京而言,除日本、韩国、俄罗斯(此处仅指其远东地区)、新加坡外,其余都是远程市场。而居北京入境旅游首位的美国来京旅游人数,也

只及巴黎的47.3%,北京接待的近邻日本市场只及巴黎的92.6%(见表35)。

表35 2009年巴黎和北京过夜外国人前10位客源市场比较

巴 黎	接待人数（万人次）	2009/2008（%）	市场份额（%）	北 京	接待人数（万人次）	2009/2008（%）	市场份额（%）
1.美国	122.5	-0.1	15.5	1.美国	57.9	7.6	14.0
2.英国	110.8	-15.6	14	2.日本	46.2	15.5	11.2
3.意大利	72.6	-2.6	9.2	3.韩国	35.2	-0.5	8.5
4.西班牙	60.3	-11.1	7.6	4.德国	16.8	4.8	4.1
5.德国	56.8	-6	7.2	5.英国	16.3	-7.2	3.9
6.日本	49.9	-9.4	6.3	6.俄罗斯	15.0	-16.6	3.6
7.比利时	29.0	3.6	3.7	7.法国	12.9	-11.0	3.1
8.荷兰	28.1	5.6	3.6	8.加拿大	12.0	7.2	2.9
9.瑞士	24.5	-0.7	3.1	9.澳大利亚	11.0	-5.9	2.7
10.近东和中东	21.5	-2.8	2.7	10.新加坡	11.0	18.2	2.7
其他国家	214.6	-4.1	27.1	其他国家	178.3	-382	43.2

资料来源:1. Tourism in Paris/2009, key figures.
2. 2009年北京市旅游统计年鉴,北京市旅游局

(三)巴黎与北京旅游接待设施比较

从旅游饭店规模看,巴黎的旅游饭店数量多于北京,但其客房数却比北京少。尤其是高星级饭店,四星级以上的饭店巴黎略多于北京,但房间数北京反比巴黎多出4万间,说明北京的高星级饭店的平均规模要远高于巴黎(见表36)。

表36 巴黎和北京经营性住宿设施类型规模比较

		饭店数量	份额(%)	客房数量	份额(%)
巴黎	零星级	31	2.1	1643	2.2
	1星级	110	7.5	3209	4.2
	2星级	537	36.6	23 244	30.6
	3星级	590	40.2	26 414	34.7
	4星级	183	12.5	19 783	26.6
	豪华4星级	3	0.2	267	0.4
	5星级	12	0.8	1488	2.0
	合 计	1466	100	76 048	100

续表

		饭店数量	份额(%)	客房数量	份额(%)
北京	1星级	51	6.1	2835	2.1
	2星级	334	40.0	27115	20.2
	3星级	272	32.5	42 466	31.6
	4星级	127	15.2	37 660	28.0
	5星级	52	6.2	24 234	18.0
	合 计	836	100	134 310	100

资料来源:1. Tourism in Paris/2009, key figures.
2.2009年北京市旅游统计年鉴,北京市旅游局

从旅游景点接待量看,巴黎旅游景点接待人数超过1000万人次的有3处,而北京尚无一处。巴黎的前20位旅游景点中,主要是各类博物馆和教堂。而北京的前20位旅游景点中,主要是世界遗产。虽然巴黎的统计资料是以购买门票参观者作为统计对象,没有细分入境游客和国内游客,但考虑到巴黎当年接待的入境游客超出国内游客和巴黎本地的居民人口,可以推论这前20位的旅游景点接待人数中入境游客应该占相当的比例。而北京除故宫博物院、八达岭景区两处景点接待的入境游客超过100万人次以外,前20位中有16处景点接待入境游客人数不到50万人次,其中4处不足10万人次。北京的6项世界文化遗产,除周口店北京人遗址观赏性较差外,其余5项(10处)共接待了入境游客530.8万人次,占前20位旅游景点的81.4%(见表37)。可以说,世界文化遗产成为来京入境旅游者主要的游览景点。而巴黎3处世界文化遗产中只有巴黎圣母院的接待人数超过1000万人次,位于首位。而其他两项世界文化遗产——凡尔赛宫和枫丹白露宫都没有进入前20位。巴黎中部的塞纳河两岸因是开放式的空间,不是严格意义上的景区景点,也无法收取门票,但它沿岸建筑是塞纳河游船观光的主要吸引物,每年塞纳河游船接待的游客达600万人次。

由此可见,巴黎旅游业并不过多地倚重世界文化遗产,这与巴黎文化的多样性和历史有关。巴黎与北京一样有着悠久的历史文化,也存在着保护与开发之间的矛盾,但巴黎在城市规划和建筑设计上较好地解决了这对矛盾。从最早建在斯德岛的圣母院,到18世纪的波旁王朝在塞纳河右岸修建了香榭丽舍大街和罗浮宫、卢森堡宫,19世纪拿破仑一世建造了凯旋门和星形广场(即现在的戴高乐广场),19世纪末至20世纪初在举办几次世界博览会期间,在塞纳河畔增添了不少新建筑如埃菲尔铁塔(1889年)、大宫和小宫(1900)以及夏约宫,在空间上显得非常和谐和平衡。20世纪60年代起巴黎再次进行了大规模的城市建设,但并没有在市中心拆除旧建筑,而是沿着香榭丽舍大街向西北方向延伸和扩展,新建了完全现代化的德方斯新市区(中央金融商务区,CBD)和大体量、现代化的新建筑"大拱门"、"大水晶球",1977年建成像工业厂房

般的蓬皮杜艺术中心,1995年建成最后一个密特朗"大工程"——新国家图书馆等,不一而足。巴黎号称"欧洲文化中心",但并没有束缚住建设者的手脚,一味沉醉在古典艺术和复古思潮中,而是不断地求新求变,不断地让世界惊奇。而新建的这些建筑本身也成为旅游吸引物的重要组成部分。如蓬皮杜艺术中心、大水晶球等年接待游客都名列前20位,蓬皮杜艺术中心游客接待量一直超过凡尔赛宫和枫丹白露宫两处世界文化遗产地,大拱门建筑因不收门票,而不列入景点统计,但每年到此参观游览的人数也达200万之多。

巴黎的做法与北京形成了鲜明的对比,他们在修建新建筑时非常注重选址,注意与周边环境相协调。同时,不遗余力地保护那些历史遗留下来的量大面广的带芒赛屋顶的联排住宅(里面可以更新,但外貌不能随便变动),这就使城市的面貌和基本形态得到了保持。而北京在旧城改造时,采取在原址拆旧盖新,修旧如新,用高楼取代四合院,使历史街区支离破碎,而新建的建筑并未形成旅游吸引物,反而破坏了古都风貌。

表37 巴黎和北京接待游客人数前20位的旅游景点比较

	巴黎旅游景点	接待游客量（万人次）	北京旅游景点②	接待入境游客（万人次）	接待游客总量（万人次）
1	巴黎圣母院①	1365.0	故宫博物院	166.1	833.1
2	圣心大教堂	1050.0	八达岭景区	126.1	591.4
3	罗浮宫	842.3	天坛	71.6	486.7
4	埃菲尔铁塔	693.0	颐和园	67.3	731.1
5	蓬皮杜文化艺术中心	548.4	十三陵特区	24.9	760.9
6	科学和工业城	304.2	雍和宫	23.6	157.3
7	奥赛博物馆	302.5	国家博物馆	18.8	230.7
8	圣母显灵圣牌教堂	200.0	龙庆峡	18.5	77.0
9	凯旋门	156.9	居庸关长城	17.9	63.3
10	布朗利博物馆	138.9	十三陵神路	16.6	22.9
11	军事博物馆	126.6	定陵博物馆	15.2	123.5
12	国立自然史博物馆	107.8	慕田峪长城	14.8	164.4
13	圣礼拜堂	83.0	钟鼓楼	13.6	24.3
14	阿拉伯文化中心	82.2	北京动物园	12.1	517.0
15	巴黎市立近代美术馆	80.9	司马台长城	10.3	30.9
16	罗丹美术馆	75.1	北海公园	10.1	381.4

续表

	巴黎旅游景点	接待游客量（万人次）	北京旅游景点	接待入境游客（万人次）	接待游客总量（万人次）
17	格雷万艺术馆（蜡像馆）	73.1	富国海底世界	8.9	74.1
18	卡尔纳瓦莱博物馆	73.0	朝阳公园	5.7	264.0
19	探索皇宫（发现博物馆）	65.8	景山公园	5.0	270.4
20	蒙帕纳斯大厦	64.3	市规划展览馆	4.8	14.2
总计		6433.0		651.9	5818.6

注：①虽然巴黎圣母院不收门票，但钟塔收门票、且有多语种语音导游器出租业务和旅游纪念品销售等收入
②北京景点是以接待入境游客人数作为排序依据，统计数字为2006年资料

资料来源：1. LE TOURISME à PARIS EN 2007, Office du Tourism
2. 北京市旅游局

此外，巴黎的接待人数最多的旅游景区不是教堂、博物馆、历史建筑等文化遗产，而是源自美国的人造主题乐园——巴黎迪士尼乐园。2008年巴黎迪士尼度假区和迪士尼影城共接待了1530万游客，2009年增加到1540万人次，其中本国游客只占了48%。与巴黎迪士尼景区性质类似的北京欢乐谷2008年接待游客210万人次，2009年增加到240万人次。

另据统计，2009年北京共有A级以上及重点旅游景区187个，共接待游客1.54亿人次，其中入境游客841万人次，只占不到5.5%，营业收入40.7亿元，其中门票收入27.9亿元，占到总收入的68.6%。北京共有各类博物馆151座，接待参观人次3000万，年收入10.4亿元①。由此可见，北京的景区以接待国内游客为主，且以门票收入为主，博物馆数量虽多，但平均每个博物馆接待参观人数不足20万人次。总之，北京的历史人文资源虽然丰富多样，但开发水平和接待规模上与巴黎还存在着较大的差距。

（四）巴黎与北京旅游目的地其他服务设施比较

从旅游目的地其他设施和服务看，北京除个别项目如出租车数量是巴黎的3.5倍（这还不包括非法营运的"黑车"），在表38中列出的大多数项目北京都不及巴黎，有些甚至是缺项（如观光巴士等），北京的博物馆、美术馆、画廊数量虽略多于巴黎，但其中大多数场馆因展示手段陈旧、缺乏足够的吸引力，接待人数远不如巴黎。此外，北京旅游的公共服务设施和城市休闲设施与巴黎相比也存在着较大差距，如游客咨询中心、电影院、剧场、城市公园、高尔夫球场等设施在规模、数量和服务品质等方面两市之间存在的差异还是显而易见的。

---

① 北京市统计局，国家统计局北京调查总队. 北京统计年鉴2010. 北京：中国统计出版社，2010.

表38 巴黎和北京旅游目的地其他设施和服务比较

旅游目的地设施和服务	巴 黎	北 京
市内交通、轨道交通(地铁、轻轨)	通车路线15条,里程293公里,370个车站运送12.6亿人次(2001年)	通车路线701条(其中轨道交通运营线路9条),里程18 498公里(轨道交通线路长度228公里),公共交通运营车辆2.4万辆(轨道交通运营车辆2014辆)。公共交通客运总量65.9亿人次(轨道交通14.2亿人次)(2009年)
出租车	1.90万辆(2010年)	6.73万辆(2009年)
观光巴士	接待500万人次	—
内河游船	塞纳河游河,常年运营,4家公司经营,共有195条船只,年接待600万人游河	昆玉河、什刹海游船,季节性运营,两岸景致一般,运量也较小
城市广场	协和广场、戴高乐广场	天安门广场
市区登临处	埃菲尔铁塔、蒙巴纳斯大厦、圣母院钟楼、圣心教堂、大拱门	中央电视台发射塔、国际饭店旋转餐厅、西苑饭店旋转餐厅
游客咨询中心	266处(2008年)	110处(2010年)
餐馆、咖啡馆	27 855家(2008年)	7129家(2008年)
音乐咖啡厅	205家	—
大型表演	红磨坊、丽都、疯马	梨园剧场(京剧)、长安戏院(京剧)、朝阳剧场(杂技)、北京之夜(综艺)、欢乐谷(金面王朝)
迪斯科舞厅	163个(2008年)	52个(2008年)
剧场	145个(2008年)	17个(2008年)
夜总会	96个	—
电影院	110个(2008年)	108个(2008年)
歌剧院	3个(2008年)	1个(2010年)
演艺场所、音乐厅	91处(2008年)	3处(2010年)
商业(商务)街区、大型商店	香榭丽舍大街、蒙田大街、老佛爷、春天	王府井、西单、世贸天街、大栅栏、CBD、燕莎金源Shopping Mall等
艺术社区	蒙马特高地	798艺术区、宋庄画家村
博物馆、美术馆、画廊	134个(2010年)	154个(2010年)

续表

旅游目的地设施和服务	巴黎	北京
公园和花园	467个（2008年）	26个（市区）
高尔夫球场	共68个 9洞　　13个 18洞　　36个 27洞　　10个 36洞　　7个 45洞　　2个	共23个 球场　　16个 练习场　7个

资料来源：1. é mento du tourisme, 2004, Observatoire National du Tourisme

2. 北京市统计局，北京市2009年国民经济和社会发展统计公报

3. 北京市第二次全国经济普查主要数据公报，2010年

四、结论与建议

在北京建设世界城市进程中，作为现代服务业的旅游业，其发展水平和国际化程度是一个重要的衡量标准，在与全球主要的世界城市，特别是与巴黎的比较中，既有一定的发展优势，也存在着明显的不足。北京的社会经济发展综合实力与四大城市相比还存在着一定的差距。但北京在旅游资源禀赋、设施档次、接待条件、接待能力以及举办国际会议等一些方面都已经超过了四大城市中的东京、伦敦和纽约。近年来北京在城市基础设施建设方面取得了很大的成就，尤其是在机场建设和城市交通运输上，发展规模和经济指标已经超过巴黎。在旅游接待方面，北京高星级饭店的客房数量也已超过巴黎，但营业收入不如巴黎。北京旅游景区的接待规模也不如巴黎，北京的博物馆总数虽然超过巴黎，但大多数博物馆经营比较粗放，吸引力不强。在餐饮、休闲、文化娱乐设施和服务方面，北京的企业数量和发展水平，尤其是中小企业（SME）的发展与东京相比仍存在着一定的差距。北京接待的游客总量已经超过了四大城市，但入境游客的比例不高，也就是说，北京旅游的国际化程度还较四大城市低，这与北京首都国际机场吞吐的入境旅客比例不高有关。目前包括巴黎在内的世界四大城市都有多个机场，北京虽然除首都国际机场外，还有一个南苑机场，但由于是军用机场，无论在机场接待规模还是服务设施和营运条件等诸多方面都不敷需要，因此如果北京第二国际机场建成，可以较大幅度地增加国际航线，加大国际航班密度，提高北京国际游客的吞吐能力。

北京在旅游相关行业和要素的资源整合、分类统计、信息集成、动态更新、实时提供等城市公共服务上，仍需新成立的北京市旅游发展委员会作为旅游目的地管理部门（DMO）加大与相关部门的协调范围和合作深度，改善旅游城市的公共服务，这方面四大城市的旅游管理部门的做法值得我们借鉴（参见资料性附录：四大城市的旅游管理部门及旅游促销政策介绍）。在国际一流旅游城市建设过程中，北京市旅游发展委员

会大有可为,在推进智能化管理、智慧化服务和提升北京作为国际旅游城市的竞争力和美誉度方面,改善旅游环境、推广旅游目的地形象方面都可以借鉴四大城市的一些做法,尽管有些硬件设施已经接近,甚至超过四大城市的水平,但在服务、管理等软件上,还存在着不小差距。在资源开发上,不能只依靠传统文化资源,还要在挖掘多样化资源上狠下工夫;在市场开发上,建设国际一流旅游城市,应该在提升国际化水平上狠下工夫;北京作为我国首选旅游目的地城市应该成为首善区,成为旅游业作为现代服务业的示范区,这就需要旅游企业管理和旅游的公共管理都应该在信息化、精细化和便利化上狠下工夫。只有这样,才能将北京建成国际一流旅游城市的愿景变为现实。

附录 四大城市的旅游管理部门及旅游促销政策介绍

1. 巴黎

1.1 巴黎旅游局的概况

巴黎旅游局是由巴黎市政府及巴黎工商会共同创议,于1901年7月1日经法律通过,所成立的官办非营利组织团体,以达成接待旅客、提供资讯、推广巴黎这三个任务。

巴黎旅游局代表巴黎市政府及巴黎大区区政府接待来自各地的众多旅客,提供观光旅游资讯。(巴黎是世界最大观光都市,巴黎市与巴黎大区每年合计接待逾两千万游客。)

在各种相关行政委员会及机构中,作为巴黎观光旅游业代表。在休闲旅游及商务旅游领域中,巴黎旅游局都与专家及机构团结合作,共同行动。

在国内外的业界商展或大众旅游展中,巴黎旅游局致力使参展人士对巴黎留下深刻印象,以从日益激烈的国际竞争中脱颖而出。

同时,巴黎旅游局筹组招待旅行社来访,让他们能规划出更紧凑,甚至更另类的行程。

此外,巴黎旅游局也招待有助于推广旅游产品及促进巴黎形象推广的媒体记者采访。

(资料来源:http://zh.parisinfo.com/about-us-zh/)

1.2 巴黎旅游和会议促进局(The Paris Convention and Visitors Bureau)

巴黎旅游和会议促进局是一个非营利性的组织团体,于1971年由巴黎市政府及巴黎工商会共同创立。

该局有2200名会员,其中包括470名巴黎会议局的成员。他们包括旅游专家、筹备者、宾馆、饭店、场馆等。

主要任务是为商务旅游和休闲旅游提供服务,包括:欢迎游客及旅游专家;促进巴黎在法国及海外的知名度。在宣传促销方面,对巴黎进行了一系列的定位,如:购物天堂(1月)、浪漫之都(2月)、好客之地(每年夏天的"旅游周")等。

巴黎旅游和会议促进局是各团体及协会事件组织者的目的地管理机构,主要任务是:

(1)向专业的项目组织者提供咨询、建议及协助服务;

(2)促进巴黎在法国及海外的知名度;

(3)使各专家及机构合作者更加认同巴黎的形象——商务旅游之都。

为了更好地完成这些任务,该局利用其不断发展的成员网络来不断发现和创造新的产品和服务。该局鼓励其成员积极参与各种合作项目,积极参与讨论和交流,并通过组织的各项商务活动使其成员不断获取与时俱进的行业信息和市场信息。

巴黎旅游和会议促进局还为专业项目组织者和巴黎专家提供了相互交流的平台。

提供的服务包括以下几点。

目的地的专家专门为各团体和协会项目提供免费及中肯的服务：

(1) 提供建议；

(2) 推荐合适的巴黎供应商；

(3) 提供现场管理、体验旅行、媒体访问团的组织服务；

(4) 提供各种宣传工具，如小册子、巴黎会议的网站。

对于社团联盟组织者，团队致力于提供：

(1) 申办的准备工作；

(2) 团体联盟国际委员会的大厅等候服务；

(3) 与当地机构及官方组织的联络服务；

(4) 各机构的信函支持服务。

有了这些服务，可以很容易找到适合的宾馆、会议中心、会议室、筹办人、团体组织活动等。

组织机构：

在总秘书长 Christine de Gouvion Saint – Cyr 的领导下，巴黎旅游和会议促进局由会议组、团体事件组、市场和沟通协调组构成。

巴黎旅游和会议促进局的合作单位：巴黎市政府、巴黎工商会、巴黎地区经济发展机构等。

(资料来源：http://convention.parisinfo.com/en/about – us/)

1.3 法国在各地的旅游办公室

旅游办公室被分为 1～4 级，国家负责每五年审核以及评定级别，巴黎的旅游办公室为四星级，其豪华气派、各种旅游手册之全、旅游服务手段之现代化令人叹为观止。市政委员会可以部分或全部地委托旅游办公室制定和实施当地的旅游政策、地区性旅游发展计划、旅游产品和旅游娱乐设施的开发、旅游研究、组织节日庆典与艺术活动。活动的经费 80% 由政府出资，其余靠酒店、旅馆、租车公司的广告费用和销售纪念品的收入。旅游办公室的权威与公正形象给整个城市带来莫大的益处。旅游办公室的职能为：城市介绍，当地的活动宣传，住宿信息，娱乐、交通、美食、旅游景点的介绍，体育运动，邮递服务。每一个旅游办公室都会有一个总负责人，下属员工依星级水平人数递增，平均来说需要一个人负责管理安排旅游团队的工作事宜，一个人负责管理住宿问题（如外地人在本地考察实习的住宿安排、野营地的联系和度假别墅的租赁信息等），此外还设秘书处和接待处，接待处一般需要 5～8 人，至少会英、法两种语言，主要完成游客咨询工作。

(资料来源：http://liuxuenet.com.cn/show.aspx? id = 618&cid = 80)

1.4 全年活动

巴黎旅游局推出了 12 主题的全年活动：购物、浪漫、康体和绿色，运动，音乐，户外，沙滩，遗产，艺术还有美食和流光溢彩的巴黎。

(资料来源：http://travel.ifeng.com/news/world/detail_2011_04/13/5725818_0.shtml)

1.5 商务旅游

巴黎，举办会议的最佳城市。

每一年巴黎吸引成千上万各行各业的专业人士到此举办各项集会活动。在这里集会，巴黎将以其永恒的魅力、耀眼的往昔，尖端的领域，展现未来大城的风范。

(资料来源：http://zh.parisinfo.com/business – tourism – zh/)

1.6 网站预订服务

在巴黎旅游局官网的建设方面,它提供了诸多的预订服务,如宾馆住宿、交通、塞纳河游轮、迪士尼乐园门票、博物馆门票,等等。同时部分预订还享受一定的折扣,如宾馆住宿最高可节省60%的花费,同时没有任何附加的预订服务费用。

以住宿网络预订为例,分为三个步骤:

(1)选择到达的日期、住宿的天数、成人数、儿童数,并选择各货币的汇率;

(2)通过列表或地图(附有巴黎市区、近郊及远郊的详细地图)选择一定的区域;

(3)查询满足条件的结果并根据自己的情况进行选择。同时,网站也给出了各星级宾馆的列表并附有详细介绍。

(资料来源:http://hotels.parisinfo.com/en/)

1.7 游客中心

游客中心提供的服务:

(1)根据游客的需要提供服务;

(2)游客的资料参阅服务;

(3)提供巴黎500多个宾馆的预订服务;

(4)提供各种基本入场票券的销售服务:如交通、巴黎博物馆通票、罗浮宫、迪士尼、塞纳河游轮观光票等。

(资料来源:http://en.parisinfo.com/where-to-find-us/)

1.8 提供会议的组织服务

设有巴黎会议和游客管理局(The Paris Convention and Visitors Bureau),服务于各种会议、座谈会、公司会议、行业会议及展览会议,该局将会提供在巴黎及巴黎大区组织这些活动的所有信息。

提供会议组织的各种人员及设施设备,如会议中心、带会议室的宾馆、会议房间、博物馆、历史建筑、城堡、游船、场馆、饭店及卡巴莱餐馆、专业的会议组织者、目的地管理公司、娱乐和休闲、筹备者、交通运输、其他服务等,并附有各个单位的详细介绍。同时可以通过搜索条件如容量等来对这些方面进行筛选。

(资料来源:http://convention.parisinfo.com/en/about-us/members/)

1.9 奖励活动

推出各种奖励活动,如:Curiocités,Mobilboard,L'atelier des Chefs。

(资料来源:http://convention.parisinfo.com/en/)

1.10 巴黎景色图片

网站还设有摄影师从各个角度拍摄的巴黎景色照片、海报和演讲PPT,免费(无需支付版税、设计费等知识产权费用)提供给组织来巴黎旅游的旅行社、会议运营商等。

(资料来源:http://photos.parisinfo.com/en/)

2. 东京

2.1 财团法人——东京观光财团(Tokyo Convention & Visitors Bureau)

东京观光财团(TCVB)是以发展东京观光以及吸引各界前来东京举办会展为目的的非营利财团法人。此外,还是唯一一个作为连接政府与民间桥梁且覆盖整个东京区域的观光团体。根据不同的职责可以分为以下几个部分:

(1)总务科:关于东京观光财团的情况和赞助商均可询问总务科;

(2)观光事业部:负责游客的吸引;

（3）会展事业部：负责会展的举办；

（4）企划宣传科：负责东京观光财团的宣传；

（5）东京 Location Box：负责在东京都内的外景拍摄；

（6）东京观光信息中心：负责东京都内的一般观光信息。

（资料来源：http://tcvb.or.jp/cn/agent/）

东京观光财团旨在通过招揽游客和举办国际会议，为激发东京活力、弘扬日本文化、增进国际间相互理解作贡献。本财团致力于各种活动，包括介绍东京的历史文化资源、工业、先端技术等诸多城市特色，以此来吸引更多国内外的游客前来东京观光或举办国际会议。

（资料来源：http://tcvb.or.jp/cn/tcvb/organization.html）

2.2 东京旅游宣传事业的开展

为了吸引外国的观光游客前来东京旅游，除了向国外的旅游公司以及一般市民积极开展东京的宣传活动以外，还着手促进东京旅游商品的开发与销售；同时，为了让外国人认知东京并把东京作为观光旅游的目的地而积极开展城市宣传事业。

该事业始于 2002 年，截至 2008 年度末在欧美、大洋洲的 8 个国家 17 个城市先后举办了宣传推销活动。

（1）派遣城市宣传代表团

为促进东京旅游商品的开发，与东京都内相关的旅游私营企业合作，在国外举办了以当地旅游公司为对象的说明会和洽谈会。

（2）面向一般市民开展宣传活动

通过国外的报纸和杂志等新闻媒体进行宣传，让一般市民认识到东京是一个有魅力的旅游城市。

另外，还在当地开展宣传活动，直接向一般市民传播东京的魅力，为他们创造前来东京旅游的契机。

（3）其他

为了向参加城市宣传推销活动的企业提供后援，持续不断地发布东京的旅游信息，同时还邀请国外的旅游公司以及媒体前来东京，积极地推广开发新的旅游商品，并请他们刊载宣传报道。

此外，在开展城市宣传推销活动后，为开拓当地市场，还设置"东京旅游代理"，协助当地的旅游公司工作，为商品的开发提供和收集信息、开拓并支援当地在开发东京的旅游商品以及向东京输送观光游客方面有实力的旅游公司、予以大力配合等。

（资料来源：http://www.metro.tokyo.jp/CHINESE/PROFILE/policy09.htm）

2.3 提供会议服务

包括各种国际会议、国际展览、国际赛事等，提供的服务有：场馆及设施介绍、特殊场馆介绍、宾馆及参观介绍、活动创意、礼品创意、服务提供者介绍等。

（资料来源：http://tcvb.or.jp/en/convention/conventions/index.html）

2.4 为访日教育旅行提供咨询

为决定作访日教育之旅的团体或游客介绍有意接待访问的学校，协助双方学校间联络，参与交流活动的内容调整以及出席当日活动。

（资料来源：http://tcvb.or.jp/cn/agent/education.html）

2.5 东京都外国人咨询中心

东京都政府设有"外国人咨询中心"，帮助解决其在日常生活中遇到的困难，在其需要时提供必要的信息。主要咨询内容包括：
(1)有关日常生活中的问题、发生紧急情况时的问讯处；
(2)有关日本的风俗、文化和社会制度；
(3)遇到交通事故时的伤害赔偿问题及有关保险的手续；
(4)有关家属和孩子的问题等。
咨询方式包括电话咨询和现场咨询。
(资料来源：http://www.metro.tokyo.jp/CHINESE/RESIDENT/LIVINGIN/cont7-01.htm)

2.6 面向海外散客的观光导游服务

为了更进一步地向海外游客展示东京的迷人魅力，开展了东京都观光志愿者组织的导游服务。游客只需支付同行导游员所需的交通费和门票即可，不需支付导游费，并附有各主要景点及路线所需要的费用信息。
(资料来源：http://www.tourism.metro.tokyo.jp/chinese/tourists/guideservice/guideservice/index.html)

2.7 地铁内网络

2011年，东京交通局与 UQ Communications 公司就为在都营地铁内安装必要设施，通过 WiMAX、Wi-Fi 路由器为广大用户在车站及隧道内（局部除外）提供大容量以及高速的通信业务事宜达成了协议。

通过此项合作，在都营地下铁内将可以使用智能手机、笔记本电脑等收发电子邮件以及连接网络。

可使用的路线：浅草线、三田线、新宿线、大江户线（押上、目黑、白金台、白金高轮、新宿站除外）。

日程：预计从2011年年底起逐一开展业务，并尽早地推进安装工程。
(资料来源：http://www.metro.tokyo.jp/CHINESE/TOPICS/2011/ftl61100.htm)

2.8 英语版救助卡(Help Card)手机网站

面向难以应对灾害等紧急情况的外国人，东京都开设了于2010年3月制作完成的紧急情况应对小手册"救助卡"的手机版网站。

通过切近的媒体来提供信息，以保护在东京生活的外国人的安全。此网站的特色：
(1)使用QR码可以直接连接至网站首页；
(2)发生紧急情况时的联系电话以及信息的来源（网站首页的URL等）都用英语登载。
(3)登载了发生受伤、事故、地震等紧急情况时，向日本人请求支援的会话集锦（会话用英语及标有罗马拼音的日语登载，即使不懂日语的外国人也可以发音）。

登载内容：110及119的使用方法；外文的医院指导；外国人咨询处的指引；大使馆的电话号码一览表(URL)；地震发生时的应对方法；请求日本人支援的会话集（受伤/生病/事故/失盗/火灾/地震时需要记住的日语）。
(资料来源：http://www.metro.tokyo.jp/CHINESE/TOPICS/2010/ftka4100.htm)

2.9 紧急状况指南

编制专为外国人提供的袖珍版紧急状况指南，在危急时刻拯救生命的援助卡。
(资料来源：http://www.metro.tokyo.jp/CHINESE/TOPICS/2010/ftk3u100.htm)

2.10 丰富网页服务

从2010年2月18日10点开始，东京都交通局力求制作出内容更加丰富的网页(http://www.

kotsu. metro. tokyo. jp/），为外国的游客提供更好的服务：新设中文（简体字、繁体字）以及韩语主页；开始提供交通运行的外语信息服务；完善了目录的编排，以便更加快捷便利地查询到信息。

（资料来源：http：//www. metro. tokyo. jp/CHINESE/TOPICS/2010/ftk3b100. htm）

2.11 浜离宫恩赐庭园的免费移动导览服务

从 2010 年 1 月 23 日下午 1 点开始，在浜离宫恩赐庭园开始推出免费的移动终端技术的导览服务，为游客们介绍景区内的看点，提供服务的语言为日语、英语、中文（简体字、繁体字）、韩语。

（资料来源：http：//www. metro. tokyo. jp/CHINESE/TOPICS/2010/ftk24100. htm）

2.12 观光巴士

从 2008 年 4 月，东京都交通局开始运行周游东京—日本桥—秋叶原—上野—合羽桥—浅草—两国的观光路线巴士"东京→SHITAMACHI（庶民街）"。为了使海外游客更加了解相关情况，从 2009 年 11 月 13 日 10 点开始开设了供多种语言访问的网站（http：//www. kotsu. metro. tokyo. jp/bus/kanren/iroiro_spot. html）。

（资料来源：http：//www. metro. tokyo. jp/CHINESE/TOPICS/2009/ftjbj100. htm）

2.13 每年制作水边广域观光地图

东京都为了让都民和旅行者们能涉足水边，亲近自然，每年制作水边广域观光地图。如：

2006 年度　　浅草·两国、芝浦·天王洲

2007 年度　　深川·木场周边、晴海·丰洲

2008 年度　　神田川下游·日本桥川地区、胜岛运河周边流域

2009 年度　　隅田川上游流域

（资料来源：http：//www. metro. tokyo. jp/CHINESE/TOPICS/2009/ftjam100. htm）

2.14 传统文化体验活动

2009 年在都厅舍举办使用英语、中文、韩语，面向外国旅游者的传统文化体验活动，该活动的目的是让访问东京的外国旅游者能够轻松地体验传统文化、传统工艺，完善环境的试行。对象仅限于外国旅游者。活动概要：

传统文化体验活动

体验内容	举办日期	定　员	都厅内地点
茶　道	8 月 13 日（星期四）~17 日（星期一） 10：30、13：00、15：00	每次 10 名	全国观光接 PR 宣传角
折　纸 （叠纸）	12 月 3 日（星期四）~7 日（星期一） 10：30~16：00（随时举办）	每日 50 名左右	南展望室
插　花	12 月 17 日（星期四）~21 日（星期一） 10：30、13：00、15：00	每次 10 名	全国观光接 PR 宣传角

注：从举办日期的 10 点钟开始，在举办地点向希望参加茶道或插花体验活动的外国旅游者发放入场券。

传统工艺体验活动

体验内容	举办日期	定　员	都厅内地点
东京银器	9月7日（星期一）~11日（星期五） 11:00~16:00（除13:00~14:00）（随时举办）	每日30名左右	东京观光信息中心
江户切子 （雕花玻璃）	10月1日（星期四）~5日（星期一） 11:00~16:00（除13:00~14:00）（随时举办）	每日30名左右	东京观光信息中心
江户指物 （木器家具）	11月18日（星期三）~22日（星期日） 11:00~16:00（除13:00~14:00）（随时举办）	每日30名左右	南展望室

注：传统文化体验活动和传统工艺体验活动达到定额人数就停止受理

本体验活动是免费的，但是需回答活动结束后的问卷调查

（资料来源：http://www.metro.tokyo.jp/CHINESE/TOPICS/2009/ftj8b100.htm）

2.15 电影、电视剧拍摄的"外景地地图"

2009年，制作介绍电影、电视剧等外景拍摄地的"外景地地图"，有"上野·浅草"版和"立川·日野"版两种版本。

（资料来源：http://www.metro.tokyo.jp/CHINESE/TOPICS/2009/ftj65100.htm）

2.16 马拉松节宣传旅游

2009年东京大马拉松节设置"临时观光问讯处"，发放《东京马拉松助威观光地图》。

（资料来源：http://www.metro.tokyo.jp/CHINESE/TOPICS/2009/ftj33100.htm）

2.17 东京水边散步地图

2007年制作水边广域地图《东京水边散步》，包括"深川、木场周边"及"晴海、丰洲"地区地图。

（资料来源：http://www.metro.tokyo.jp/CHINESE/TOPICS/2007/fthci100.htm

2008年，制作东京水边散步地图，包括"神田川下游、日本桥川区域"以及"胜岛运河周边流域"地图。

（资料来源：http://www.metro.tokyo.jp/CHINESE/TOPICS/2008/ftic3100.htm）

2.18 制作东京观光DVD及观光指南

2008年，为了向国外广泛地传播东京所拥有的多姿多彩的魅力，生活文化体育局和产业劳动局编辑制作了《东京简介DVD》、《东京观光DVD》和书籍《观光指南》。编辑制作的资料将广泛用于面向国外的宣传、国际性活动时的放映，如奥运会、残奥运等国际申办活动以及观光促销，等等。

（资料来源：http://www.metro.tokyo.jp/CHINESE/TOPICS/2008/fti87100.htm）

2.19 都营地铁导游英文版

2007年8月8日开始发行都营地铁导游英文版，目的是让从外国来东京的游客能够通过利用作为都心动脉的地铁来自由、愉快地游玩东京。小册子中对于有关东京地铁的使用方法，如"如何找到入口"、"售票机、补票机的操作方法"以及"出口指南"都附加图片照片来进行说明。

（资料来源：http://www.metro.tokyo.jp/CHINESE/TOPICS/2007/fth8r100.htm）

2.20 东京观光信息中心

东京观光信息中心：东京都内设置了三处"东京观光信息中心"，使用日语和英语两种语言向游客们提供各种在东京都内举办的活动、旅游景点及交通路线等信息，还回答游客们的询问等。主要

服务内容：
(1)提供东京的旅游信息；
(2)介绍景点和旅游路线；
(3)提供交通信息；
(4)介绍东京都内的住宿设施；
(5)发放旅游小册子(《东京旅游指南》、《东京便携地图》及《东京区域地图》)；
(6)向外国游客介绍东京观光的志愿者：以外国人为对象,提供观光导游服务；参观都厅(东京都政府大楼)。
(资料来源：http：//www.metro.tokyo.jp/CHINESE/PROFILE/policy08.htm)
东京观光信息中心羽田机场分所：营业时间9:00～23:00,面积19.0平方米,服务包括使用日语、英语、中文、韩语提供向导服务,提供东京都内的观光信息、交通指引及都内观光手册等服务。
(资料来源：http：//www.metro.tokyo.jp/CHINESE/TOPICS/2010/ftkbm100.htm)

2.21 东京观光网站
设立各种语言的东京观光网站：http：//www.tourism.metro.tokyo.jp/english/

2.22 各种活动
东京通过各种传统节日或举办各种活动吸引游客：

2011.8　东京湾大华火祭、深川八幡祭、麻布十番纳凉祭、东京高圆寺阿波舞、GOOD DESIGN EXPO 2010、浅草桑巴狂欢节

2011.9　东京爵士乐节、目黑秋刀鱼祭、大相扑9月大会、根津神社例大祭(根津权现)

2011.10　池上本门寺会式、第21届东京国际电影节、东京 DESIGNERS WEEK、DREAM YOSA-KOI

2011.11　东京时代祭、西之市

2011.12　世田谷的 BORO 市、羽子板集市、除夕之钟

2012.1　初诣、皇居一般参贺、年初消防演习

2012.2　东京马拉松、立春

2012.3　东京国际动画博览会、深大寺不倒翁集市、上野公园樱花祭

2012.4　"狂热之日"音乐节、流镝马、高尾山春季大祭

2012.5　神田祭

2012.6　山王祭

2012.7　烟花大会

(资料来源：http://tcvb.or.jp/cn/event/)

2.23 东京购物场所和街拍
列出了东京各购物场所的介绍。
(资料来源：http://tcvb.or.jp/cn/shopping/)
通过街拍的方式展现了东京景色的另一面,可以吸引大量的年轻人前往。
(资料来源：http://www.tcvb.or.jp/cn/campaign/snap/index.html)

3. 伦敦

3.1 伦敦旅游局(Tourism in London)
成立于1963年5月16日,成立之初的目标是：同英国旅游协会(后来成为英国旅游局,现在是 Visit Britain)一起为海外游客提供信息服务和接待服务,信息和住宿服务是伦敦旅游局早年提供的

主要服务;为去伦敦的游客开发各种服务和设施;吸引来自英国其他地区的游客以延长伦敦的旅游旺季;通过会议局(作为伦敦旅游局的一个部门)鼓励国家及国际会议和展览在伦敦的举办;就宣传和促销方面同英国旅游局进行商讨和建议,以吸引更多的游客到伦敦。

伦敦旅游局在提升伦敦吸引力方面通过面对面接待服务及电话服务起到了很大的作用,如提供住宿预订服务、导游培训服务,通过各种事件开发新产品,宣传伦敦,为会议和展览组织者提供信息。

先于1986年大伦敦市议会的废除,1983年大伦敦市议会(GLC)收回对伦敦旅游局的资助,因为伦敦旅游局当时周旋于撒切尔夫人在任政府和以利文斯顿为代表的大伦敦市议会左翼之间。于是伦敦旅游局将自己重新定位为"伦敦游客会议局",在获得伦敦自治州的支持以前更大程度上依靠商业会员和ETB的资助。

2003年,伦敦旅游局发展成为Visit London,这是一个私人的公司,资金部分来源于合伙企业的捐赠和商业活动的募集,资金主要(达70%)来源于伦敦市长的"伦敦发展署"。Visit London成立的重要基础在于伦敦旅游局在宣传和促销伦敦方面取得了很大的成绩。

Visit London的主要活动包括:

(1)市场营销:在全世界范围内展开市场营销活动;

(2)合作:与旅游行业取得合作关系;

(3)旅游交易:推出各出版物和旅游交易会;

(4)媒体公关:宣传伦敦新闻和形象;

(5)数字化:Visit London的官方网站(www.visitlondon.com);

(6)事件筹备方案:为事件组织者提供整套完善的服务;

(7)伦敦节事的促进:为主要节事在伦敦提供一站式服务。

在2011年4月1日,伦敦市长Boris Johnson组织成立了London & Partners(伦敦与伙伴),一个全新的宣传机构。London & Partners将Visit London、Study London和Think London联结在一起来吸引游客、学生和国外对伦敦的直接投资。Visit London集团便成立了。

(资料来源:http://en.wikipedia.org/wiki/History_of_the_London_Tourist_Board)

3.2 London & Partners

London & Partners是伦敦的官方宣传机构,吸引各商业机构、学生和游客并向他们传达信息。London & Partners是一个非营利性、具有公益性质的私人合作团体,是由伦敦市长和商业合作伙伴资助的。

(1)休闲旅游:London & Partners的休闲旅游团队擅长目的地营销并将伦敦作为目的地在国内和国际推广。利用已有的市场推广和开发新的市场,目标是使伦敦成为国际第一大游客目的地,并同旅游行业一起促进伦敦散客游和团体游的发展。

(2)商务旅游:伦敦的官方会议局是London & Partners的一部分,目标是为伦敦作为商务旅游的首选目的地在全球进行宣传推广。为客户提供全程服务,并就会议规划、会议、事件、展览、奖励旅游、团体聚会等方面提供公平免费的建议。伦敦商业会议组织方面提供专业化的服务并同伦敦市的各服务提供商进行合作。

(3)国外直接投资(FDI)。

(4)主要事件或会议的组织。

(5)高等教育。

(资料来源:http://www.visitlondon.com)

4. 纽约

4.1 纽约市旅游会展局(NYC & Company)

纽约市旅游会展局是纽约市的官方营销、旅游和会员组织,致力于使纽约五大区的旅游机会最大化,繁荣经济并在全球传播纽约市的健康良好形象。在布隆伯格政府的推动下,纽约市旅游会展局在全球范围内最具影响力的地区开设了18个国际办事处,触角延伸至北美、南美、欧洲及亚太地区。

通过一系列的互动措施(包括www.nycgo.com和纽约市的官方信息中心),NYC & Company发展成为游客和当地居民了解纽约的最佳渠道。

NYC & Company持续开发新的具有吸引力的项目来吸引游客,这包括第一次与马德里、圣保罗、洛杉矶、芝加哥和迈阿密建立市场化的合作关系。

(资料来源:http://www.nycgo.com)

4.2 纽约市的官方出版物(Official NYC Publications)

包括《纽约游客指南》(NYC Official Visitor Guide)、《纽约市游客地图》(NYC Official Visitor Map)、《纽约旅游策划》(NYC Official Travel Planner)、《纽约会议及事件策划》(NYC Official Meeting & Event Planner)。

《纽约游客指南》中列出了会员企业和组织的名单,指出游客须知的基本信息和交通信息。可以在旅行之前通过索取的方式获得,这是国际游客和国内游客须读的唯一的官方性指南。同样,在www.nycgo.com也可以下载到相关的版本。

《纽约旅游策划》主要面向奖励旅游的组织者、旅游运营商和旅游零售商,他们经常会为自己的员工设计一些奖励性的旅游。在书中列出了一系列会员的名单,包括餐饮、购物、博物馆、美术馆、表演艺术,并提供一些自助性的选择服务。

《纽约会议及事件策划》为组织者提供综合性的服务,如组织会议、小型贸易展览、大规模的会议等。为会议及各类事件的组织提供了详尽的服务,包括推荐各类会员,如交通、旅馆、活动场馆、服务、餐饮、购物、表演艺术及其他服务。

(资料来源:http://www.nycgo.com)

4.3 www.nycgo.com

官方信息的来源,为当地居民和游客服务。成立于2009年1月,由季度性的记者、作家和自由职业者编辑。2010年在旅游行业获得"威比奖",网站迅速发展成为一个社会和媒体相互交流的移动平台。其每个成员都可以在其中的一个页面上附上100字左右的描述、地图、特殊性的服务及相关链接。

(资料来源:http://www.nycgo.com)

4.4 纽约官方信息中心(Official NYC Information Centers)

位于曼哈顿的市中心,是当地居民和游客获得纽约旅游信息(如去纽约观赏什么、去纽约的哪里等)的正式渠道,信息中心的会员享有多项展示的机会,如被印在小册子上、被显示在交互性的地图上、在《纽约时报》的一角上刊载其卫星定位地址、被展示在黑人住宅区的媒体博物馆中、被展示在市区公园和华人住宅区的公用报亭上。

(资料来源:http://www.nycgo.com)

4.5 "纽约餐馆周"(NYC Restaurant Week)活动

为了增加"淡季"游客的数量,纽约市已持续开展"纽约餐馆周"活动,且分毫不曾涨价。

2009年278家餐馆参与了该夏季促销的活动,而"纽约餐馆周"的官方页面访问量达641 239,

增长了 37%。

2010 年将"餐馆周"活动延续至 9 月 6 日,三道菜正餐的定价却维持不变,即午餐 24.07 美元,晚餐 35 美元,以此款待广大游客。170 余家特色餐馆一同加盟该项活动,令夏天的纽约变身为"美食天堂"。

(资料来源:http://www.nycgo.com,http://trip.elong.com/u/314394/b006uo2b.html)

4.6 "时尚之夜"(Fashion's Night Out)活动

仅仅历经了两年,这项活动却已国际化。"时尚之夜"活动旨在通过一系列时尚活动和购物活动来刺激零售行业的发展,2010 年五个区的 1200 多家零售商(2009 年有 800 家)参与了活动,在 9 月 10 日持续营业到 21:00,并有许多设计师、名人和模特出席。

(资料来源:http://www.nycgo.com)

4.7 "纽约:多多益善"(Get More NY)活动

2010 年 3 月举办,是一个年度性的展示和促销活动,涉及许多行业,如餐饮、购物、艺术、文化、博物馆、娱乐、旅馆、百老汇、交通和旅游景点等。

(资料来源:http://www.nycgo.com)

4.8 "免单愉快"(On the House)

百老汇剧场的优惠活动,2010 年持续了三周(从 2 月 8 日到 2 月 28 日),在这期间共销售了 6000 张票。

(资料来源:http://www.nycgo.com)

4.9 "夏季第三晚免费延住"(Signature Collection Third Night Free)活动

纽约市旅游会展局(纽约市官方营销、旅游和会员组织)6 月初宣布"特级甄选酒店联盟"的 15 家酒店将参加今夏的"特级甄选酒店第三晚免费延住活动"。2011 年 6 月 27 日至 9 月 5 日活动推广期间预订并连住两晚的宾客可获得第三晚免费延住。对于停留较长时间的宾客,活动期间在入选酒店每住两晚即可获得第三晚免费延住,由此可额外节省住宿费用。

"特级甄选酒店联盟"是由纽约市旅游会展局于 2001 年发起的,优惠对游客和纽约人都适用。

(资料来源:http://trip.elong.com/u/314394/b090o2q5.html)

4.10 "纽约更精彩:曼哈顿下城"活动

"纽约更精彩:曼哈顿下城"活动在 2011 年 6 月 1 日至 9 月 6 日间进行,推出各种旅游线路和酒店促销,曼哈顿下城的商店、餐馆、景点和文化机构也推出相应的特惠内容。

活动的一项是为在部分酒店度过周末的客人提供延迟退房服务(可向每个酒店了解详情),并提供免费下城区文化游通行证,在下城区的 9 个文化景点享受 3 日门票和购物折扣。

"纽约更精彩:曼哈顿下城"在全市五大区推出宣传曼哈顿下城的户外广告;出租车车载电视播放宣传片;全球开展新的社交媒体活动(facebook.com/nycgo 和 @nycgo),在 nycgo.com 的手机站点(m.nycgo.com)上推出地理目标内容凸显曼哈顿下城的景点和活动,向会议组织者推荐曼哈顿下城。

(资料来源:http://trip.elong.com/u/314394/b090o2q5.html)

4.11 康尼岛夏季海滩电影节

从 7 月 11 日至 8 月 29 日,每周一晚上在西十街海滩将放映 40 英尺巨幕电影,活动在黄昏时开始,对公众免费开放。

除了康尼岛海滩电影节,今夏木栈道区还有一些新节目:有四座云霄飞车的新游乐场——尖叫地带,和去年开幕的月神公园一起开放;柜台式服务餐厅——飓风咖啡全年为游客提供各种美食,几周后还有一家名为康尼蛋筒的冰激凌店将在木栈道区开业。

（资料来源：http://trip.elong.com/u/314394/b08au9ad.html）

4.12 逍遥纽约冬日游

启动 2011 年冬季"纽约：多多益善"（Get More NYC）市场推广活动；2011 年 1 月至 2 月期间针对全球游客推出各项优惠，令冬日的"纽约之旅"物超所值、惊喜不断。另有针对美运通持卡人的积分奖励、遍布全市的酒店住宿特惠和首届"百老汇周"（Broadway Week）的盛大开幕。

（资料来源：http://trip.elong.com/u/314394/b01d35l8.html）

4.13 纽约"活见鬼"，就在万圣节！

通过万圣节的活动吸引游客。

（资料来源：http://trip.elong.com/u/314394/b0171jld.html）

4.14 "见多、识广，这就是纽约"

脱胎自 2007 年纽约盛名全球的营销运动，旨在展示全美最受欢迎的旅游目的地——纽约无可超越的活力、精彩和多元魅力。

通过"见多、识广"这一全球营销活动最大范围地触及受众，并借由一系列平面广告、电视媒介、微型网站（nycgo.com/getmorenyc）、社交媒体如 Twitter（@ nycgo）和 Facebook（facebook.com/nycgo）等架构起这座城市"活力无限、精彩不停"的特质。

4.15 首届"城市赛跑"活动

首届"城市赛跑"活动（NYC Urban Race）于 2010 年 9 月 25 日周六早上 8 点在曼哈顿举行。纽约城市赛跑是由纽约市旅游会展局体育营销部推出的第一个大型体育类活动。

（资料来源：http://trip.elong.com/u/314394/b007qhse.html）

4.16 纽约"E 战役"迎接地球日

通过一系列丰富多彩的活动，将低碳、节能的绿色生活主张传递给公众。

（资料来源：http://trip.elong.com/u/314394/b00eq30c.html）

4.17 为游客量身定做线路和活动

如纽约市的许多文化景点和观光场所均推出了为中国游客度身定制的服务措施：大都会博物馆和美国现代艺术博物馆（MoMA）提供普通话语音导览、纽约格雷线观光巴士（Gray Line New York Sightseeing）的"城市游览"线路（City Tours）和纽约都市观光巴士公司（City Sights NY）亦有普通话特色观光线路，而纽约市旅游会展局的中文简体版快速指南和网站资源也为中国游客出行纽约提供了便利，此外，在中国城的官方游客中心还特别配有普通话信息员，协助中国游客畅游纽约。

（资料来源：http://trip.elong.com/u/314394/b002m6k9.html）

4.18 纽约情人节

参加"纽约小舟"邮轮（Bateaux New York）推出的浪漫豪华游；与心上人一同乘坐古色古香的四轮马车，畅游美丽的中央公园；情人节期间还可加入由"电影之旅"公司（On Location Tours）最新推出的"绯闻少女影视之旅"（Gossip Girl Tour）、"恋爱速成班"。另外还有专门为情人节设计的"情人节餐饮套餐"。

（资料来源：http://trip.elong.com/u/314394/b00el6o8.html）

4.19 2010 纽约迎新庆典

梅西感恩节大游行；"无线电城圣诞奇观秀"、《冬之世界》、"洛克菲勒中心圣诞树点灯仪式"、纽约芭蕾舞团表演、主题橱窗秀、第二届"姜饼狂欢节"、大苹果马戏团表演、"丹尼尔—李博斯金：光明之作"陈列展、"哈莱姆假日"宣传活动、"0 年度家庭日"、"假日火车秀"、斯塔滕岛的"烛光之旅"、"布鲁克林光明灯"之旅、历史古迹假期游等。

（资料来源：http://trip.elong.com/u/314394/b001vkl4.html）

4.20 "中文版旅行社从业人员在线培训教程"

2009年11月17日，纽约市旅游会展局正式宣布推出面向全中国旅行社从业人员的中文版"在线培训教程"。中文版"旅行社从业人员在线培训教程"包括9个精心编撰的单元：概述、纽约市五大区、纽约酒店、纽约必访景点、购物、餐饮和夜生活、纽约的风格、纽约先锋时尚、纽约特色游。

（资料来源：http://trip.elong.com/u/314394/b007i7m1.html）

4.21 2011年活动

2011年不仅举办这些活动，还要迎来第一个"喜剧之周"等。2011年开展一系列新的活动来吸引游客，如5月份开展以twitter和facebook为基础的国际性社交媒体聚集的首创性活动。在18个国际办公室中，有9个将开拓更多的渠道以提供及时的、适应市场的、各种语言的信息，这些信息包括纽约概况、纽约各景点、事件及会议组织、媒体、旅游行业等。

（资料来源：http://www.nycgo.com/）

北京与东京城市国际旅游发展水平比较研究

张凌云　齐　飞

2009年底,北京提出建设中国特色的世界城市,而世界城市的标准是什么?对此,无论是政界,还是学界都没有达成统一的意见。但有一点是毋庸置疑的,世界城市一定是世界旅游城市。然而,世界旅游城市的标准是什么?这仍然是一个见仁见智的问题。为此,我们选出几座公认的世界旅游城市,然后分别与北京进行比较分析,找出北京与这些世界旅游城市相比存在的优势和不足,从而寻找出建设世界旅游城市的方向和路径。我们曾将北京与巴黎进行过比较研究(见《北京社会科学》2010年第5期,41～50),这里我们再将北京与东京进行比较分析。

一、北京与东京城市旅游发展基础比较

日本是我国一衣带水的邻国,两国同处亚洲东部,在传统文化上有着深厚的历史渊源,19世纪末日本进行了自上而下、具有资本主义性质的全面西化与现代化改革运动——明治维新,之后逐渐步入现代化国家行列。从20世纪70年代起,日本的国民经济总量一直位于全球第二,仅次于美国,2010年中国跃升为全球第二,超过日本。

自明治二年(1868年)德川幕府被推翻,日本皇室从京都迁到江户并将其改名为东京以来,东京一直是日本的首都,也是日本政治、经济、文化、交通等中心。已发展成为人口密集、经济发达的日本全国乃至世界一流国际化大都市。

(一)城市经济发展水平

无论是建城时间还是建都时间,北京都要远早于东京。虽然,北京的区域面积和常住人口规模都要大于东京,但人口密度和经济密度东京都要高于北京。需要说明的是,就城市规划而言,东京的地域范围包含着三个层次概念:(1)"东京城区部"是指东京的中心城区,人口约800万;(2)"东京都"是指东京的行政区域,包括23个特别区、26个市,5个町和8个村,以及伊豆群岛和小笠原群岛。人口约1300万,略少于北京市;(3)"东京都市圈"指能够到东京上班上学的地区范围,包括千叶、神奈川、崎玉三县以及横滨等周边城市,其人口约3300万,面积约13 000平方公里,大致与北京市的面积相同。

而北京的地域范围也可分为三个层次:(1)"首都功能核心区",包括新东城区和新西城区,面积92.5平方公里,常住人口约112万;(2)"北京市区",以前曾习惯称之为"城八区",由首都功能核心区(新东城和新西城)与城市功能拓展区(海淀、朝阳、石景山和丰台)组成;(3)北京市,是由北京市区和远郊区等16个区县构成的行政区。

在经济总量上,东京的GDP已经接近2万亿美元(2009年),而北京才2千亿美元,相差10倍左右,而人均GDP相差不到5倍。但经济密度东京高于北京70倍(见表1)。因此,仅就全市整体经济规模和发展水平而言,北京与东京还是存在着相当大的差距,毕竟北京作为世界最大的发展中国家的首都,受其发展阶段的制约,城市发展的社会基础、经济实力和公共服务仍然相对薄弱,城市竞争力有待进一步提升,这同时也说明了北京仍具有很大的发展空间和潜力。

表1 北京与东京城市基本情况比较表

	北 京	东 京
建城历史(年)	3050	820
建都时间(公元)	12世纪中叶	17世纪初
市区面积(km²)	735	621
大区面积(km²)	16 800	13 000
行政区划数	16	23
市区人口(万人)	1080(2009)	1299(2009)
大区人口(万人)	1755(2009)	3670(2009)
人口密度(人/km²)	1069(2009)	16 773(2009)
GDP(亿美元)	2056(2010)	18 771(2009)
人均GDP(美元/人)	11 715	51 147
经济密度(万美元/km²)	1225	85 790

注:1. 北京的大区是指市区和远郊区等16个区县
　　2. 东京的市区是指东京都,大区是"东京都会区"

(二)城市交通情况

北京与东京都是本国重要的对外口岸城市,2009年北京首都国际机场与东京国际机场(羽田机场)吞吐规模分别位列全球的第二和第三位。就单个机场而言,北京首都国际机场已经超过了东京国际机场,但如果加上新东京国际机场的话,东京城市的机场客运量将是北京的1.46倍(见表2)。

表2 2009年北京和东京机场乘客运输量比较

城 市	机场名称	乘客运输量(万人次)	增长率(%)	全球排序
北京	北京首都国际机场	9927.00	23.5	2
东京	东京国际机场(羽田机场)	9473.23	-7.7	3
	新东京国际机场(成田机场)	5016.86	-1.4	27

资料来源:国际机场协会(ACI),http://www.nationsonline.org/oneworld/major_world_airports.htm

除此之外,东京和北京还各有一个规模较小的机场。2010 年 3 月东京都正式启用了位于首都圈内的茨城机场,这是一个袖珍型机场,航站楼只有两个楼层,主要供低成本航空公司飞机起降,目前只有到神户的日本国内航线以及到韩国首尔和我国上海(春秋航空包机)的国际线路。规划年客运量 80 万人,但目前的运输量只有 20 万人次左右。北京南苑机场则是一座军民两用机场,是中国联合航空有限公司的基地机场。目前共有客运航线 14 条,客运班机 4 架,年运送乘客 80 万人次左右。由于北京首都国际机场运输能力已近饱和,现已在大兴南部开工建设首都第二机场,这个新机场定位为综合性超大型国际枢纽机场,一期新增航空吞吐能力 4000 万人次。预计到 2015 年北京的航空吞吐能力将达到 1.4 亿人次,达到东京 2009 年的发展水平。

城市内公共交通分为轨道交通和地面交通两大类型。日本的轨道交通分为地铁、高铁和轻轨等多种形式。其中地铁的营运方为东京地下铁、东京都交通局(都营地下铁)和东京临海高速铁道等三家公司,营运里程为 316 公里,共 13 条线路,略少于目前北京的地铁营运里程,线路数量与北京相当。但东京的轨道交通除了地铁外,还有城市铁路(轻轨)和城郊通勤铁路(JR),除了国营企业经营的 17 条铁路外,还有 13 条民营铁路(私铁)。年运送人数达 26.6 亿人次,是北京的 1.7 倍。东京的城市交通发展始于 1964 年东京举办奥运会,为此建设了新干线(高速列车)和首都高速公路,为东京今天的繁荣打下了坚实的基础。44 年后,北京举办奥运会同样也给北京的城市交通建设带来了重大发展机遇,其中发展最快的是轨道交通,包括首都机场到东直门的 28 公里的轻轨。据北京"十二五"规划,到 2015 年北京的轨道交通里程将突破 700 公里,但仍只占到东京轨道交通里程的三分之一。

据预测,北京的日常交通出行量 5 年后将达每天 4000 万人次。将建成 6 号线等 15 条地铁,五环内线网密度将达每平方公里 0.51 公里,建设快速路 300 公里,城市主干道 300 余公里。到 2015 年,四环以里轨道交通线网覆盖 90%。从地面交通看,无论是运营里程、运营线路,还是运送人数,北京都已大大超过东京。出租车数量北京也比东京多出一万多辆(见表 3),这还不包括非法运营的出租车(即俗称的"黑车")。据估计,北京市非法运营的出租车已达 7.2 万辆,超过了正规运营的出租车数量。

表 3 2009 年北京和东京城市交通客运量比较

城市	轨道公共交通			地面道路公共交通			
	运营里程(公里)	运营线路(条)	运送人数(亿人次)	运营里程(万公里)	运营线路(条)	运送人数(亿人次)	出租车数量(万辆)
北京	336	14	15.95	186 200	882	50.37	6.73
东京	2134	44	26.60	786.3	139	2.1	5.55

注:表中的东京系指东京都市圈

资料来源:财团法人運輸政策研究機構「都市交通年報」,www.stat.go.jp/data/nenkan/zuhyou/y1213000.xls
东京市内交通事业 www.metro.tokyo.jp/CHINESE/PROFILE/policy12.htm

总之,从总体上看,在城市交通基础设施和运营能力方面,北京与东京相差不大,有些项目上,北京已超过东京。但在轨道交通方面,北京与东京相比仍存在较大的差距。

(三)国际会议展览情况

目前,东京的会议展览设施多达330处,最有名的会议中心有:东京国际会议中心、东京国际展览中心、东京时尚城建筑、东京巨蛋体育馆、日本武道馆、东京船、日本六本木新城图书中心、东京中城会议中心、都市中心饭店和相扑馆等。其中东京国际会议中心最大的会议厅可以接待5000人的会议。

2009年北京座位超过500座的大型会议室有179个。拥有中国国际展览中心、中国国际贸易中心、北京展览馆、北京国际会议中心、全国农业展览馆新馆、北京海淀展览馆、北京东六环展览中心、中国国际科技会展中心、新国际展览中心(一期)、九华国际会展中心、国家会议中心等近30处会展场馆,展厅面积达35.4万平方米。直接收入124.4亿元,其中会议业收入72.5亿元,展览业收入51.9亿元。

据国际大会及会议协会(ICCA)统计,2004年以后,北京的国际协会会议数量出现了倍速的发展,远超过东京。2009年北京召开的国际协会会议的数量达到了96个(见表4),在全球排名列第10位。东京以58个会议数量与上海并列第28位。

表4 近年来北京和东京国际协会会议数量

	2000	2001	2002	2003	2004	2005	2006	2007	2008	2009
北京	45	41	56	32	110	99	98	110	87	96
东京	32	46	36	35	43	69	54	66	83	58

资料来源:国际大会及会议协会(ICCA)

目前,北京的国际协会会议数量已远超过东京,在亚洲位居第二,仅次于新加坡,北京作为国际会议之都的地位和形象已经基本确立。

二、北京与东京城市旅游发展基础比较

(一)旅游市场与旅游经济

从入境旅游者人数看,北京与东京差距已经不大,但接待的国内游客不到东京的40%,而北京的游客总消费约占到东京的75%。北京入境旅游者消费超过东京(见表5)。

表5 2009年东京和北京接待境内外旅游者情况

	北 京	东 京
入境旅游者(万人次)	413	476
比上一年增长(%)	8.8	-11.0
国内游客人数(亿人次)	1.7	4.3(2008)

续表

	北 京	东 京
比上一年增长(%)	14.5	-2.5
游客总消费(亿美元)	358	481
比上一年增长(%)	10.0	0.9
入境旅游者消费(亿美元)	43.6	35.8
比上一年增长(%)	-2.3	-6.8

注:1. 两市的统计口径不完全一致,以上数据仅供参考
2. 依据国家外汇管理局网(http://www.safe.gov.cn/model_safe/tjsj/rmb_list.jsp?ct_name=人民币汇率中间价&id=5&ID=110200000000000000)相关数据的计算:2009年人民币汇率中间价为6.83

资料来源:1. Tokyo Metropolitan Government,2009。http://www.kanko.metro.tokyo.jp/administration/gyosei/kankoukyaku_2009.html
2. 北京市旅游局,北京市旅游统计年鉴(2009)

从两市的入境客源结构看,美国游客都分别占到15%左右,位于各客源市场的首位。占第二位的分别是对方客源市场(中国大陆和日本),约占12%左右。但北京接待的欧洲游客比例高于东京近一倍。从入境旅游的客源结构看,北京的国际化程度比东京还要高。

表6 东京接待的入境过夜游客比例

单位:%

	美国	泰国	中国大陆	韩国	欧洲各国	澳大利亚	中国台湾	其他
2007	18	—	9	17	10	—	9	37
2008	17	14	9	—	11	—	9	40
2009	16	—	12	11	10	10	8	43

资料来源:据历年日本总务省,《观光白书》整理而成

表7 北京接待的入境过夜游客比例

单位:%

	美国	日本	韩国	欧洲各国	加拿大	澳大利亚	新加坡	其他
2007	15.9	15.4	11.7	24.0	3.0	3.4	2.5	24.1
2008	16.0	11.9	10.5	25.6	3.3	3.5	2.8	26.4
2009	14.0	11.2	8.5	19.2	2.9	2.7	2.7	38.8

资料来源:据北京市旅游局,《北京旅游统计年鉴(2010年)》整理而成

(二)旅游景区与住宿接待设施

由于两市都缺乏系统完整的旅游景区接待人数年度统计资料,只能从一些零星的资料中收集获得,有的景区只有各年平均接待人数。但从这些零星资料中也可窥见两市景区接待量的概貌。

从单个旅游景区接待量看,东京除迪士尼和海上迪士尼两个外来的主题乐园都超过1000万人次外,其余同类型的景区接待人数与北京相比,北京大多数都要超过东京,如北京故宫与明治神宫,北京动物园与上野动物园,国家博物馆与东京国立博物馆等(见表8)。此外,浅草寺因免收门票,又集中分布着一大片旅游纪念品小商铺,较受旅行社的欢迎,成为赴东京旅游的必去之地,每年接待的游客人数在约3000万~4000万。

表8 近年来北京和东京主要旅游景区接待人数

单位:万人次

东京景点	年接待游客	北京景点	年接待游客
东京迪士尼乐园	1391(2007)	故宫博物院	833(2006)
东京海上迪士尼	1241(2007)	十三陵景区	760(2006)
明治神宫	800(近年平均)	颐和园	731(2006)
东京塔	292(2010)	八达岭景区	591(2006)
上野动物园	289(2008)	北京动物园	517(2006)
新宿御苑	100(2005)	天坛	487(2006)
东京国立博物馆	100(近年平均)	北海公园	381(2006)
国立科学博物馆	100(近年平均)	欢乐谷	270(2010)
国立西洋美术馆	82.4(2005)	景山公园	270(2010)
富士山	30(2008)	国家博物馆	231(2006)

另据统计,2009年北京共有A级以上及重点旅游景区187个,共接待游客1.54亿人次,其中入境游客841万人次,只占不到5.5%,营业收入40.7亿元,其中门票收入27.9亿元,占到总收入的68.6%。北京共有各类博物馆151座,接待参观人次3000万,年收入10.4亿元[①]。由此可见,北京的景区以接待国内游客为主,且以门票收入为主,博物馆数量虽多,但平均每个博物馆接待参观人数不足20万人次。

从住宿业的数量看,东京的住宿业类型多,数量大,在东京大街小巷星罗棋布。但总体上讲,东京的住宿业企业平均规模比较小。虽然,东京住宿业的企业数量多达6.5

---

① 北京市统计局,国家统计局北京调查总队. 北京统计年鉴 2010. 北京:中国统计出版社,2010.

万家左右,但平均每家就业人数不到12人,住宿业以中小企业为主。而北京的住宿业平均每家就业人数达到了55人左右(见表9)。目前东京的规模以上的西式饭店和日式旅馆共有94 000个房间,从高端奢华房到经济房,可以满足不同层次的需求。另据北京旅游局统计,2009年北京星级饭店836家,134 310个房间。因此从规模以上饭店看,北京的客房数要大于东京。

表9 东京和北京住宿业企业数量和就业人数比较

东京住宿业	企业个数(个)	就业人数(人)	平均就业	北京住宿业	企业个数(个)	就业人数(人)	平均就业
住宿业总计	75 094	831 878	11.1	住宿业总计	3538	194 014	54.8
旅馆、饭店	52 156	693 091	13.3	旅游饭店	979	147 971	151.1
简易居住地	1216	6466	5.3	一般旅馆	2357	41 540	17.6
辅助住宿业	2204	5121	2.3	其他住宿服务	202	4503	22.3
其他类型住宿	9759	63 600	6.5				
各会社和集体住宿地	3434	34 445	10.0				
其他分类的住宿业	6325	29 155	4.6				

注:1. 平均就业是指平均每个企业的就业人数(下同)。
 2. 东京为2004年的统计数字,北京为2008年的统计数字。
资料来源:1. 総務省統計局統計調査部経済統計課「サービス業基本調査報告」
   http://www.stat.go.jp/data/chouki/zuhyou/16-01.xls
 2. 国务院第二次全国经济普查领导小组办公室. 中国经济普查年鉴2008(第三产业卷). 北京:中国统计出版社,2010.

从餐饮业的数量看,东京的餐饮企业数量要多于北京,但企业的平均规模要小于北京。从统计分类看,日本总务省(相当于我国的国务院办公厅)在统计局对服务业基本调查中将餐饮企业经营内容分成15类,而我国全国经济普查中,对餐饮企业的经营内容只分为4类(见表10)。在我国现有的统计分类中,对于连锁餐饮业态的分类也只有中式正餐、中式快餐、外国风味正餐、外国风味快餐、茶馆、咖啡店、酒吧和其他等8类。据北京统计年鉴(2010)披露,北京连锁餐饮共有2054家门店,从业人员84 623名,平均每家从业人员41.2名,高于北京餐饮业的平均水平。

表10 东京和北京餐饮业企业数量和就业人数比较

东京餐饮业	企业个数(个)	就业人数(人)	平均就业	北京餐饮业	企业个数(个)	就业人数(人)	平均就业
餐饮业总计	1 105 797	7 589 748	6.9	餐饮业总计	7129	254 835	35.7
一般餐饮店	419 663	2 777 305	6.6	正餐服务	5653	206 393	36.5
食堂和西餐厅	234 734	1 776 863	7.6	快餐服务	562	33 031	58.8

续表

东京餐饮业	企业个数（个）	就业人数（人）	平均就业	北京餐饮业	企业个数（个）	就业人数（人）	平均就业
一般食堂	74 618	528 226	7.1	饮料及冷饮服务	501	4829	9.6
日本料理店	42 031	363 162	8.6	其他餐饮服务	413	10 582	25.6
西洋料理店	28 896	290 657	10.1				
中国料理店	60 942	366 838	6.0				
烤肉店（东洋料理）	20 997	166 832	7.9				
其他食堂和西餐厅	7250	61 148	8.4				
荞麦乌龙面店	34 639	209 529	6.0				
寿司店	34 877	217 679	6.2				
饮茶店	83 676	314 959	3.8				
其他一般餐饮店	31 737	258 275	8.1				
汉堡包店	5014	129 382	25.8				
什锦烧店	19 596	62 784	3.2				
其他分类的一般餐饮店	7127	66 109	9.3				

资料来源：1. 総務省統計局統計調査部経済統計課「サービス業基本調査報告」
http://www.stat.go.jp/data/chouki/zuhyou/16-01.xls

2. 国务院第二次全国经济普查领导小组办公室. 中国经济普查年鉴2008（第三产业卷）. 北京：中国统计出版社，2010.

从总体上看，北京的中小餐饮企业数量较少，但平均每家企业的就业人数要比东京高出5倍之多，其外国风味快餐的就业规模最大。

（三）其他相关服务和设施

除前述的旅游交通、景区、住宿和餐饮外，城市其他服务功能和设施如信息服务、文化娱乐等也与旅游业发展密切相关。在东京都内，共设有3处"东京观光信息中心"，使用日语和英语两种语言向游客提供各种在东京都内举办的活动、旅游景点、住宿设施及交通路线等信息，解答游客的询问等。免费发放《东京旅游指南》、《东京便携地图》和《东京区域地图》等小册子，向外国游客介绍东京观光的志愿者，提供导游服务等。东京观光信息中心分别设于东京都厅总部、羽田机场第一旅客候机大厅一层和京城线（往返于市内与成田国际机场之间的电气铁路）上野站。虽然东京观光信息中心数量不多，但这三个地方外来游客人流最为集中，游客密度最大，尤其是口岸机场是最需要获得信息帮助的场所。目前，北京在机场、繁华商业街区、郊区高速公路出入口处、景区景点、高星级饭店等处共设有95个"旅游咨询中心"（功能类似于东京观光信息中心),从业人员达到600多人。2009年接待了164.3万人次咨询,其中本市居民77.6万人次,占65%;外地游客34万人次,占28%;入境游客8.4万人次7%。此外,通过电话咨询的44万人次,其中本市居民30万人次,占68%;外地游客13万人次,占30%;入境游客约1万人次,占2%。各种免费发放的旅游资料数由2008年的143.5万份增加到2009年的198.4万份,增长率达到了38%。总之,北京咨询中心的数量和规模都要较东京大得多,发展速度较快。但也应该看到,目前,北京旅游咨询中心也存在着以下问题:诸如可供查询的信息少,更新不及时;网点空间布局不合理,不少咨询中心选址不当,使用率低,形同虚设;使用者的比例结构不尽合理,外省游客和入境游客使用率偏低等。

从影院、演艺厅、酒吧和夜生活场所等文化娱乐和休闲设施看,东京除游戏机中心略少于北京外,其他的设施数量要都比北京多出许多(见表11)。卡巴莱是指带有歌舞表演的餐馆,北京也有少量的类似餐馆,但缺乏对这一类型的专门统计,也可能由于北京的一些规模以下娱乐场所没有被统计在内所致。此外,由于两国的国情不同,北京的夜生活场所在数量、规模和业态种类上,都不如东京,也不可能出现像东京新宿歌舞伎町那样的红灯区和类似的色情服务场所集聚的特色街区,而且北京的酒吧数量也远不及东京。加大力度设计和开发出既适合国情,又能受游客欢迎的夜生活产品需要旅游主管部门、旅游企业、文化部门和民间组织(NGO)乃至信息产业部门、网络企业、投融资企业等通力协作共同完成。

表11 2008年东京和北京娱乐场所数量比较

	电影院	剧院及演艺厅	游戏机中心	卡巴莱餐馆	酒吧	夜生活场所
东京	325	111	1088	265	9486	42 901
北京	108	54	1146	—	400①	823②

注:①估计数
②为2009年数据
资料来源:1. http://www.toukei.metro.tokyo.jp/tnenkan/2008/tn08qyte0520g.htm
2. 北京市统计局,国家统计局北京调查总队.北京统计年鉴2010.北京:中国统计出版社,2010.

三、结论与建议

北京与东京分别作为中日两国的首都,在世界城市建设中具有不少相似之处。但北京作为世界上最大的发展中国家的首都,其城市经济发展必然会受到发展阶段的制约。2008年10月美国《对外政策》杂志发布60座全球城市的排名,其中东京位于第4,而北京列在第13位。北京的社会经济发展综合实力与东京相比还存在着一定的差距。北京在旅游资源禀赋、设施档次、接待条件、接待能力以及举办国际会议等一些方面都已经超过东京,有些城市基础建设如交通设施和运营能力已接近东京水平,有些单项指标已超过东京。但在餐饮、休闲、文化娱乐设施和服务方面,企业的数量和发展水平,尤其是中小企业(SME)的发展与东京相比仍存在着一定的差距。在旅游相关行业和要素的资源整合、分类统计、信息集成、动态更新、实时提供等城市公共服务上,仍需新成立的北京市旅游委员会作为旅游目的地管理部门(DMO)加大与相关部门的协调范围和合作深度,改善旅游城市的公共服务,提升北京作为国际旅游城市的竞争力和美誉度,推进世界城市的建设进程。

参考文献:

[1] 郑扬. 世界城市与北京旅游目的地建设的路径选择//张凌云,等. 旅游产业研究报告2010. 北京:旅游教育出版社,2010.

[2] 张凌云,郑扬. 北京建设中国首选旅游目的地对策研究. 北京:旅游教育出版社,2009.

2011年北京入境旅游市场发展现状及趋势

张凌云 庞世明 孙 琼

2011年是中国经济复杂多变的一年,在全球金融危机引发的经济危机没有出现明显复苏迹象的背景下,欧债危机一触即发,吉凶未卜。我们不得不面对国内通胀和经济增长放缓的预期。纵观2011年北京入境的发展走势,可以发现北京市入境旅游市场的一些鲜明特征和可喜的新气象,标志着北京市入境旅游已经进入了相对稳定的发展阶段,但同时也暴露出一些发展的隐忧。从旅游目的地城市来看,在全国能与北京构成直接竞争的只有上海一地。这里,我们对北京市入境旅游情况进行阐述分析的同时,也与上海市的同期、同类指标分别进行比较分析。

一、入境旅游基本特征

(一)人数增长放缓,港澳台地区游客增长起伏较大

2011年全市接待入境过夜旅游者520.4万人次,比去年同期增长6.2%。其中接待外国人447.4万人次,比去年同期增长6.1%;香港同胞43.4万人次,比去年同期增长7.7%;澳门同胞1.3万人次,比去年同期减少2.3%;台湾同胞28.3万人次,比去年同期增长5.6%。但港澳台市场季节性波动较大(见表1)。

表1 2011年北京市入境旅游接待情况

	接待入境过夜旅游者		其中:外国人		香港同胞		澳门同胞		台湾同胞	
	人数(万人次)	增长率(%)	人数(万人次)	增长率(%)	人数(万人次)	增长率(%)	人数(万人次)	增长率(%)	人数(万人次)	增长率(%)
1月	29.0	0.6	24.7	3.7	2.6	-6.5	0.1	-40.4	1.6	-22.4
2月	24.4	4.1	20.1	9.0	2.9	-7.6	0.06	-6.4	1.3	-25.7
3月	40.4	-4.3	34.9	-5.1	3.4	-1.4	0.09	-7.3	2.0	-5.5
4月	48.8	9.0	41.5	9.3	4.4	16.9	0.09	—	2.8	-5.0
5月	50.0	5.9	42.9	4.3	4.2	24.0	0.01	-9.4	2.8	8.1
6月	47.3	4.5	40.7	3.4	4.0	21.6	0.1	-0.5	2.5	—
7月	47.1	9.2	39.7	6.9	4.1	23.0	9.9		3.3	25.0
8月	47.4	8.1	40.4	6.1	4.2	27.8	0.1	-27.1	2.7	15.7

续表

	接待入境过夜旅游者		其中:外国人		香港同胞		澳门同胞		台湾同胞	
	人数 (万人次)	增长率 (%)	人数 (万人次)	增长率 (%)	人数 (万人次)	增长率 (%)	人数 (万人次)	增长率 (%)	人数 (万人次)	增长率 (%)
9月	50.4	5.6	44.3	4.5	3.6	16.3	0.1	-35.4	2.5	15.9
10月	54.1	8.7	50.0	9.6	3.5	-4.9	0.1	3.1	2.5	13.9
11月	45.1	9.3	39.0	10.6	3.3	-10.2	0.2	129.1	2.4	15.8
12月	36.3	11.7	31.0	13.7	3.1	-6.0	0.18	6.8	1.9	15.3
全年	520.4	6.2	447.4	6.1	43.4	7.7	1.3	-2.3	28.3	5.6

资料来源:北京市旅游发展委员会

近年来,北京市入境客源市场远程化、多元化、全球化的特征更加鲜明。2011年外国游客比上年同期增长6.1%,外国游客占入境游客人数的比例高达86%。从来京各洲际客源地的情况看,大洋洲游客比去年同期增长20.4%,美洲游客比去年同期增长13.7%,欧洲游客比去年同期增长7.8%,非洲游客比去年同期增长7.4%,而亚洲游客比去年同期仅增长3.1%(见表2)。由此可见,北京的入境旅游在大洋洲、美洲、欧洲和非洲等中远程市场都取得了不俗的增长。

表2　2011年北京市入境旅游接待情况

主要客源地	来京入境人数(人次)	比去年同期增长(%)
中国香港	434 223	7.7
中国台湾	282 751	5.6
中国澳门	12 946	-2.3
美 国	789 109	12.7
韩 国	533 701	5.5
日 本	510 167	-2.9
欧洲其他	301 491	2.9
德 国	221 746	10.4
俄罗斯	205 171	8.2
英 国	187 689	12.0
加拿大	181 789	20.5
法 国	150 161	5.4

续表

主要客源地	来京入境人数(人次)	比去年同期增长(%)
澳大利亚	152 504	22.6
亚洲其他	145 233	1.2
新加坡	143 533	9.6
马来西亚	138 513	10.4
美洲其他	82 513	9.3
蒙古	75 631	23.7
意大利	75 500	11.9
印度	74 003	15.1
印度尼西亚	62 888	9.8
泰国	61 902	-18.9
西班牙	56 806	1.0
瑞典	61 938	13.9
菲律宾	33 717	20.3
朝鲜	30 598	-15.3
瑞士	27 263	16.1
越南	24 069	-7.0
新西兰	19 811	13.6
巴基斯坦	12 037	16.6
大洋洲其他	5524	-6.2
缅甸	2654	35.5

资料来源:北京市旅游发展委员会

2000—2012年间,京沪两地接待入境游客人数一直呈增长态势(受"非典"影响的2003年除外)。2003年北京市接待入境游客的人数首次被上海超过,屈居全国第二(见表3)。此后,北京市入境游客人数都未超过上海,2011年北京接待的外国游客人数比上海少107万人次,但自2000年以来,北京的外国游客占入境游客的比例却一直高于上海(见表4)。

表3 2000—2011年京沪入境过夜游客人数

单位:万人次

		2000	2001	2002	2003	2004	2005	2006	2007	2008	2009	2010	2011
北京	入境游客	282.1	285.8	310.4	185.1	315.5	362.9	390.3	435.4	379.0	412.5	490.1	520.4
	外国人	238.0	239.9	266.5	152.3	268.1	311.6	338.3	382.6	335.7	342.9	421.6	447.4
	港澳同胞	26.5	28.4	26.8	22.7	29.1	32.7	31.0	32.0	29.3	45.9	41.6	44.7
	台湾同胞	17.6	17.6	17.2	9.7	18.3	18.6	21.0	20.8	13.9	23.7	26.8	28.3
上海	入境游客	181.4	204.3	272.5	244.7	385.4	444.5	464.6	520.1	526.5	533.4	733.7	669.0
	外国人	143.9	151.2	215.9	199.0	319.7	379.9	399.8	442.6	441.6	439.0	593.1	555.0
	港澳同胞	17.6	20.6	23.0	21.5	32.9	34.0	33.1	34.0	37.9	43.3	66.4	50.4
	台湾同胞	19.9	32.0	33.6	24.2	32.8	30.6	31.7	43.5	47.0	51.0	74.2	63.2

资料来源:国家旅游局

表4 2000—2011年京沪入境过夜游客市场结构比较

		2000	2001	2002	2003	2004	2005	2006	2007	2008	2009	2010	2011
北京	入境游客(万人次)	282.1	285.8	310.4	185.1	315.5	362.9	390.3	435.4	379.0	412.5	490.1	520.4
	外国人(%)	84.4	83.9	85.8	82.5	85.0	85.9	86.7	87.9	88.6	83.1	86.0	86.0
	港澳同胞(%)	9.3	9.9	8.7	12.2	9.2	9.0	7.9	7.3	7.7	11.1	8.5	8.6
	台湾同胞(%)	6.3	6.2	5.5	5.3	5.8	5.1	5.4	4.8	3.7	5.7	5.5	5.4
上海	入境游客(万人次)	181.4	204.3	272.5	244.7	385.4	444.5	464.6	520.1	526.5	533.4	733.7	669.0
	外国人(%)	79.3	74.2	79.2	81.3	82.7	85.5	86.1	85.1	83.9	82.3	80.8	83.0
	港澳同胞(%)	9.7	10.1	8.5	8.8	8.8	7.6	7.1	6.5	7.2	8.1	9.1	7.5
	台湾同胞(%)	11.0	15.7	12.3	8.5	8.5	6.9	6.8	8.4	8.9	9.6	10.1	9.4

资料来源:同上

(二)人均停留时间较长,旅游淡旺季波动趋缓

北京不仅是入境口岸,旅游目的地的特征也很明显。2010年北京市入境游客人均停留时间达4.18天,比上海的3.51天高出0.67天。其中,停留时间最长的是外国人,平均停留时间为4.30天,高于港澳台游客。虽然北京接待外国旅游者人次略低于上海,但是北京接待的人均天数却高于上海。

2000—2010年,京沪两城市入境过夜旅游者的停留时间均有所减少,但上海下滑的趋势要高于北京。北京从 2000 年的 4.28 天缩短到 2006 年的 4.18 天,2006 年到 2010 年 5 年间均稳定在这一数值;上海入境游客平均停留时间从 2000 年的 3.92 天缩短到 2007 年的 3.69 天,随后又下降到 2010 年的 3.51 天(见表 5)。特别是来京的外国人平均停留时间达 4.30 天,比来京的入境游客平均停留时间 4.18 天高出了 0.12 天,而上海的外国人平均停留时间为 3.50 天,比入境游客还少 0.01 天,上海已连续 4 年外国人平均停留时间少于入境游客,停留时间最长的是台胞市场,这从一个侧面反映出上海入境旅游的区域化特点(见表 5)。北京入境旅游人均停留时间较长和旅游季节性变化趋缓,反映出北京入境旅游以商务会展为主的市场特征。

表 5 2000—2010 年北京、上海、中国大陆入境过夜旅游者平均停留时间

单位:天/人

		2000	2001	2002	2003	2004	2005	2006	2007	2008	2009	2010
北京	入境游客	4.28	4.41	4.21	4.35	3.16	4.13	4.18	4.18	4.18	4.19	4.18
	其中:外国人	4.35	4.47	4.41	4.50	4.16	4.25	4.30	4.28	4.28	4.36	4.30
	香港同胞	2.87	2.99	2.77	3.07	3.30	3.23	3.60	3.59	3.59	3.45	3.63
	澳门同胞	3.24	3.70	2.51	3.42	3.00	3.50	3.40	3.40	3.40	3.42	3.50
	台湾同胞	5.38	5.82	3.35	4.82	3.90	3.90	3.20	3.21	3.21	3.29	3.21
上海	入境游客	3.92	3.87	3.61	3.67	3.42	3.50	3.60	3.69	3.69	3.58	3.51
	其中:外国人	4.10	3.87	3.63	3.63	3.45	3.58	3.63	3.62	3.62	3.51	3.50
	香港同胞	3.93	4.10	2.70	2.70	3.62	2.90	3.25	3.28	3.28	3.44	3.23
	澳门同胞	2.50	3.75	1.80	1.95	2.66	2.95	3.31	3.48	3.48	3.67	3.50
	台湾同胞	2.70	3.75	4.16	4.16	3.50	3.14	3.65	4.68	4.68	4.30	3.87
中国大陆	入境游客	2.52	2.54	2.54	2.66	2.60	2.60	2.67	2.67	2.67	2.68	2.73
	其中:外国人	2.97	2.89	2.89	2.99	2.85	2.90	2.91	2.91	2.91	2.98	3.01
	香港同胞	1.96	2.08	2.10	2.25	2.18	2.11	2.28	2.23	2.23	2.21	2.27
	澳门同胞	1.97	2.12	1.84	1.94	2.16	2.03	2.20	2.31	2.31	2.14	2.26
	台湾同胞	2.44	2.50	2.37	2.55	2.52	2.45	2.49	2.57	2.57	2.61	2.68

资料来源:国家旅游局

北京市的入境旅游旺季在 9、10 月份,在 2011 年的 4、5 月份也达到了一个次高峰。1、2 和 12 月份是北京市入境旅游淡季,6、7 月份也会出现一个小的波谷。与 2006 年相比,除淡旺季差异分明外,如图 1 所示,我们可以看出 2011 年其他月份的入境数量曲线趋于平缓,说明北京旅游旺季的时间持续延长。入境旅游人数和外国游客人数的季节差

异高度趋同,这与入境游中的外国游客占大多数有关(港澳台地区游客所占比例不大),这意味着来京外国旅游者比例的增加有助于缓和入境客源的季节性波动。

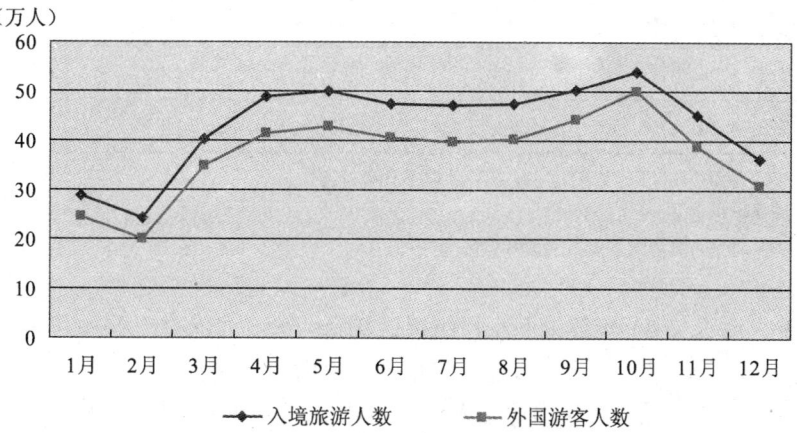

图1　2011年北京市入境旅游人数和外国游客人数月份变化情况

入境游客人数最高出现在10月份,增长率最高出现在3月份,达到了65.6%;入境外国游客人数最高同样出现在10月份,增长率最高亦出现在3月份,达到了73.6%;入境港澳台同胞人数最高在8月份,增长率最高出现在5月份,达到了32.8%。说明在淡季入境旅游也保持了较高的增长率。

我们对2000—2011年这12年的接待入境外国游客人数月度数据资料进行数理统计分析。从表6中可以看出,2000—2011年,淡季的月接待量逐年增长,2011年最低值与上年同期相比,增长了9.2%,标准差与中位值也出现了较大幅度的增长,首位度依然维持在1.1的水平上。反映了2011年北京入境旅游市场旺季更旺、淡季不淡的特点。

表6　2000—2011年北京市入境外国游客季节变化参数比较

	标准差(S)	最大最小值之比	中位值	最低值	首位度
2011	8.11	2.49	40.05	20.10	1.13
2010	7.50	2.38	37.55	18.40	1.03
2009	5.59	2.13	30.35	16.83	1.04
2008	5.67	1.90	28.05	18.70	1.01
2007	7.30	2.40	35.00	17.60	1.11
2006	6.15	2.31	30.50	16.00	1.13
2005	6.07	2.20	28.60	14.40	1.01
2004	5.74	2.86	23.50	10.20	1.01
2003	6.28	13.30	12.80	1.49	1.04

续表

	标准差(S)	最大最小值之比	中位值	最低值	首位度
2002	5.31	2.52	24.00	11.30	1.04
2001	5.24	3.03	24.50	8.82	1.07
2000	5.20	2.70	23.70	9.56	1.05

注:1.2003年受"非典"突发事件影响,统计数据不具有可比性

　　2.统计指标含义,见文后附录1

资料来源:北京市旅游发展委员会,2012年

从表7上看,2011年各月北京星级饭店接待入境旅游者中,外国住宿者占全部入境住宿者的比重均超过了85%,这与北京入境旅游市场结构较一致。1~12月份外国住宿游客的波动情况也反映出北京入境旅游市场旺季更旺、淡季不淡的特征。此外,住宿星级饭店的外国游客占来京外国旅游者的比重一直维持在70%左右,这意味着在北京入境外国人中,近30%入住在非星级饭店(如经济型饭店等)和使用其他住宿接待设施,这也从一个侧面反映出北京住宿接待业整体水平的提升。

表7　2011年北京星级饭店接待入境旅游者情况

单位:人次

	1月	2月	3月	4月	5月	6月	7月	8月	9月	10月	11月	12月
接待住宿人数	1 715 934	1 101 225	1 604 090	1 722 954	1 747 197	1 709 213	2 145 890	2 102 178	1 788 954	1 917 196	1 759 307	1 796 947
入境住宿者	163 258	139 211	247 185	301 273	300 681	283 929	280 510	280 724	305 842	330 676	270 123	211 299
台湾同胞	7236	5648	10 006	13 119	14 092	12 112	16 041	13 479	11 624	12 203	12 120	8630
澳门同胞	387	189	256	459	558	539	465	561	556	407	1187	934
香港同胞	14 141	15 098	20 380	25 782	24 148	21 651	22 628	23 486	19 700	20 450	19 422	19 065
外国人	141 494	118 276	216 543	261 913	261 883	249 627	241 376	243 198	273 962	297 616	237 394	182 670
星级饭店住宿外国人占来京外国游客比重(%)	66.10	69.26	70.83	72.60	70.09	69.76	70.66	69.49	69.04	66.14	69.26	68.16

资料来源:同上。

(三)游客结构日趋合理,商务旅游已成主流

2011年北京入境游客以25～44岁和45～64岁这两个年龄段为主,约占83%。这个人群往往有固定的职业,经济收入较高。女性游客比例逐步提高,从2004年的不足40%,上升到2011年的47%以上(见表8)。一般来说,高收入的女性游客对于接待设施、服务质量和社会治安比男性游客更加挑剔,知识女性游客比例的增加是旅游目的地城市整体综合实力的体现;从旅游动机看,前三位分别是商务会展(40%)、观光旅游(26%)和休闲度假(18%),商务旅游和观光旅游是北京入境旅游的两大主要市场,这个市场定位与北京建设"世界城市"和"世界一流旅游城市"的目标,以及北京的城市性质和功能相符。北京汇集了世界各国的使领馆和众多的国际组织办事机构,拥有30多家世界500强企业的全球总部,发展商务会展旅游具有广阔和深厚的市场基础。据国际大会与会议协会(ICCA)统计,2011年北京举办国际会议的数量达111个,在全球排名第10位,居中国大陆城市首位。

此外,北京是一个六朝古都,有着三千多年的城市发展史和八百多年的建都史。拥有6处世界遗产,是世界城市中拥有世界遗产最多的城市,观光旅游资源非常富集,是中国传统文化的缩影,具有很强的垄断性。观光旅游是北京入境旅游的核心吸引物,即使是以商务会展为目的来京的工商界人士,北京的一些世界著名景区也是他们的必到之地。而北京市区周边生态环境良好的郊区,又是来京商务人士度假休闲的好去处。

近年来,北京入境旅游出现的一个新变化是购物旅游渐成规模。在2009年前,在入境旅游抽样统计中,没有单列统计,而在2011年来京购物旅游者已达14.2万人,占入境游客的2.8%,虽然基数仍然不大,但同比增长达到57.0%之多。

表8 2006—2011年北京入境旅游者基本特征

单位:%

项目	2011年	2010年	2009年	2008年	2007年	2006年
男	52.6	53.2	54.3	50.4	56.6	58.0
女	47.4	46.8	45.7	49.6	43.4	42.0
14岁以下	0.4	1.3	0.7	0.6	0.3	0.3
15～24岁	9.3	10.6	8.2	12.7	9.7	8.5
25～44岁	48.9	49.5	51.7	45.7	47.0	48.4
45～64岁	33.9	32.4	33.7	32.7	34.9	35.7
65岁以上	7.5	6.2	5.7	8.3	8.0	7.2
观光旅游	26.3	25.5	25.6	25.4	34.8	28.8
探亲访友	5.3	5.6	5.5	4.6	4.8	4.0
商务会展	40.1	35.9	42.7	40.3	38.7	40.1

续表

项目	2011年	2010年	2009年	2008年	2007年	2006年
医疗保健	1.1	1.0	—	—	—	—
休闲度假	18.3	21.8	21.0	21.3	15.8	21.8
文化交流	3.7	4.9	3.5	4.5	3.3	1.9
购物	2.8	1.9	—	—	—	—
宗教/朝拜	0.5	0.5	0.4	0.3	0.4	0.3
其他	1.9	2.9	1.3	3.6	2.2	3.2

资料来源：根据北京历年《北京市旅游统计年鉴》整理

（四）旅游收入结构优化，刚性消费比重下降

近年来，北京入境旅游花费构成发生了一个显著变化，长途交通、住宿、餐饮等旅游过程中的"刚性消费"比重下降，景区游览、娱乐、购物等"弹性消费"比重增加，2006年长途交通、住宿、餐饮这三项"刚性消费"占整个旅游花费的73.7%，2011年下降到48.7%，其中住宿下降幅度最大。而景区游览、娱乐、购物等这三项"弹性消费"，自2006年的21.4%，增加到2011年的35.5%，其中娱乐花费增长最快，购物花费的比重也超过了总花费的25%（见表9）。这说明中国制造的商品和旅游纪念品越来越多地受到入境游客的欢迎，"北京礼物"的成功推出，对于提升旅游购物档次，刺激旅游消费水平，发挥旅游对社会经济的拉动功能，调整旅游产业经济结构，有着重要的战略意义。

表9 2006—2011年来京入境旅游花费构成

单位：%

项目	2011年	2010年	2009年	2008年	2007年	2006年
长途交通	26.4	28.1	37.4	31.1	29.0	30.0
住宿	15.5	14.4	14.5	16.4	16.9	32.0
餐饮	6.8	8.7	7.5	8.7	8.7	11.7
景区游览	4.2	4.7	3.9	4.8	4.2	2.3
娱乐	6.0	5.0	4.6	4.5	5.0	3.2
购物	25.3	25.1	20.4	19.1	22.5	15.9
市内交通	3.5	3.4	2.7	2.4	2.6	1.7
邮电通信	2.0	3.2	2.7	3.8	2.7	0.8
其他	10.3	7.4	6.3	9.2	8.4	2.4

资料来源：同上

（五）收入增长高于人数增长

2011年北京国际旅游外汇收入增长了7.5%,同期北京入境过夜游客人数增长了6.1%,收入增长率高于人数增长率。2000年北京外汇收入为27.68亿美元,上海仅为16.13亿美元;但自2003年起,两者差距急剧缩小,自2007年开始,每年上海的国际旅游外汇收入均高于北京,但差距不大。尽管近几年上海的入境游客人数高出北京30%左右,但北京接待入境的游客人均外汇收入持续高于上海,2011年北京接待入境游客的人均收入达1041.5美元,而同期上海仅为859.5美元,北京的人均外汇收入高出上海21%(见表10),北京入境旅游呈边际收益稳步增长态势。北京入境旅游客源市场的消费能力较强,客源结构趋于优化。

表10 2000—2011年京沪国际旅游(外汇)收入

		2000	2001	2002	2003	2004	2005	2006	2007	2008	2009	2010	2011
北京	接待收入（亿美元）	27.7	29.5	31.2	19.0	31.7	36.2	40.3	45.8	44.6	43.6	50.4	54.2
	增长率（%）	10.9	6.4	5.7	-38.9	66.6	14.1	11.2	13.8	-2.6	-2.2	15.7	7.5
	人均收入（美元）	981.9	1032.2	1005.2	1026.5	1004.8	997.5	1032.5	1051.9	1176.8	1057.0	1028.4	1041.5
上海	接待收入（亿美元）	16.1	18.0	22.8	20.5	30.4	35.6	39.0	46.7	49.7	47.4	63.4	57.5
	增长率（%）	18.2	11.7	26.3	-9.8	48.1	16.9	9.8	19.7	6.4	-4.6	33.8	-9.3
	人均收入（美元）	887.5	881.1	836.7	837.8	788.8	800.9	839.4	897.9	944.0	888.6	864.1	859.5

资料来源:历年《中国旅游统计年鉴》,国家旅游局

二、客源地结构和目标市场分析

（一）波士顿矩阵分析

北京市接待入境的前10位外国客源市场依次是美、韩、日、德、俄、英、加、法、澳、新(见表11)。其中前3名美、韩、日三国占总来京外国人的41%。在前10名中,除位列前三的美、韩、日之外,亚洲国家只有列第10位的新加坡,其余6名几乎全部为欧美国家。前10位客源市场所占北京入境市场份额与该客源市场所占全国份额相比,存在很大差异。第2、3名的韩日近程市场,北京市场所占其全国客源份额都在15%以下,第5名的俄罗斯只有8%左右,相反,欧美国家的中远程市场客源所占全国份额要高得多。

表 11 2011 年北京市入境旅游主要客源市场及全国市场份额情况

	北京		全国		占全国市场份额(%)
	接待入境游客（万人次）	增长率（%）	接待入境游客（万人次）	增长率（%）	
美 国	78.91	12.70	211.61	5.30	37.29
韩 国	53.37	5.50	418.54	2.67	12.75
日 本	51.02	-2.90	365.82	-1.96	13.95
德 国	22.17	10.40	63.70	4.67	34.81
俄罗斯	20.52	8.20	253.63	7.00	8.09
英 国	18.77	12.00	59.57	3.61	31.51
加拿大	18.18	20.50	74.80	9.15	24.30
法 国	15.02	5.40	49.31	-3.82	30.45
澳大利亚	15.25	22.60	72.62	9.80	21.00
新加坡	14.35	9.60	106.30	5.91	13.50
马来西亚	13.85	10.40	124.51	-0.01	11.12
蒙 古	7.56	23.70	99.42	25.15	7.61
意大利	7.55	11.90	23.50	2.53	32.13
印 度	7.40	15.10	60.65	10.40	12.20
印度尼西亚	6.29	9.80	60.87	6.15	10.33
泰 国	6.19	-18.90	60.80	-4.33	10.18
西班牙	5.68	1.00	13.99	1.17	40.60
瑞 典	6.19	13.90	17.01	10.11	36.41
菲律宾	3.37	20.30	89.43	7.97	3.77
朝 鲜	3.06	-15.30	15.23	30.86	20.09
瑞 士	2.73	16.10	7.53	1.34	36.21
越 南	2.41	-7.00	—	—	—
新西兰	1.98	13.60	12.09	4.18	16.39
巴基斯坦	1.20	16.60	9.25	5.95	13.01
缅 甸	0.27	35.50	—	—	—

来京旅游外国人中占全国市场份额最大的前10位市场,无一例外地全部都是中远程客源国。其中欧洲7国(西班牙、瑞典、瑞士、德国、意大利、英国、法国),美洲两国(美国、加拿大),以及大洋洲1国(澳大利亚)。这10个市场约占来京入境旅游人数的42.6%。可见,北京对欧美中远程客源市场的吸引力很大(见表12)。

表12 2011年北京占全国市场份额最大的前10位市场

客源地国家	占全国市场的份额(%)
西班牙	40.60
美 国	37.29
瑞 典	36.41
瑞 士	36.21
德 国	34.81
意大利	32.13
英 国	31.51
法 国	30.45
加拿大	24.30
澳大利亚	21.00

2011年北京市入境旅游增长最快的前10位市场中,包含了亚太的六个新兴市场(缅甸、蒙古、菲律宾、巴基斯坦、印度、新西兰),另外4国都是发达国家(澳大利亚、加拿大、瑞士、瑞典)。这四个国家不仅位列北京占全国市场份额最大的入境游市场前10名,也位于增速最快的前10位市场,不仅市场份额大,而且增长速度都在10%以上,是北京最具有发展优势和潜力的市场。总之,客源市场的远程化、多元化、全球化及新兴市场的异军突起,成为近年来北京市入境旅游的一大特征。

表13 2011年北京市入境旅游增长最快的前10位市场

客源地国家	增长率(%)
缅 甸	35.5
蒙 古	23.7
澳大利亚	22.6
加拿大	20.5
菲律宾	20.3

续表

客源地国家	增长率(%)
巴基斯坦	16.6
瑞 士	16.1
印 度	15.1
瑞 典	13.9
新西兰	13.6

我们以表11的数据为基础,通过构建波士顿矩阵分析模型来分析北京主要客源国入境旅游的市场学特征(见图2)。

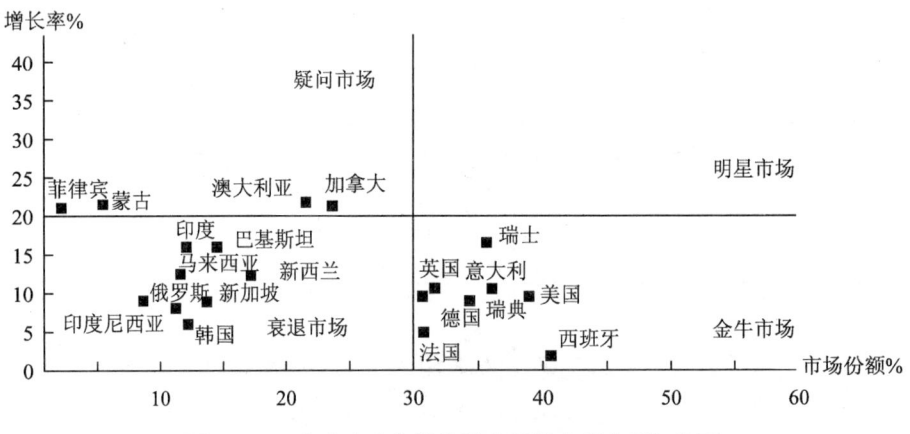

图2　2011年北京市入境旅游市场波士顿分析矩阵图

由于缺乏可以比较的全国性市场资料,缅甸和越南两个客源国没有出现在上述波士顿矩阵中。其中缅甸的游客增长虽然最快,但由于基数过小,不成规模,不具可比性。

从图2的波士顿矩阵中可以看出,北京的入境旅游市场呈现出两极分化的趋势,表现为较多的客源国占据了金牛市场和衰退市场,疑问市场的客源国很少,而明星市场则完全空缺。具体来看,一些欧美国家,如美国、英国、法国、德国、意大利、西班牙、瑞典、瑞士位于金牛市场,属于相对成熟稳定的市场;菲律宾、蒙古、澳大利亚、加拿大等处于疑问市场,这一区域的市场具有较强的不确定性;蒙古作为与我国相邻的国家,较大规模的旅游都是以边境旅游为主,故北京对其大众旅游市场吸引力不大,但其中的高端市场还是具有开发价值的;菲律宾作为疑问市场中所占份额最小的国家,开发价值相对较小,加之"黄岩岛事件"在菲民众中引发的反华和排华情绪,增加了这一市场的不确定性。在疑问市场中值得关注的是澳大利亚和加拿大,增长率和市场份额均超过了20%,如果通过适当的营销手段,则有可能提升到明星市场。其余多数的东亚和东南亚等周边国家都密集地散落在衰退市场的最低端,北京开发这些市场的比较优势不明显,这类国家的出游人数较欧美国家少,消费能力也较低。从上面的波士顿矩阵分析也可以看出,北京入境旅游具有鲜明的远程化、全球化特征,第一目标市场以国际主流客源国为主,入境旅游市场结构比较合理。北京入境旅游市场的客源结构充分体现了作为世界城市的"国际化、全球化"特征,与北京作为中国首都的城市地位相称。

(二)转移—份额(SSM)分析

为了进一步验证北京市入境旅游市场结构的竞争性和合理性,我们对北京市入境旅游市场结构进行转移—份额(SSM)分析(该方法的详细介绍见附录2)。该方法用于旅游市场结构变化分析,主要是以某一地方(如省、自治区、直辖市)为区域样本,以全国为大尺度参照体系,将地方旅游客源市场在一段时期内总的增长量分解为份额分量、结构转移分量和竞争力分量来进行市场变动趋势分析。我们用这种方法来分析北京市入境旅游市场的发展变化,选取我国港、澳、台地区和日本、韩国、美国等20个国家和地区,并将其他国家和地区合为一组,共21个样本单位;以全国海外客源市场作为上一级大尺度区域样本,通过基期2006年与报告期2011年数据指标的比较,显示北京市海外客源市场发展态势与各客源地的结构地位状况(见表14～表16)。

表14 北京市与全国入境旅游客源市场结构数据

单位:人次

客源市场	全国入境游客量		北京市入境游客量			
	2006年 ($A_{j,0}$)	2011年 ($A_{j,t}$)	2006年 ($a_{j,0}$)	结构地位	2011年 ($a_{j,t}$)	结构地位
香　港	73 909 666	79 357 700	302 750	7.76%	434 000	8.34%
澳　门	24 408 694	23 690 800	7134	0.18%	13 000	0.25%
台　湾	4 413 470	5 263 000	210 336	5.39%	283 000	5.44%
日　本	3 745 881	3 658 200	505 731	12.96%	510 167	9.80%
韩　国	3 923 986	4 185 400	423 940	10.86%	533 701	10.26%
马来西亚	910 458	1 245 100	70 093	1.80%	138 513	2.66%
新加坡	827 883	1 063 000	80 304	2.06%	143 533	2.76%
泰　国	591 956	608 000	52 511	1.35%	61 902	1.19%
印度尼西亚	443 028	608 700	34 526	0.88%	62 888	1.21%
印　度	405 091	606 500	34 283	0.88%	74 003	1.42%
菲律宾	704 167	894 300	20 407	0.52%	33 717	0.65%

续表

客源市场	全国入境游客量		北京市入境游客量			
	2006年 ($A_{j,0}$)	2011年 ($A_{j,t}$)	2006年 ($a_{j,0}$)	结构地位	2011年 ($a_{j,t}$)	结构地位
美国	1 710 292	2 116 100	497 813	12.75%	789 109	15.16%
加拿大	499 651	748 000	97 687	2.50%	181 789	3.49%
英国	552 576	595 700	148 302	3.80%	187 689	3.61%
法国	402 174	493 100	142 493	3.65%	150 161	2.89%
德国	500 567	637 000	152 958	3.92%	221 746	4.26%
意大利	195 330	235 000	56 943	1.46%	75 500	1.45%
俄罗斯	2 405 063	2 536 300	150 044	3.84%	205 171	3.94%
西班牙	129 252	139 900	61 011	1.56%	56 806	1.09%
澳大利亚	538 068	726 200	114 204	2.93%	152 504	2.93%
其他	3 724 843	6 015 500	739 530	18.95%	895 101	17.20%
合计	124 942 096	135 423 500	3 903 000	100.00%	5 204 000	100.00%

表15 北京市入境旅游客源市场SSM分析结果

客源地	全国变化率 (R_j)	北京变化率 (r_j)	北京标准化规模 (a_j')	份额分量 (N_j)	结构转移分量 (P_j)	竞争力转移分量 (D_j)	基期占全国比重 ($K_{j,0}$)	末期占全国比重 ($K_{j,t}$)
香港	0.07	0.43	179 092.17	13 201.25	9115.07	108 933.67	0.41%	0.55%
澳门	-0.03	0.82	1393.70	-40.99	-168.83	6075.82	0.03%	0.05%
台湾	0.19	0.35	7429.93	1430.16	39 056.52	32 177.32	4.77%	5.38%
日本	-0.02	0.01	15 162.29	-354.91	-11 482.89	16 273.80	13.50%	13.95%
韩国	0.07	0.26	13 314.44	887.00	27 355.67	81 518.33	10.80%	12.75%
马来西亚	0.37	0.98	510.77	187.74	25 575.19	42 657.07	7.70%	11.12%
新加坡	0.28	0.79	532.11	151.12	22 655.05	40 422.84	9.70%	13.50%
泰国	0.03	0.18	248.79	6.74	1416.48	7967.78	8.87%	10.18%
印度尼西亚	0.37	0.82	122.42	45.78	12 865.35	15 450.87	7.79%	10.33%
印度	0.50	1.16	111.15	55.26	16 990.05	22 674.68	8.46%	12.20%

续表

客源地	全国变化率(R_j)	北京变化率(r_j)	北京标准化规模(a_j')	份额分量(N_j)	结构转移分量(P_j)	竞争力转移分量(D_j)	基期占全国比重($K_{j,0}$)	末期占全国比重($K_{j,t}$)
菲律宾	0.27	0.65	115.01	31.05	5479.06	7799.88	2.90%	3.77%
美 国	0.24	0.59	6814.40	1616.88	116 501.25	173 177.87	29.11%	37.29%
加拿大	0.50	0.86	390.66	194.17	48 360.66	35 547.17	19.55%	24.30%
英 国	0.08	0.27	655.89	51.19	11 522.56	27 813.25	26.84%	31.51%
法 国	0.23	0.05	458.67	103.70	32 112.01	-24 547.70	35.43%	30.45%
德 国	0.27	0.45	612.81	167.03	41 522.74	27 098.24	30.56%	34.81%
意大利	0.20	0.33	89.02	18.08	11 546.60	6992.32	29.15%	32.13%
俄罗斯	0.05	0.37	2888.26	157.60	8029.84	46 939.55	6.24%	8.09%
西班牙	0.08	-0.07	63.12	5.20	5020.99	-9231.19	47.20%	40.60%
澳大利亚	0.35	0.34	491.82	171.96	39 758.73	-1630.69	21.22%	21.00%
其 他	0.61	0.21	22 047.28	13 558.36	441 228.48	-299 215.84	19.85%	14.88%

表16 北京市入境旅游客源市场结构在全国背景下的总体效果

项目指标	游客增长总量(G_i)	相对增长率(L)	结构效果指数(W)	竞争力效果指数(u)	总份额分量(N_i)	总结构转移分量(P_i)	总竞争力转移分量(D_i)	总转移分量(PD_i)
数值	1 301 000	1.23	1.14	1.08	31 644.38	904 460.58	364 895.04	1 269 355.62

通过计算得出北京入境旅游客源市场结构在全国背景下的总体效果见表16。从表16中可知,在2006—2011年间,北京市的主要入境旅游市场游客增长总量 G_i 为1 301 000人次,相较于全国的增长率 L 为1.23,表明自2006年以来北京入境旅游的发展速度要高于全国平均水平,其中,香港、澳门、马来西亚、新加坡、印度尼西亚、印度、菲律宾、美国、加拿大、德国的增长幅度均超过了40%,这些客源地中既包括中远程发达国家和地区,又有近程发展中国家和地区,尤其是德国和美国是全球最大的两个客源输出国,这两个市场的优先增长,体现出北京入境市场具有稳健的发展潜力。

P_i 和 W 值大小反映了入境旅游市场结构效果。2006—2011年期间,总结构转移分量 P_i 为904 460.58,数值较大,结构效果指数 W 为1.14,数值大于1,说明北京入境旅游客源市场结构较好,市场处于一个优势结构。

从 D_i 和 u 值大小可以判断区域入境客源市场竞争力。2006—2011 年间,总的竞争力转移分量为 364 895.04,竞争力效果指数 u 为 1.08,数值大于 1,说明北京市有较多的客源市场发展迅速,在全国范围内,北京作为旅游目的地的地位有所上升。

三、结论与展望

综上所述,近年来,北京的入境旅游市场体现出远程化、全球化和高端化的特征。在北京的入境外国游客中,来自欧美的远程游客人数占了 52.3%,超过了亚洲的 41.3%,这显示出北京不仅是亚洲国家的重要旅游目的地,更加成为欧美发达国家重要的旅游目的地(见表17)。

2011 年北京市接待入境旅游 520.4 万人次,其中,外国人占 86%,远高于入境外国人占入境游客的比重为 20% 的全国平均水平。从图 3 中可以看出,12 年间,北京入境外国游客人数翻了一番,递增趋势非常明显,这些游客的客源国遍布六大洲,全球化趋势明显。

此外,据联合国世界旅游组织(UNWTO)数据显示,韩国入境游客中,近 80% 来自亚洲,欧美游客总人数为 140 万左右,占韩国入境游客比例 20% 左右,且近几年这一比例还呈现下降趋势(见表18);日本入境游客中,来自亚洲的游客比重为约 72%,欧美游客总人数在 180 万左右,占日本入境游客比例同样仅 20% 左右,且近几年有下降趋势(见表19)。无论是绝对数还是相对数,作为国际重要的旅游目的地,北京的国际旅游客源市场远程化特征比我们的近邻日本和韩国更加明显。

表17 2011 年北京接待洲际外国人(过夜)游客人数

地 区	人数(万人次)	占总数比重(%)	比上年增长(%)
合 计	447.41	100	6.1
亚 洲	184.86	41.3	3.1
欧 洲	128.34	28.8	7.8
美 洲	105.34	23.5	13.7
大洋洲	17.78	4.0	20.4
非 洲	6.84	1.5	7.4
其 他	3.81	0.9	−58.1

资料来源:《2012 北京旅游统计便览》

表18 2005—2009年韩国接待各地区入境旅游人数及比重

单位:万人次,%

地 区	2005年	比重	2006年	比重	2007年	比重	2008年	比重	2009年	比重
非 洲	1.4	0.24	1.6	0.27	1.9	0.31	2.1	0.32	2.2	0.29
美 洲	64	11.15	67.3	11.36	71.6	11.63	74.5	11.32	75.2	9.92
欧 洲	54.1	9.42	57.2	9.65	60.5	9.83	64.6	9.81	64.5	8.51
东亚太	444.2	77.36	455.4	76.86	469.7	76.32	503.5	76.48	602.9	79.52
南 亚	9.2	1.60	9.5	1.60	10.1	1.64	11.8	1.79	11.4	1.50
中 东	1.3	0.23	1.5	0.25	1.6	0.26	1.8	0.27	2.0	0.26
总 计	574.2	100.00	592.5	100.00	615.4	100.00	658.3	100.00	758.2	100.00

资料来源:联合国世界旅游组织(UNWTO)

表19 2005—2009年日本接待各地区入境旅游人数及比重

单位:万人次,%

地 区	2005年	比重	2006年	比重	2007年	比重	2008年	比重	2009年	比重
非 洲	2.1	0.31	1.9	0.26	2	0.24	2.1	0.25	1.7	0.25
美 洲	103.2	15.34	103.5	14.11	105.4	12.63	100.6	12.05	90.8	13.38
欧 洲	81.7	12.15	81.8	11.16	89.8	10.76	91	10.90	82	12.08
东亚太	476.1	70.77	536.2	73.12	626.8	75.10	630.7	75.52	494.1	72.79
南 亚	9.3	1.38	9.6	1.31	10.3	1.23	10.3	1.23	9.5	1.40
中 东	0.3	0.04	0.3	0.04	0.3	0.04	0.4	0.05	0.7	0.10
总 计	672.7	100.00	733.3	100.00	834.6	100.00	835.1	100.00	678.8	100.00

资料来源:同上

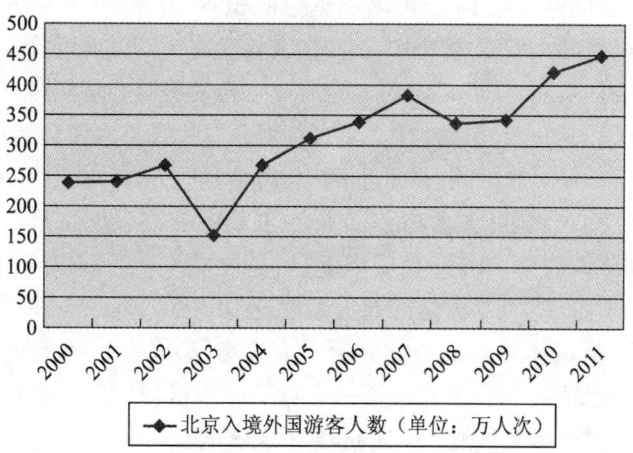

图3 2000—2011年间北京入境外国游客人数变化趋势图

北京入境旅游客源市场的另一特征是高端化,这体现在北京入境外国游客消费能力高和停留时间长,商务会展旅游占据较大比重,游客的消费能力和购买力较强。从图4中也可以看出,美国、韩国、日本、德国、俄罗斯、英国、加拿大、法国、澳大利亚和欧洲其他国家(除英、德、法和俄罗斯以外)的游客总量占到了北京入境旅游客源的75%,客源市场结构较优。

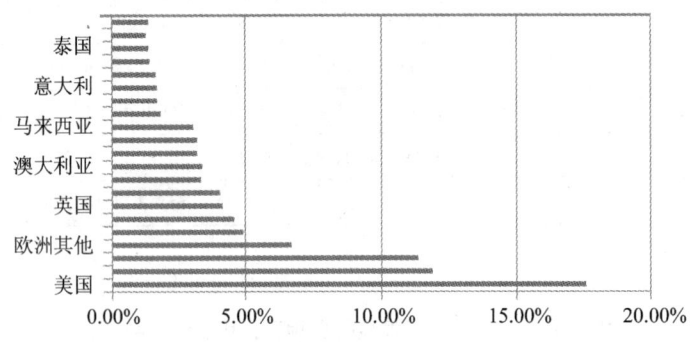

图4　2011年北京入境外国游客主要客源地分布

北京入境旅游呈现出的客源远程化、全球化、高端化的特征,都体现出北京作为世界城市的基本特质,为创建世界一流旅游城市奠定了良好的基础。但要实现首都旅游业的跨越式发展,实现"十二五"末期年入境旅游收入超过100亿美元、入境过夜游客超过1000万人次的目标,仍然任重道远。北京虽然会展旅游较为发达,目前北京共有17个展览通过国际展览业协会(UFI)认证,略超过上海(上海、香港和新加坡均为16个),但从大型国际展览的举办数量看,全国主要会展城市举办的规模在3万平方米以上展览共计254个,其中上海47个,居国内城市首位,北京次之,仅有24个。北京在举办大型国际展览方面,在规模、数量以及设施方面,与上海(甚至广州)都存在着一定的差距。按照《北京"十二五"时期会展业发展规划》,预计到2015年,北京会展场馆硬件设施将达世界一流水准,市内展览总面积60万至70万平方米,其中新建规模20万平方米以上的大型专业展馆一座,在区县建成6处以上可接待1000人以上大型国际会议的接待中心。重点建设四大会展业综合发展核心功能区,即顺义新国展片区、奥体会展片区、国展—农展馆片区、大兴首都会展片区。六大会展产业聚集板块则包括密云龙湾水乡、怀柔雁栖湖、昌平小汤山、海淀稻香湖、石景山首钢和丰台青龙湖板块。2015年北京接待国际大会与会议协会(ICCA)会议年度数量将达130个以上;接待会奖旅游团队人数年均增长15%以上;举办规模5万至15万平方米的大型展会30个至40个,规模在15万平方米的超大型展会10个以上。

此外,北京首都机场目前是全世界第二大机场,2011年旅客吞吐量达到7867万人次,仅次于美国亚特兰大哈兹菲尔德—杰克逊国际机场(9237万人次)。首都机场联通全世界58个国家和地区的222个机场,国际通航点106个。总计92家航空公司入驻首都机场运行。目前,北京首都机场吞吐量已近饱和。虽然首都机场的运输旅客数量已位居全球第二,但其中入境旅游者所占比例很低,只有 6.6%。目前首都机场第四条跑道已经开始建设,北京第二机场项目也已经开始在大兴启动,并已列入北京市发改委发布的《北京市"十一五"时期基础设施发展规划》重点建设项目,规划 9 条跑道,其中民用 8 条,军用 1 条。第二机场将建成为世界第一大机场,预计将在 2017 年投入使用,新增航空旅客吞吐能力 4000 万人次,远期年旅客吞吐量 1.3 亿人次以上。这为北京接待入境过夜游客超过 1000 万人次的既定目标奠定了坚实的物质基础。而在入境旅游的可进入性条件得到很大改善的情况下,如果实现接待入境游客 1000 万人次的话,即使按目前入境旅游人均收入 1000 多美元的标准匡算,北京旅游外汇收入也可超过 100 亿美元。因此,我们对于北京入境旅游的发展前景充满信心。

但是,由于北京入境旅游市场主要是依赖中远程的欧美、澳大利亚等发达国家和地区,来京旅游的人数规模和消费水平受这些国家的经济景气因素影响较大。目前世界经济形势还不明朗,欧债危机还没度过,世界经济复苏还存在着很大的不确定因素。因此,北京入境旅游发展还要密切跟踪世界经济形势,及时评估主要目标客源国的出游潜力,关注新兴经济体和新兴市场,动态调整海外市场营销策略,抓住机遇开发机会市场和利基市场,实现北京入境旅游稳中求进、健康持续的发展,为北京建设世界城市和世界一流旅游城市发挥应有的作用。

附录1 统计指标说明

(1)标准差:是一组数值对全年平均值离散程度的一种测量方法。一个较大的标准差,代表大部分月份的数值与其平均值之间的差异较大;一个较小的标准差,代表大部分月份的数值较接近于平均值。

标准差(σ)计算公式为:$\sigma = \sqrt{\dfrac{1}{N}\sum_{i=1}^{N}(x_i - \bar{x})^2}$

(2)最大最小值之比:是指一年中旺季中最大的接待量与淡季中最小的接待量之比,以反映最淡季和最旺季之间的波动幅度。

(3)中位值:月接待人数位于全年的中间数值,用以衡量平季的数值。

(4)最低值:月接待人数位于全年的最低数值,用以衡量淡季的数值。

(5)首位度:是居首位的月接待量与第二位之间的比值,用以衡量最大的月接待量与第二大接待量之间的比值。该值总是大于或等于1。

附录2 转移—份额分析法(SSM)

所谓转移—份额分析,就是把区域旅游市场的变化看作一个动态过程。以其所处上级行政区域的经济发展为参照,将区域自身在某一时期的经济总的增长量分解为 3 个分量,即份额分量、结构转移分量和竞争力转移分量,以此说明区域旅游市场发展和衰退的原因,评价区域旅游市场结构优劣和自身竞争力的强弱,找出区域具有相对竞争优势的目标市场,为确定区域未来旅游市场开发的合理方向和市场结构调整提供依据。

依据 SSM 数学模型原理,任何区域(本文中为北京)在经历了时间 $[0,t]$ 之后(本文中 $t=5$),其游客总量和结构均会发生变化。假设基期年区域 i 的游客总量为 $a_{i,0}$,末期年为 $a_{i,t}$,区域游客总量按照客源地划分为 n 个部分,分别以 $a_{ij,0}$、$a_{ij,t}$ $(j=1,2,\cdots,n)$ 表示基期年和末期年客源地 j 到达区域 i 的客流量,并以 A_0、A_t 表示某区域 i 某层次上一级大尺度行政区域(本文中为全国)在相应时期基期年和末期年的客流总量,以 $A_{j,0}$、$A_{j,t}$ 表示基期年和末期年客源地 j 到达上一级大尺度区域的客流量。则有:

客源地 j 到达区域 i 的客流量在 $[0,t]$ 时段内的变化率为:

$$r_{ij} = (a_{ij,t} - a_{ij,0})/a_{ij,0} (j=1,2,\cdots,n)$$

客源地 j 到达区域 i 所在上一级大尺度区域的客流量在 $[0,t]$ 时段内的变化率为:

$$R_j = (A_{j,t} - A_{j,0})/A_{j,0}$$

以上一级大尺度区域各客源地客流量所占的份额为标准按下式将区域 i 各客源地客流量标准化得到:

$$a_{ij} = a_{j,0} \times A_{j,0}/A_0$$

这样,在 $[0,t]$ 时段内客源地 j 到达区域 i 的客流量的增长量 G_{ij} 可以分解为份额分量 N_{ij}、结构转移分量 P_{ij} 和竞争力转移分量 D_{ij} 3 个分量,依次表达为:

$$G_{ij} = a_{ij,t} - a_{ij,0} = N_{ij} + P_{ij} + D_{ij}$$

$$N_{ij} = a_{ij} \times R_j$$

N_{ij} 表示份额分量(或全国平均客流量增长效应),是指客源市场 j 的全国总量按比例分配,区域 i 的 j 客源市场规模发生的变化,也就是区域标准化的客源市场客流量如按全国的平均增长率发展所应该产生的变化量。

$$P_{ij} = (a_{ij,0} - a_{ij}) \times R_j$$

P_{ij} 表示结构转移分量(或客源市场结构效应),是指区域客源市场比重与全国相应市场比重的差异引起的区域 i 第 j 个客源市场增长相对于全国标准所产生的偏差,它是排除了区域增长速度与全国的平均速度差异,假定两者等同,而单独分析客源市场结构对增长的影响和贡献。此值越大,说明客源市场结构对客源总量增长的贡献越大。

$$D_{ij} = a_{ij,0} \times (r_{ij} - R_j)$$

D_{ij} 表示竞争力转移分量(或区域份额效果),指区域 i 第 j 个客源市场增长速度与全国相应市场增长速度的差别引起的偏差,反映区域第 j 个客源市场的相对竞争能力,此值越大,说明区域 i 第 j 个客源市场竞争力对客源增长的作用越大。

区域 i 总的客流增量 G_i 以及总的份额分量 N_i、总的结构转移分量 P_i 和总的竞争力转移分量 D_i 分别表达为:

$$G_i = a_{i,t} - a_{i,0} = N_i + P_i + D_i$$

$$N_i = \sum a_{ij} \times R_j$$

$$P_i = \sum (a_{ij,0} - a_{ij}) \times R_j$$

$$D_i = \Sigma a_{ij,0} \times (r_{ij} - R_j)$$

区域 i 客流量对于上一级大尺度区域的相对增长率为：

$$L = (\Sigma a_{j,t} / \Sigma a_{j,0}) \div (A_i / A_0)$$

进而引入：

$$K_{j,0} = a_{ij,0} / A_{j,0}$$

$$K_{j,t} = a_{ij,t} / A_{j,t}$$

分别表示在基期和末期客源地 j 到达区域 i 的客流量占同期上一级大尺度区域相应客源地客流量的比重，则将 L 分解得到结构效果指数 W 和竞争力效果指数 u：

$$L = W \times u$$

$$W = \{\Sigma(K_{j,0} \times A_{j,t}) / \Sigma(K_{j,0} \times A_{j,0})\} \div \{\Sigma A_{j,t} / \Sigma A_{j,0}\}$$

$$u = \Sigma(K_{j,t} \times A_{j,t}) / \Sigma(K_{j,0} \times A_{j,t})$$

由以上各式可知，G_i 为区域 i 的游客增长量，该值越大说明该区域旅游市场的增长规模越大，反之则相反；L 为相对增长率，反映了相对于全国来说，该区域客源的市场增长情况，该值大于 1 说明该区域旅游市场增长速度快于全国，小于 1 说明该区域旅游市场增长速度低于全国，等于 1 说明与全国的旅游市场平均增长速度持平；P_i 为结构转移分量，该值越大说明该区域包含了较大比重的高速增长市场，该值越小说明高速增长市场在该区域的比重不明显；W 为结构效果指数，该值大于 1 说明区域的总体市场结构较好，对目前的市场营销战略重点不必做大规模调整，该值小于 1 说明区域的总体市场结构较差，对目前的市场营销战略需要作出调整，该值等于 1 说明该区域市场结构一般，还需进一步的判定；D_i 为总竞争力转移分量，该值越大说明各个客源市场的增长率越大，该值越小说明各个客源市场增长率越小；u 为竞争力效果指数，该值大于 1 说明该区域总的增长势头大，竞争能力强，地位不断上升，该值小于 1 说明区域总的竞争能力较弱，地位有下降趋势，该值等于 1 说明该区域总的竞争能力和全国平均水平持平。

北京市非物质文化遗产的旅游开发研究

石美玉 李秀娜 石金莲 孙梦阳 杨劲松 赵晓燕 林峰

一、非物质文化遗产旅游研究简要回顾

非物质文化遗产早在20世纪六七十年代已在日本、韩国等一些国家兴起,但对其概念却并未有准确的界定。1997年11月,联合国教科文组织通过了建立人类口头与非物质遗产代表作的决议,"口头与非物质遗产"的概念被确认。2003年10月,联合国教科文组织通过了《保护非物质文化遗产公约》,确认了"非物质文化遗产"的概念,即指被各群体、团体、个人视为其文化遗产的各种实践、表演、表现形式、知识和技能,及与之相关的工具、实物、工艺品和文化场所。非物质文化遗产定义的确定,使其保护与开发越来越多地进入到人们的视野与行动中来。

(一) 国内外研究现状

1. 国外研究

非物质文化遗产是文化遗产的重要组成部分,而文化遗产旅游研究是旅游研究的一个重要分支。在国外,文化遗产旅游的研究起步较晚,1972年世界自然和文化遗产保护大会召开以后,相关的研究开始出现。20世纪90年代后,文化遗产旅游才引起学界的重视。在当代英语国家旅游学术界中颇具有学术影响力的学术刊物《旅游研究纪事》(Annals of Tourism Research)以及相关文献直到90年代后期才出现。进入21世纪,文化遗产旅游成为学术热点,迄今为止研究成果颇丰。在国外的遗产旅游中,开展非物质文化遗产保护的时间要晚于物质遗产。因此,相关理论也极不成熟,其研究成果基本上都是涉及保护方面的,旅游开发的研究成果极少。

总的来看,国外对非物质文化遗产的研究主要局限于保护方面,对非物质文化遗产的旅游开发研究非常少。但是,已有不少学者对非物质文化遗产旅游及其价值的开发进行过相关研究,这对开展遗产旅游及其价值的开发研究具有较大的借鉴意义。

2. 国内研究

与国外不同,近年来非物质文化遗产旅游开发的研究成为国内学术研究的热点。不少学者认为,旅游开发可促进非物质文化遗产的保护与传承,并对各地区非物质文化遗产资源进行了较全面的调查,提出了开发的原则、政策建议等。但是,国内研究偏重于宏观层面的定性研究上,谈开发与保护之间关系的多,却很少深入研究非物质文化遗产如何转化为旅游产品,在转化的过程中如何平衡不同利益主体,解决利益冲突,

探索适合于中国国情的旅游开发模式等。因此,对实际工作缺乏现实指导意义,很难推动非物质文化遗产的旅游开发。

总的来看,目前较少针对北京市非物质文化遗产的旅游开发研究。同时,未针对消费者的需求和不同利益相关者进行深入研究,从而难以有效地开发非物质文化遗产资源。

(二)重要研究领域

1.保护与开发的关系

非物质文化遗产是活性的、不断发展的,只有广为流传为人们所知所用,才能真正起到保护和利用的目的。因此,在非物质文化遗产保护中最根本的问题就是传承,而传承所需要的最重要条件就是文化群体的认同感。加强社会对这种文化遗产的普遍认同,一方面必须保护好那些创造、拥有和传承非物质文化遗产的传承人或群体,另一方面保护好其赖以生长的原生态环境,不脱离民众特殊的生产、生活方式,否则会成为空洞的文化符号。目前,非物质文化遗产的传承人严重缺失,"受众群"迅速消失,难以获得广大国民的认同,这些都严重阻碍了非物质文化遗产的生存与发展。

非物质文化遗产是活态的遗产,注重保护动态的文化要素,强调知识技能及精神的意义和价值,注重的是可传承性,突出了人的因素、人的创造性和人的主体地位。因此,对于有生命力的非物质文化遗产,可以借助旅游市场和文化市场对其进行创新,使之载体化,从而传承非物质文化遗产中所蕴含的人文精神。

2.非物质文化遗产的旅游开发项目

非物质文化遗产进入旅游市场,既可作为专门的旅游产品来开发,也可作为旅游产品中重要构成要素来开发,从而提升旅游产品的品质,增强旅游吸引力。

非物质文化遗产旅游是人们以地域民俗文化为主要观赏内容而进行的文化旅游活动。其旅游客体为非物质文化遗产项目,这些项目以某个国家、地区、民族的历史文化背景为依托,以其传承文化为载体,通过发掘整理或复原再生等手段,使游客获得前所未有的文化享受和体验。这种高层次的文化旅游使游客能够领略到当地人民的生活方式、思想意识、审美情趣,实现文化审美与自我完善的旅游目的。目前,非物质文化遗产进入旅游领域,可以开发民俗旅游、工业旅游等专门的旅游产品,也可以与其他旅游产品相结合,推出特色旅游商品,丰富旅游娱乐活动,举办当地有特色的文化节庆活动等,从而增强旅游目的地的吸引力,提高旅游者的旅游体验。

3.利益平衡理论

非物质文化遗产进入旅游市场的过程中,将涉及传承人、政府、开发商、消费者、社区、专家、媒体、民间社团等众多的利益相关主体。这些利益主体各有不同的利益诉求,互相博弈,互相制衡,从而构成复杂的利益主体关系圈。

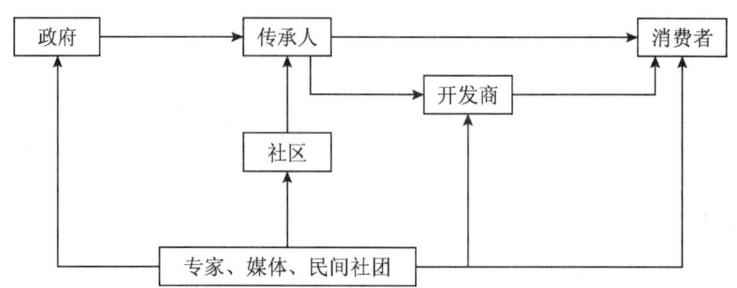

图1 非物质文化遗产旅游开发的利益主体关系圈

在众多的非物质文化遗产的利益主体中,传承人是整个利益主体圈的核心,其他的利益主体都是围绕着传承人发生各种各样的经济的、社会的关系;政府作为特殊的利益主体,具有超越于当前经济利益之上的调控能力,能够将保护放在开发利用之上,因此,非物质文化遗产的保护需要政府的行为;非物质文化遗产与旅游相结合,必然吸引大量的开发商进入这一市场,从而形成开发商与传承人之间复杂的商品经济联系;消费者是非物质文化遗产旅游商品的最终检验者,在整个商品利益链中消费者至关重要;社区作为非物质文化遗产传承的大土壤,他们往往既是文化遗产的重要传承人,又是广泛的受众群体,因此,在非物质文化遗产的传承中起到重要的作用;专家、媒体、民间社团等一般具有较强的社会责任感,以推动非物质文化遗产的保护与传承为重要责任,因此,他们的利益诉求与政府大体相似,可以成为社会监督的中坚力量,阻止过度的商业开发和庸俗化现象的出现。

二、北京市非物质文化遗产旅游发展现状

文化是旅游资源的重要内涵,作为中国的首都,北京拥有丰富的物质文化遗产和非物质文化遗产,这些遗产有着重要的历史价值、艺术价值、科学价值,对传承中华民族文化血脉起着至关重要的作用,具有重要的旅游经济价值。

(一)研究方法

2009年8—9月,为了全面地了解北京市非物质文化遗产的旅游开发现状,课题组采取问卷调查法、访谈法、考察法等方法,开展了一系列调研。

1. 问卷调查法

为了全面地了解消费者对非物质文化遗产的认知、认同感、利益诉求,以及非物质文化遗产旅游产品的消费行为模式、旅游决策等,2009年9月6日,课题组在非物质文化遗产项目比较集中的天坛(民间音乐)、智化寺(民间音乐)、皇家粮仓(传统戏剧)、长安大戏院(传统戏剧)、琉璃厂(传统手工技艺)等五个地点开展问卷调查。本次调查共发放问卷425份,回收423份,有效问卷共计421份。然后,课题组运用SPSS统计软件,对问卷进行了深入的统计分析。

2. 访谈法、考察法

首先,课题组对民间音乐、民间舞蹈、传统戏剧、杂技与竞技、民间美术、传统手工

技艺、传统医药、民俗等八大类十多种非物质文化遗产项目的传承人和企业进行了访谈和考察,重点了解目前传承人在旅游开发过程中存在的主要问题是什么,需要什么样的政策支持。

其次,课题组对一些文化馆、文委和旅游局的相关部门进行了访谈,主要了解从政府的角度如何看待非物质文化遗产的旅游开发,应完善哪些政策法规等。

(二)非物质文化遗产资源现状

1. 总量较大

目前,我国第一批、第二批国家级非物质文化遗产名录共计1028项。其中,第一批北京市共有13项,占全国的2.5%;第二批北京市有35项,占全国的6.9%。共计48项,占全国的4.7%。此外,还有数量众多的北京市级非物质文化遗产和区县级非物质文化遗产。

表1 北京市非物质文化遗产总量及等级构成

	国家级		市级		区县级	
	项目	百分比	项目	百分比	项目	百分比
城八区	42	87.5%	153	71.5%	165	52.4%
郊区	6	12.5%	61	28.5%	150	47.6%
合计	48	100%	214	100%	315	100%

资料来源:http://www.chinaich.com.cn/、http://www.bjwh.gov.cn/,下同

2. 类型繁多

目前,我国国家级非物质文化遗产名录分为十大类,即民间文学、民间音乐、民间舞蹈、传统戏剧、曲艺、杂技与竞技、民间美术、传统手工技艺、传统医药、民俗。目前,在北京市非物质文化遗产中,数量最多的是传统手工技艺类,在国家级非物质文化遗产中占有40%多的比例。此外,民间舞蹈、杂技与竞技、民间美术、民俗等也有一定的比例。

表2 北京市非物质文化遗产项目类型

类型	国家级		市级	
	项目	百分比	项目	百分比
民间文学	4	8.3%	17	7.9%
民间音乐	1	2.1%	9	4.2%
民间舞蹈	2	4.2%	25	11.7%
传统戏剧	2	4.2%	10	4.7%

续表

类　型	国家级		市级	
	项　目	百分比	项　目	百分比
曲　艺	4	8.3%	12	5.6%
杂技与竞技	5	8.7%	23	10.7%
民间美术	5	8.7%	24	11.2%
传统手工技艺	20	41.7%	66	30.8%
传统医药	2	4.2%	11	5.1%
民　俗	3	6.3%	17	7.9%
合　计	48	100%	214	100%

3. 分布广泛

目前,在北京市城八区和各郊区县均分布着非物质文化遗产资源。从地域上看,宣武区和崇文区两个区比较集中。其中,宣武区非物质文化遗产的总量、等级,以及类型构成具体如下。

表3　宣武区非物质文化遗产项目总量、等级、类型

类　型	国家级		市级		区级	
	项目	百分比	项目	百分比	项目	百分比
民间文学	1	6.7%	1	4.2%	1	1.4%
民间音乐	—	—	—	—	1	1.4%
民间舞蹈	1	6.7%	3	12.5%	3	4.2%
传统戏剧	1	6.7%	1	4.2%	1	1.4%
曲　艺	1	6.7%	3	12.5%	6	8.3%
杂技与竞技	3	20%	3	12.5%	17	23.6%
民间美术	—	—	—	—	10	13.9%
传统手工技艺	7	46.7%	11	45.8%	27	37.5%
传统医药	—	—	1	4.2%	4	5.6%
民　俗	1	6.7%	1	4.2%	2	2.8%
合　计	15	100%	24	100%	72	100%

(三)非物质文化遗产旅游开发现状

1. 旅游资源价值较高

非物质文化遗产因其具有独特的文化特性,是重要的旅游资源。北京市拥有48项国家级非物质文化遗产项目,均匀地分布在十大类非物质文化遗产类别中,这些非物质文化遗产都蕴涵着深厚的中华民族文化底蕴和特色,旅游价值较高。首先,表演艺术类资源旅游开发价值较高,在旅游开发中,这类遗产是优势遗产资源,旅游开发的形象定位也主要体现在该方面。主要原因是表演艺术类资源本身的艺术效果较强,受人喜爱,这使旅游客源市场得到了保证,可开发的旅游产品类型有观赏型、参与型。例如,昆曲、京剧是中华民族优秀文化的典型代表,作为一门综合性艺术,它蕴涵着丰富的文学、音乐、舞蹈、美术、历史以及社会学方面的知识,尤其是昆曲作为世界级非物质文化遗产,在国内外旅游市场中有较强的吸引力;天桥摔跤作为一项优秀的民族文化遗产,不仅具有民俗、艺术、体育、文化、社会、历史等价值,而且与中幡相结合,展示了中国民间独特摔跤艺术,成为一种重要的休闲旅游娱乐项目。其次,传统手工技艺类资源的旅游开发前景看好,这类资源主要应用于旅游商品开发中,是旅游购物的对象,在旅游收入中占有举足轻重的地位。该类资源还可应用于游览观光型旅游产品的开发,成为旅游观光的对象。再次,民间文学类资源对于旅游的辅助作用巨大,节庆民俗类资源中部分资源的旅游开发市场规模较大。例如,厂甸庙会的旅游开发价值较大,有一定的群众基础,旅游开发后的经济效应和社会效应相对较高。最后,知识实践类中的传统医药特色明显。如同仁堂中医药在三百多年的历史长河中,将传统的中医药文化和优秀的中华文化有机结合,形成了有自身鲜明特点的企业文化。

非物质文化遗产虽拥有深厚的文化底蕴,但受原材料稀缺、市场规模等因素的制约,影响了一些非物质文化遗产的旅游市场开发。例如,玉雕的重要材料玉石是一种稀有的一次性资源,不允许粗制滥造,更不能狂采乱挖玉石矿。长期以来,由于大量的粗制滥造,严重浪费了国家的玉石资源,像和田白玉、河南独山玉等都濒临绝产。因此,国内一些大型的玉器厂都遭遇原料紧缺的问题,直接影响了其生产规模。再比如,北京牙雕已有3000多年的历史,以造型优美、装饰华丽、线条挺拔、刀法富有变化为主要的艺术风格,曾被称为京城工艺美术"四大名旦"之首。但是,如今也遇到原材料象牙紧缺的问题,产量不断地下降。

2. 旅游开发积极性高

随着北京市旅游业的迅速发展,旅游市场规模的不断扩大,越来越多的非物质文化遗产传承人希望借助旅游市场这一重要平台,实现非物质文化遗产的广泛推广。因此,他们对非物质文化遗产的旅游开发积极性很高,并已通过一些渠道与旅游局的相关部门或企业,开展了多种形式的旅游合作。例如,宣武区旅游局邀请当地旅行社大力推介厂甸庙会;很多传统手工技艺类企业以前店后厂的模式,吸引广大的旅游者进行观光、游览与体验。但是调查中发现,也有部分非物质文化遗产企业不愿意加入到旅游市场中来,对旅游市场开发不感兴趣。例如,北京同仁堂集团目前的战略是以为全国人民的健康服务为己任,没有考虑要进入旅游市场。因此,集团目前没有计划开发旅游产品。

3. 旅游开发主体多元化

目前,非物质文化遗产的旅游开发形式主要有三大类。

(1) 企业运作

调查发现,大部分的非物质文化遗产的旅游开发已采取完全的企业运作模式,最典型的表现在传统手工技艺类非物质文化遗产项目上,有很多是百年老字号企业,如中国全聚德(集团)股份有限公司、北京市荣宝斋、北京瑞蚨祥绸布店有限责任公司、北京内联陞鞋业有限公司等。而在杂技与竞技类非物质文化遗产项目中,也有一些以企业运作模式重新获得了生机。如北京付氏天桥宝三民俗文化艺术团成立于1985年,其前身为北京天桥老艺人演出团,演出项目以中幡、艺术摔跤、硬气功、拉洋片、双簧、古典戏法为主,特别是天桥中幡和摔跤已成为国家级保护项目,传承单位为北京付氏天桥宝三民俗文化艺术团。此外,北京皇家粮仓、景泰蓝生产经营企业都以成熟的市场运作模式进行旅游开发,取得了较好的经济效益。

(2) 政府介入

现在,政府在一些非物质文化遗产的旅游开发中参与进来,发挥着一些特殊的作用。例如,厂甸庙会是北京春节传统文化的显著标志,充分表现了北京作为全国政治文化中心的都市民俗特征。它作为大城市庙会活动的典型代表,以其独特的魅力和价值区别于全国其他各大庙会,在北京文化发展史中占有突出的重要地位,其基本特色满足了北京各阶层广大市民过春节的物质与精神需求。2001年,厂甸庙会以崭新的面貌、深厚的民俗文化内涵出现在京城百姓面前,它就采取了政府介入的方式。即由宣武区政府下属的京都公司来策划每年的厂甸庙会,宣武区政府作为组织者每年都投入上百万元,以推动厂甸庙会的发展。再比如,传统戏剧在保护与发展过程中,也得到了政府的大力支持。如绝大多数国家级重点京剧院团获得了全额拨款,根据剧目创作投入的实际情况,也取得一定的创作经费资助。大部分重点京剧院团实际演出场次都大大超过了规定场次,并进行了一些境外演出。全国重点京剧院团年度演出收入大多达到百万元以上,如2006—2008年北京京剧院,年均演出900场以上,年均演出收入1500万元以上。

(3) 个体小作坊运作

现在,一些非物质文化遗产因传承人流失、资金严重缺乏等原因,生存受到严重的威胁。这些传承人在条件极其恶劣的小作坊中艰难生存,其技艺的保护与传承成了最重要的问题。例如,北京"瞎掰"(鲁班枕)制作技艺目前只有一位传承人,只在自家一个简陋的小作坊中艰难生产,生存是最重要的问题。

4. 客源市场多层次化

调查表明,对非物质文化遗产有较大需求的群体主要有以下几类。第一,非物质文化遗产的爱好者,这一群体是非物质文化遗产的重要市场基础;第二,观光游客,这些人对传统文化有强烈的好奇心和兴趣,大部分是团体观光游客;第三,潜在市场,这些人以前从未接触和了解此类非物质文化遗产,但是易于被这些有特色的非物质文化遗产所吸引,一旦与之接触,易于产生浓厚兴趣,他们是着重开发的对象。从目前情况看,外国人对北京市的非物质文化遗产具有更强烈的兴趣,因此,入境旅游市场是非物质文化遗产最为重要的市场。

因为非物质文化遗产的历史形成原因不同,文化特色不同,其受众群体也有很大的区别,这直接影响了不同非物质文化遗产的客源市场结构。

天坛神乐署中和韶乐——源于中国古代雅乐,是一种将礼、乐、歌、舞融为一体的典礼音乐。它是明清两朝举行祭祀、朝会及宴飨活动时所使用的音乐,也是中国古代最具典型意义的宫廷音乐,历史源远流长。而天坛神乐署位于天坛外坛西部,是明清两朝的礼乐学府,是培养乐舞生和演陈礼乐的场所。因神乐署中和韶乐本身就是天坛公园的一个组成部分,因此,其客源市场与天坛公园完全一致,即主要面对海内外游客和当地的休闲娱乐消费者,与旅游市场关系紧密。

昆曲——昆曲艺术作为一种深深植根于中华文明土壤的优秀文化和一种得到国际认可,并为国际文化界所极感兴趣的剧种,吸引着越来越多的国内外旅游者。目前,北京皇家粮仓厅堂版《牡丹亭》的主要观众是文化界、演艺圈、驻华大使、高级白领等高端消费群体,并且还有部分政府采购,不属于群众娱乐的项目。

京西太平鼓——作为流行于京西地区的一种民间舞蹈艺术,太平鼓是老百姓自娱自乐、集体传承、集体发展的民间舞蹈,具有广泛的群众基础和深厚的历史渊源,在当地的民俗活动中发挥着重要的作用。历史上门头沟很多村落家家户户、男女老少儿了都会击打太平鼓,尤其在每年的腊月和正月最为活跃,在当地的岁时民俗活动中很吸引人,百姓们击打太平鼓更是对太平盛世国泰民安的期盼。打太平鼓不仅可以烘托节日气氛,在某种程度上也可以折射出北京地区的节庆习俗。太平鼓植根于民间、成长于民间、繁茂于民间,老百姓对太平鼓的喜爱、老艺人对太平鼓的执著使太平鼓得以延续,而民间太平鼓的发扬与创新将使民间艺术的生命充满活力。

5. 旅游开发模式多

不同类型的非物质文化遗产在进入旅游市场过程中,采取了不同的开发模式,大体上包括以下几大类。

(1) 独立经营模式

调查中发现,目前传统手工技艺类非物质文化遗产项目与旅游业的关系最为紧密,一般采取生产、参观、购物、餐饮为一体的独立经营模式。例如,北京的景泰蓝生产企业,往往把旅游购物与餐饮两大主营业务捆绑在一起,既作为工艺品的生产、销售地,同时又作为所接待游客的重要停留地。

(2) 开发旅游线路

目前,非物质文化遗产或者已内嵌在其他旅游线路中,或者单独开发成一条旅游线路,成为吸引游客的重要亮点。例如,京剧旅游是国家京剧院与北京市旅游局启动的京剧体验"一日游"计划。百姓可以探访京剧排练场,穿上戏装跟名角学勾脸,过足京剧瘾。京剧体验之旅的核心内容为一厂、一馆、一院和一剧。一厂即北京剧服厂，游客可在此体验服装设计、刺绣、道具制作等过程；一馆是指梅兰芳故居（纪念馆），这里展示了大师一生的主要艺术生活；一院就是国家京剧院，游客可走进名角们的真实排练生活；最后还将为游客表演一部经典剧目，如《霸王别姬》等。京剧体验之旅由旅行社运营，主要面向票友和学生。除了"一日游"外，也有游览内容集中在幕后的探秘型"半日游"、看表演和艺术展品的鉴赏型"半日游"。再比如，北京中医药大学附属护国寺中医医院拥有国家级传统医药非物质文化遗产项目——宫廷正骨。目前，该医院与中国国际旅行社和中国青年旅行社合作，在欧美游客北京旅游线路中设立一项参观中国传统医药文化的内容，由领队带领客人到医院参观骨伤科。由于该院离什刹海较近，可以吸引一些欧美团队游客参观，每个客人收取50元人民币。

（3）旅游节庆

目前，很多杂技与竞技类、民间舞蹈类非物质文化遗产项目通过一些表演的方式，参与到旅游节庆中，逐渐提升了其知名度。例如，北京付氏天桥宝三民俗文化艺术团节目被看做唯一的老天桥原汁原味艺术，惊险奇特、滑稽幽默。该团参加了诸多地方和国家举办的庆典活动，以及大型开幕式，如：亚洲杯开幕式、农民运动会、民俗运动会、南京世界名城博览会、国际马拉松开幕式、北京体育运动会、大连艺术节、宣南艺术节，特别是每年的庙会（1985年至今的地坛、厂甸庙会，以及沈阳东郊庙会、南昌绳金塔庙会等）。2006年随北京代表团赴澳大利亚为2008年北京奥运会做宣传活动。

表4　北京付氏天桥宝三民俗文化艺术团现有主要节目

序号	节目内容	备注	序号	节目内容	备注
1	北京天桥中幡	国家级（第1批）	14	双簧	北京地域特色浓厚
2	北京天桥摔跤艺术	国家级（第2批）	15	耍枪	北京地域特色浓厚
3	老天桥拉洋片	北京市（第1批）	16	空竹	北京地域特色浓厚
4	古彩戏法	北京地域特色浓厚	17	吞宝剑	借鉴结合
5	牛骨数来宝	北京地域特色浓厚	18	桥耍花坛	北京地域特色浓厚
6	相声艺术	北京地域特色浓厚	19	小丑杂耍	借鉴结合
7	京韵大鼓	北京地域特色浓厚	20	气功	借鉴结合
8	北京琴书	北京地域特色浓厚	21	转碟	北京地域特色浓厚
9	魔术	北京地域特色浓厚	22	山东快书	借鉴结合
10	蹬技、蹬伞、蹬竹杠	北京地域特色浓厚	23	舞蹈	借鉴结合
11	高车踢碗	北京地域特色浓厚	24	千手观音	借鉴结合
12	京剧	北京地域特色浓厚	25	变脸	借鉴结合
13	快板	北京地域特色浓厚			

目前,该团主要的市场营销活动是与政府有关部门联手,扩大中幡和摔跤的社会影响。具体情况如表5:

表5 北京付氏天桥宝三民俗文化艺术团参与的主要活动

序 号	活 动	备 注
1	国庆60周年观礼活动	非常备
2	奥运开幕式入场表演	非常备,已完成
3	庙 会	常 备
4	国际非物质文化节	非常备
5	宣南文化节	常 备
6	宣南文化进校园	非常备
7	拍摄影片	常 备
8	埃及演出	非常备

与此相同,京西太平鼓的发展传承和社会变革息息相关。特别是改革开放30多年间,太平鼓更是焕发出勃勃生机,在国家庆典或其他一些重大活动场合,都能看到京西太平鼓的精彩表演。1984年,门头沟组织300余人的太平鼓队伍参加了国庆35周年的天安门游行表演;1987年,太平鼓参加了第一届农民运动会开幕式活动;1990年,太平鼓以800人的强大阵容,亮相北京第十一届亚运会开幕式;1999年,参加了国庆50周年天安门广场联欢活动;2008年,参加了北京奥运会开幕式仪式前的演出;2009年,太平鼓表演队参加国庆之夜天安门广场的庆祝晚会,为新中国成立60周年献上了太平鼓声。

6.各区县政府高度重视

目前,北京的各区县均有不同等级的非物质文化遗产。为了更好地实现非物质文化遗产的保护与传承,从北京市文化局到各区县文委、文化馆,都积极地投入到非物质文化遗产的申报、保护工作中,为旅游开发奠定了重要的基础。例如,2002年10月,北京市文化局与门头沟区文委签订了太平鼓立项合同,并拨付专项资金10万元,恢复组建了门头沟民间太平鼓表演团。同时,请太平鼓老艺人作为艺术传承人作艺术指导,吸收区内的舞蹈教师为团员,进行太平鼓教员的培训工作。现在,门头沟区已经有包括新桥路中学、大峪二小在内的4所京西太平鼓传承学校,在校学习太平鼓的学生将近2000人。

与此同时,已有一些区县文委和文化馆积极地与旅游局、旅游企业合作开展了不同层次的旅游开发,取得了较好的效果。其中,最为典型的是宣武区。宣武区文委与旅游局共同推动本区的非物质文化遗产的开发,把厂甸庙会等非物质文化遗产作为本区旅游局旅游推介的重要内容,效果良好。

7. 旅游经济效益参差不齐

目前,北京市非物质文化遗产因其发展历史、运作模式、市场定位等的不同,生存与发展状况也参差不齐。其中,大部分非物质文化遗产的旅游经济效益不令人满意,只有少数精品的非物质文化遗产经过市场的精心运作,获得了良好的旅游经济效益。

调查发现,北京皇家粮仓厅堂版昆曲《牡丹亭》于 2007 年 5 月开演,经过出品方普罗文化公司的精心策划,在一个有着六百年历史的古老的粮仓里上演了一个历经六百年的非物质文化遗产,使人们近距离地、面对面地感受中国传统戏曲的艺术魅力,使它真正回复了明中叶鼎盛时期的辉煌。目前,《牡丹亭》票价根据排次依次为 1980 元、980 元、780 元、580 元和 380 元,另外,还有 3 个 8 人包厢,每个包厢票价 12000 元。此外,不同等级的票价包含有不同的附带产品,如 380～580 元的票价内都包含晚餐"牡丹宴",是品种较为齐全的自助餐;780 元票价包含"牡丹宴"、附赠礼物精美纪念册;980 元包含"牡丹宴"、附赠礼物精美纪念册和 VIP 服务各类酒水饮料服务等;1980 元票价包含"牡丹宴",附赠礼物精美纪念册、精美票本、纪念邮票和 VIP 服务各类酒水饮料服务;12000 元票价包含"牡丹宴"、附赠礼物精美纪念册。到目前为止,这里已有 200 多场演出,票房的情况非常好,甚至出现一票难求的现象。根据普罗文化公布的数据,200 场演出的票房收入达到 540 万元,大部分时间这里的上座率都能达到八成左右。

而同样作为艺术类非物质文化遗产的天坛神乐署中和韶乐,虽然也有很好的文化特色和旅游开发条件,却受天坛公园整体定位的限制,无法以旅游经济效益为导向,其发展令人担忧。目前,天坛公园隶属于公园管理处,该非物质文化遗产主要是以为游客服务为宗旨,不考虑赚钱。虽然提供一场 15 分钟左右的精彩表演,又附加游览内容丰富的中国古代皇家音乐展馆,并提供免费讲解服务,但其门票价只有 10 元/人,根本谈不上经济效益。

与上面的例子不同,更多的非物质文化遗产企业的资金非常匮乏。例如,要保证北京付氏天桥宝三民俗文化艺术团的基本运作,年需资金 100 万元左右,而当前稳定筹集资金仅为约 30 万至 40 万元,目前还是在为生存而挣扎。

三、非物质文化遗产旅游发展中存在的不足

(一)缺乏系统规划,旅游开发较为零散

旅游规划是提高非物质文化遗产吸引力的必要手段,也是推动非物质文化遗产可持续发展的有效措施。因此,系统的规划是对非物质文化遗产进行合理开发的必要前提,对非物质文化遗产的保护和利用具有重要的意义。然而,目前北京市非物质文化遗产的旅游开发缺乏系统的规划,旅游开发较为零散,基本上是非物质文化遗产地主管部门自行组织非物质文化遗产的表演和展示活动,对旅游规划缺乏重视,忽视旅游市场结构分析和缺乏可行性论证,造成非物质文化遗产旅游活动如"昙花一现",难以形成持续的旅游效应。

(二)体制机制复杂,难以提高整体效益

非物质文化遗产包括十大类型,涉及文化、艺术、商业、医药、体育、旅游等众多的领域和行业。因此,其旅游开发必然会涉及这些相关的政府部门,跨行业、跨领域的联系与合作是必然的发展趋势。而如今,北京市相关的政府部门之间没有紧密的联合机制、沟通机制,都是各自为政,从本部门工作的角度,开展非物质文化遗产的申报、保护和旅游开发等工作。例如,目前北京市的文化馆和文委主要负责非物质文化遗产的收集、整理、申报等工作,与旅游开发企业和旅游局很少有正式的联合机制;旅游局和旅游企业在旅游宣传、旅游产品开发方面,得不到及时、有效的有关北京市非物质文化遗产资源方面的信息,资源开发受到阻碍,从而很难实现保护与开发的有效结合。

(三)法律法规不健全,旅游开发无法可依

完备的相关法律是非物质文化遗产保护与旅游开发的基础。但是,目前北京市非物质文化遗产领域的法律依然空白,没有建立起配套的地方性法规体系以保护北京市丰富的非物质文化遗产资源。北京市在整个文化遗产保护方面所制定的地方性法规已形成一个较为完整、合理的体系,但大多集中在对有形的文化遗产保护方面。目前,《北京市非物质文化遗产保护条例》还没有进入立法程序,而对于《北京市人民政府办公厅关于加强本市非物质文化遗产保护工作的意见》和《北京市传统工艺美术保护办法》来说,前者属于其他规范性法律文件,后者属于地方政府规章,两者位阶都较低。因此,北京市非物质文化遗产保护的立法工作异常艰巨,需要尽快在传承人的法律地位、资金投入、保护性旅游开发等方面制定明确的法律依据。例如,在传统医药非物质文化遗产资源的旅游开发过程中,根据现在通行的国家标准,很多被证实有疗效的传统药不能合法生产,一些传统炮制方法也不能用。同时,一些院内制剂只能在院内使用,不能对外销售和出口。因此,应尽快立法,使一些传统的有效配方能够被合法利用,使中医药能够在继承中得到发展。

(四)旅游开发各利益主体关系不和谐

在北京市非物质文化遗产的保护与旅游开发过程中,政府应该是保护主体和主导力量,学术界是理论研究主体,工商界是投资开发主体,传承人和广大民众是传承主体,从而形成良好的利益和谐关系。但是,目前这几个关键利益主体方的关系不和谐,直接影响了非物质文化遗产的旅游开发。具体来看,首先,目前从参与非物质文化遗产保护和开发的程度上看,政府的参与度最高,民间的参与度最低,非物质文化遗产的保护和开发成为一种政府行为。由于力量上的强势,使得政府在具体保护非遗的过程中会忽视其他主体的作用,有时甚至会越俎代庖,取而代之。其次,工商界往往掌握着资金优势,主导着非物质文化遗产的旅游开发。而投资者往往都是逐利的,以获取最大利润为目标,通常很少顾及文化的保护问题。开发商一方面拥有着开发的话语权,一方面又盲目逐利,重开发,轻保护,从而不可避免地出现非物质文化遗产的过度开发问题,这是影响非物质文化遗产保护和开发工作的一大问题。最后,传承人以及广大

民众在整个非物质文化遗产旅游开发中处于弱势的地位。他们既没有资金优势,也没有理论优势,由社区组织的非遗保护和开发活动产生的影响又微乎其微,因此,往往成为被忽视的一方。同时,他们自身也存在不重视、不了解、不参与的问题。例如,传承人掌握并习用某种技艺,往往是为了谋生的需要,而并不是对非物质文化遗产主动地保护;对于广大民众来说,参与民俗性的活动也只是历史沿袭下来的传统和习惯,并没有刻意去保护和开发的意识;对于那些稀有罕见的非物质文化遗产,大部分的民众还不了解,甚至没有听说过,更谈不上保护和开发。总之,目前传承人以及广大民众力量的薄弱和自身存在的问题,使他们在非物质文化遗产的保护和开发中缺少话语权,没有得到应有的重视。

(五)文化内涵挖掘不深,特色不鲜明

每个非物质文化遗产都有其独特的文化底蕴和文化特色,所蕴含的旅游资源应该是十分丰富的。而在实际的旅游开发中,存在着简单化、庸俗化、雷同化的倾向,文化内涵挖掘不深。如厂甸庙会自从恢复以来,其独特的文化特色逐渐淡化,如今与其他的庙会没有什么大的区别,呈现出和其他庙会趋同化的现象,大大降低了对游客的吸引力。这都是因为对本地区、本民族的非物质文化遗产内涵挖掘不深、理解不透,导致旅游产品特色逐渐丧失。

(六)市场营销能力弱,宣传力度不够

非物质文化遗产作为一种旅游产品,与其他物质产品的经营一样需要灵活的市场运作,需要有"商业包装",树立品牌,打造成旅游精品。而这一切需要从深处挖掘,进行创新。目前,北京市非物质文化遗产旅游产品没有从文化内涵上深入挖掘,旅游产品档次较低,缺乏独特性。因此,在旅游市场竞争中,缺乏一定的竞争力,效益也普遍较低。

与此同时,目前政府部门对北京市丰富的非物质文化遗产的宣传力度较弱,报纸、电视、手机、网络等媒体进行的宣传推介多数停留在物质文化遗产资源方面,导致市场知名度低。因此,加大宣传力度、扩大客源市场是北京市非物质文化遗产旅游开发的关键因素。

(七)过度商业化,导致遗产消失

调查发现,有些非物质文化遗产的开发不是以"开发是为了更好的保护,是为了非遗能够更好的传承和发展"为初衷,而是以赚钱为目的,将非遗当做"卖点"和赚钱机器,使当地的非物质文化遗产逐渐扭曲、变形,特色荡然无存。这种不负责任的开发方式,也是旅游开发所深为人们诟病的原因之一。事实上,旅游开发和非物质文化遗产保护并不是绝对冲突的,真正破坏非物质文化遗产传承与发展的是如上所述的过度的商业化开发,对非物质文化遗产造成严重的破坏,加速了它的消亡。例如,在非物质文化遗产的旅游开发中,民间歌舞和传统手工技艺类的表演往往是重要内容。其中,民间歌舞表演是宣传传统文化、地方文化的一种有效方式,为当地带来可观的经济效益,增强本地人们的文化认同感,有助于非物质文化遗产的继承和发展。而如今,对于

当地人有特殊意义的重要事件被作为旅游资源开发后,变成了一种为外来游客而进行的表演,其非同平常的意义消失了,其神圣性也降低了,当地人不再热心参与其中,从而与利用旅游开发来保护发展非物质文化遗产的初衷背道而驰。

实际上,在非物质文化遗产的旅游开发过程中,文化商品化的趋势似乎是不可逆转,但是它从一定程度上会促进文化真实性内涵的发展与延伸。因此,文化商品化并不一定会伤害文化,反而能以某种独特的方式挽救和保护文化。

(八)人员流失严重,资金投入不够

调查发现,目前很多非物质文化遗产传承人的生存状态非常令人担忧。因自身所面临的经济压力、文化上的自卑心理以及观念的制约等,导致传承人的生计往往存在问题,有的传承人生活十分困顿。这种矛盾的存在,迫使许多非物质文化遗产传承人一方面要继续从事所学的技艺的传承和弘扬,另一方面还要为维持生计而另起炉灶去干别的活以养家糊口。一些非物质文化遗产传承人由于自己经济困难,难以承受生活的压力而不得不另谋出路。例如,目前由于昆曲从业人员待遇较低,年轻人不愿意从事昆曲行业,昆曲学生的来源问题已日益成为制约昆曲艺术继承发展的十分严峻的现实问题。再比如,由于市场不稳定,因此大部分舞幡从业者均为兼职,利用业余时间练习和排演。目前,在北京付氏天桥宝三民俗文化艺术团的二十余名团员中,仅有两人专职。舞幡已逐渐非职业化,专业艺人匮乏,加之天桥杂技技艺的环境及演出的形式均发生了变迁,耍中幡技艺处于濒危状态。

非物质文化遗产的旅游开发是一项庞大的系统工程,需要耗费大量的人力、物力和财力,若没有充足的资金投入,则不可能变成现实的旅游产品。目前,北京市非物质文化遗产由于缺少资金投入,导致不少非常有特色的非物质文化遗产旅游资源至今还"躲在深闺人未识",无法转化成旅游产品。或者在市场开发方面,由于资金瓶颈,存在产品创新不足、包装欠佳、品牌知名度提升不快的问题,很难维持其生存。以昆曲为例,因资金投入不足,目前昆曲剧院团在职的编剧人才寥寥无几,无力直接担负起剧院团的创作重任,导致剧院团上演新剧目无米下炊,上演传统剧没人整理改编的窘境。尽管昆曲界不乏文化素养较高的演职员,但他们所整理改编的剧目大部分质量不高,与昆曲的格调相差甚远,严重阻碍了昆曲的发展和普及。

四、对非物质文化遗产旅游产品的消费行为研究

同物质文化遗产的旅游消费行为一样,非物质文化遗产的旅游消费行为也是在游客的旅游需求心理支配下发生的,是旅游消费者对非物质文化遗产项目的相关产品和服务的购买决策和行动过程。课题组根据对《北京非物质文化遗产旅游消费行为调查问卷》的 SPSS 统计分析,对北京非物质文化遗产旅游者的消费行为进行分析,以期对北京非物质文化遗产旅游产品的开发与市场开拓有所帮助。本次共发放问卷 425 份,回收 423 份,有效问卷共计 421 份。通过对问卷的信度和效度检验,表明本调查问卷的设计质量良好。

(一)总体样本特征

表6　北京非物质文化遗产消费者行为调查人口统计样本

	特征值	人数	百分比(%)		特征值	人数	百分比(%)
性别	男	177	42.14	学历	高中及以下	132	31.35
	女	243	57.86		大专	82	19.48
年龄	18岁以下	19	4.51		本科	180	42.76
	18~23岁	94	22.33		研究生	27	6.41
	24~35岁	115	27.32	职业	国家机关党群组织企业事业单位负责人	24	5.7
	36~55岁	139	33.02		专业/文教技术人员	45	10.69
	56~65岁	40	9.5		办事人员和有关人员	34	8.08
	65岁以上	14	3.33		商业/服务性工作人员	99	23.52
月收入	没有收入	75	17.81		演艺界人士	7	1.66
	2000以下	117	27.79		自由职业者	67	15.91
	2000~4000	164	38.95		离退休人员	41	9.74
	4000~6000	55	13.06		学生	80	19
	6000~8000	7	1.66		工人/农民	24	5.7
	8000以上	3	0.71	北京籍	是	258	61.28
婚姻	已婚	245	58.19		不是	163	38.72
	未婚	176	41.81				

从上表看,本次调查的统计样本有如下几大特征:

(1)女性消费者偏多,占57.86%;
(2)18~55岁是消费主体,其中36~55岁的比例最高;
(3)60%左右消费者的月收入高于2000元;
(4)学历水平较高,近一半的消费者为本科及以上水平;
(5)在消费群体中,职业的差别不大;
(6)已婚、北京籍的消费者比例较高。

(二)消费偏好特征

1.对非物质文化遗产的认知

消费者对非物质文化遗产的认知,对北京非物质文化遗产的保护与旅游产品开发具有重要的价值。调查结果表明,消费者对非物质文化遗产的性质及其保护和生存现状的认知度较高,基本属于比较了解。而对非物质文化遗产项目的数量及具体内容的认知度不高,介于了解与不了解之间。

表7 对北京非物质文化遗产的认知

编号	认知内容	均值
1	非物质文化遗产是文化遗产的重要部分	3.7
2	与群众生活密切相关的传统文化形式	3.59
3	王致和腐乳酿造技艺是非物质文化遗产之一	3.17
4	北京拥有丰富的非物质文化遗产	3.86
5	首批国家级非物质文化遗产北京有十三项	3.07
6	北京正在对非物质文化遗产进行保护	3.63
7	许多技艺需要长年的经验与技术	3.71
8	由于收入偏低,一些技艺没有人愿意学习	3.63

2006年5月,文化部公布的首批国家级非物质文化遗产名录中,北京有十三项入选。同年,北京市人民政府正式公布首批北京市级非物质文化遗产名录,此次北京市公布的名录共有九大类,涉及民间音乐5项、民间舞蹈11项、传统戏剧5项、曲艺6项、杂技与竞技5项、民间美术3项、传统手工技艺7项、传统医药1项、民俗5项。为了进一步了解消费者对北京非物质文化遗产具体项目的了解,课题组对首批国家级非物质文化遗产项目进行了消费者认知的调查。具体结果如下:

表8 对北京首批国家级非物质文化遗产项目的了解情况

遗产项目	1 智化寺音乐	2 京西太平鼓	3 昆曲	4 京剧	5 天桥中幡	6 抖空竹	7 象牙雕工艺
均值	1.88	2.15	2.68	3.40	2.75	3.56	2.81
遗产项目	8 景泰蓝制作技艺	9 聚元号弓箭制作技艺	10 雕漆技艺	11 木版水印技艺	12 同仁堂中医药	13 厂甸庙会	
均值	2.83	2.14	2.48	2.67	3.45	3.63	

由于开展本问卷调查的地点均选在非物质文化遗产项目的附近(智化寺、长安大戏院等),样本具有一定的特殊性,消费者的认知应高于随机选取的消费者。从统计结果看,消费者对厂甸庙会(3.63)、抖空竹(3.56)、同仁堂中医药(3.45)、京剧(3.4)的认知度较高,而对智化寺音乐(1.88)、聚元号弓箭制作技艺(2.14)、京西太平鼓(2.15)的认知度偏低。北京近些年来加大了对传统节日的宣传,开展了一系列民俗活动,恢复群众性的活动,从而使厂甸庙会的知名度进一步提升。而抖空竹、京剧是北京市民喜欢的文体项目,同仁堂中医药闻名中外,具有深厚的群众基础,因此也具有较高的知名度。

2. 对非物质文化遗产的需求

消费者对景泰蓝制作技艺、聚元号弓箭制作技艺、雕漆技艺、木版水印技艺等传统手工技艺的认知度不高,但对这种类型的非物质文化遗产非常感兴趣,说明消费者的需求也较高。除此之外,对传统戏剧(14%)、民间舞蹈(9.5%)、民俗(9.7%)这三类非物质文化遗产的需求也较大(见表9)。

表9 消费者最感兴趣的北京非物质文化遗产

编 号	非物质文化遗产类型	人数(人)	百分比(%)
1	民间文学	28	6.7
2	民间音乐	38	9.0
3	民间舞蹈	40	9.5
4	传统戏剧	59	14.0
5	曲 艺	35	8.3
6	杂技与竞技	29	6.9
7	民间美术	40	9.5
8	传统手工技艺	89	21.1
9	传统医药	22	5.2
10	民 俗	41	9.7

3. 消费动机

(1)人口统计特征与消费动机

目前,随着我国城镇居民可支配收入的增长,消费者有能力为自己的休闲和娱乐消费。以北京和上海两个大城市为例,根据国家统计局发布的权威数据,北京、上海的城镇居民可支配收入一直位于全国大城市的首位。从城市居民的可支配收入增长率的情况来看,除个别年份(2002年增长率7.7%)以外,北京一直保持在12%左右的增长率。

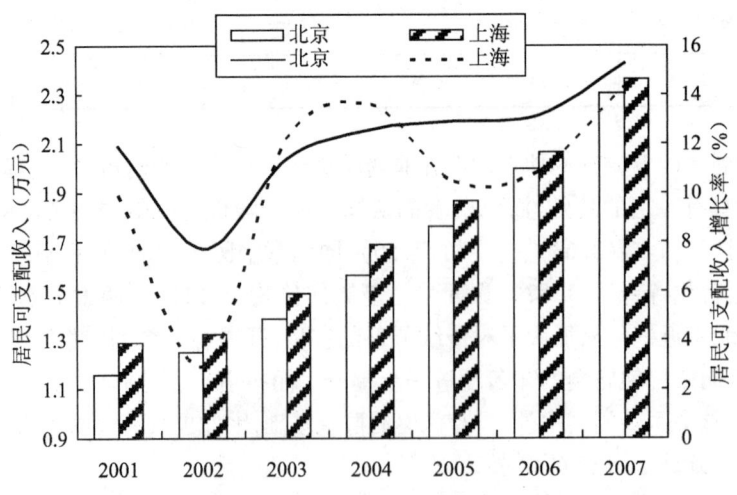

图2 2001—2007年京沪居民可支配收入及增长率比较

资料来源:搜房网、新浪新闻、新华网等各网站整理而成

从本次调查问卷的人口统计特征来看,受访者中近六成消费者的月收入超过两千元,女性偏多,以中青年消费者为主。通过 SPSS 交叉分析发现,月收入、性别以及年龄与非物质文化遗产消费愿望相关,这些因素影响了消费者对非物质文化遗产旅游产品的消费动机及需求强度。

(2)心理因素与消费动机

从消费者的心理因素看,除了消费者的认知情况之外,对非物质文化遗产项目的认同感也对消费行为有所影响。非物质文化遗产是中华文明宝贵的文化财富,反映了历史传统和文化变迁,正是这些异质的文化,吸引了海外游客来北京体验文化、感受古都。作为一个中国人和北京人,对于非物质文化遗产高度的认同感将会增强民族自豪与自信,有助于国家和地方政府对文化遗产的保护与修复,同时也为非物质文化遗产的市场开发提供了思想保障。有关消费者对非物质文化遗产的认同感统计结果见表10。

表10 消费者对非物质文化遗产的认同感

编 号	认同感	均值
1	中华文明宝贵的文化财富	4.19
2	反映了历史传统和文化变迁	4.19
3	承载着中华千年的智慧和文明	4.31
4	能够抵御通俗文化的泛滥与冲击	3.98
5	不同国家文化差异与个性的重要标志	4.16
6	是中国人的自豪与骄傲	4.42
7	外国人来中国正是为了体验我国的文化	4.17
8	政府需要投入大量资金进行保护	4.36
9	维护其原生态和真实性非常必要	4.43
10	我愿意为非物质文化遗产的保护出一份力	4.33

从表10可以看出,消费者对非物质文化遗产的认同感非常高,均值几乎都高于4,属于非常同意,消费者体现出高度的民族自豪感,表现了对非物质文化遗产项目的期望。

与故宫、颐和园等北京物质文化遗产旅游体验相比较(70%以上消费者表示游览过大部分),消费者对北京的非物质文化遗产旅游产品的消费经历较少,70% 左右的消费者表示很少体验,甚至几乎没有体验过。虽然消费者对非物质文化遗产旅游产品体验的经历很少,但从消费者的消费心理来看,只要是丰富文化体验的旅游项目,消费者都愿意尝试与选择(见表11)。可见,如何给消费者带来一种全新的旅游体验,拓展旅游选择,让消费者了解到非物质文化遗产旅游项目的文化价值,是非物质文化遗产旅游产品开发者应该关注和考虑的重点。

表11 物质文化遗产与非物质文化遗产的选择比较

选 项	人数(人)	百分比(%)
都不喜欢	17	4.0
更愿意选择物质文化遗产	136	32.3
更愿意选择非物质文化遗产	57	13.5
只要是丰富文化体验的,都喜欢	196	46.6
不清楚	15	3.6
合 计	421	100.0

4. 信息收集渠道

消费者了解和接触非物质文化遗产项目的主要途径分别为电视广播和杂志、网络、博物馆或民俗陈列室和外出旅游。可见,传统的媒体在非物质文化遗产的宣传方面起着主要的作用,这与非物质文化遗产项目本身的特殊性有关。非物质文化遗产多为各地人民生活和生产活动中保留下来的原生态的文化,有其独特的历史性和文化性,消费者如果不具备一定的历史和地域的知识,难以体会其深层次的内涵,专业人士的展示与介绍对于消费者了解这些非物质文化遗产项目是非常必要的。如今,消费者正在通过各种形式的视听节目,了解非物质文化遗产项目的历史,看到其正在焕发出的勃勃生机与活力。作为信息社会的另一个媒体,网络在非物质文化遗产的宣传与保护方面同样发挥着重要的作用。

表12 了解和接触非物质文化遗产的主要渠道

编号	接触渠道	人数(人)	百分比(%)
1	外出旅游	54	12.8
2	网 络	104	24.7
3	本地的博物馆或民俗陈列室	67	15.9
4	电视广播和杂志	129	30.6
5	户外宣传语或公益广告	22	5.2
6	亲朋好友	38	9.0
7	几乎没有什么渠道	4	1.0
8	其他	3	0.7

5. 非物质文化遗产旅游产品形式

目前,包括北京在内,各地正在将非物质文化遗产的保护与旅游开发同步进行,旅行社将一些展示地域非物质文化遗产的博物馆或民俗陈列室嵌入到旅游线路之内,使消费者能够了解到异域的民风民俗。实际上,除了专门的博物馆或陈列馆之外,非物质文化遗产可以以更多样化的形式得以展示,成为消费者的日常休闲娱乐或外出旅游的选择。

通过调查发现,非物质文化遗产的表现形式丰富,消费者可以得到全方位的体验与感受。例如,可以参观陈列室,听到专业人士的介绍与说明;可以游览主题公园,身临其境地感受历史变迁;可以参加民俗庙会,感受原汁原味的节日气氛。调查问卷的统计结果显示(见表13),消费者对各种表现形式的非物质文化遗产旅游产品都比较喜欢,而最喜欢的是重大节日的民俗庙会。旅游产品开发者可以根据各种类型非物质文化遗产的特点,将其最真实而原生态的一面表现出来。

表13 消费者喜欢的非物质文化遗产旅游产品形式

编号	项目	均值
1	非物质文化遗产的博物馆或陈列室	3.67
2	非物质文化遗产的主题公园	3.84
3	以非物质文化遗产为主题的大型舞台情景剧	3.61
4	手工制作的旅游商品	3.96
5	重大节日的民俗庙会	4.02
6	现场参观并动手参与的手工技艺	3.93
7	具有独特餐饮文化的餐饮消费	3.87
8	专门的遗产旅游线路	3.67

6. 非物质文化遗产旅游消费形式

与物质文化遗产有所不同的是,非物质文化遗产是某地区的民俗民情的历史沉淀,涉及音乐、舞蹈、手工技艺、医药等十个方面,与人们的生活密切相关。因此,非物质文化遗产的市场前景非常广阔,可以满足人们多方面的休闲娱乐需求。重大节日时,可以逛庙会;周末休闲时,可以听京剧;日常生活时,可以吃烤鸭……调查问卷的统计结果显示,消费者更倾向于日常生活中的自主性消费,对自助旅游消费、节假日休闲、日常生活消费、亲朋好友娱乐等四种情形的消费意愿更强,属于比较可能。而旅游团队中,由于不愉快的旅游经历或对物质文化遗产的需求意愿更强,消费者不太愿意消费非物质文化遗产的相关旅游产品(见表14)。可见,日常生活中的自主性消费,是消费者购买非物质文化遗产相关产品的主要场合和时机。

表 14　消费者消费非物质文化遗产相关产品的情况

消费形式	参与旅游团队	外出自助旅游	节假日休闲	日常生活个人消费	请亲朋好友娱乐
均　值	2.91	3.54	3.74	3.62	3.51

7. 消费者利益诉求

通过调查发现,消费者选择非物质文化遗产的利益诉求为四类:文化价值、审美价值、教育价值、历史价值。消费者愿意消费非物质文化遗产产品,主要是因为其能够带给自身全新的价值体验。由于这四个指标较为抽象,问卷设计中将每个指标通过一些通俗易懂的语言进行转化与描述,以方便受访者选择(见表15)。

表 15　消费者对非物质文化遗产的利益诉求

项　目	项　目
文化价值	教育价值
拥有不同民俗文化的旅游体验	增长民族传统文化的知识
提高旅游文化欣赏品位	音乐、美术等学科知识的补充与提高
丰富个人的日常文化生活	对青少年进行爱国主义教育
满足精神文化多样化的需求	增强个人的民族荣辱感
	增强非物质文化遗产保护意识
审美价值	历史价值
工艺品、音乐、美术等是不同地域人们智慧的结晶	承载着丰富的历史
具有地域特色的工艺品有很高的观赏和陈列价值	了解地域独特的历史轨迹
浓厚的地域民俗风格	不同历史时期的原生态生活感受
审美生活情趣的丰富多样化	

利用 SPSS 分析发现,审美与历史价值、教育价值、文化价值是消费者追求的主要利益(见表16)。换言之,这三个价值是消费者选择非物质文化遗产产品的主要影响因素。

表 16　北京非物质文化遗产消费者利益诉求因子分析结果

	审美与历史价值	教育价值	文化价值
文化价值	0.339	0.267	0.624
拥有不同民俗文化的旅游体验	0.29	0.183	0.808
提高旅游文化欣赏品位	0.179	0.361	0.769

续表

	审美与历史价值	教育价值	文化价值
丰富个人的日常文化生活	0.246	0.375	0.761
满足精神文化多样化的需求	0.274	0.461	0.629
教育价值	0.193	0.546	0.512
增长民族传统文化的知识	0.333	0.589	0.402
音乐、美术等学科知识的补充与提高	0.314	0.744	0.214
对青少年进行爱国主义教育	0.198	0.826	0.272
增强个人的民族荣辱感	0.22	0.779	0.289
增强非物质文化遗产保护意识	0.398	0.65	0.325
审美价值	0.45	0.468	0.297
工艺品、音乐、美术等是不同地域人们智慧的结晶	0.588	0.406	0.293
具有地域特色的工艺品有很高的观赏和陈列价值	0.703	0.315	0.345
浓厚的地域民俗风格	0.692	0.18	0.412
审美生活情趣的丰富多样化	0.618	0.214	0.46
历史价值	0.812	0.256	0.146
承载着丰富的历史	0.825	0.303	0.098
了解地域独特的历史轨迹	0.843	0.22	0.192
不同历史时期的原生态生活感受	0.787	0.152	0.252

通过聚类分析、二项逻辑回归分析发现,审美与历史价值、教育价值、文化价值等四个利益诉求因素对消费者的消费意愿均有影响。其中,审美与历史价值对消费意愿的影响强度最大,其次是教育价值,最后是文化价值。

表17 北京非物质文化遗产消费者利益聚类分析

分类变量		不愿意	愿意	预测正确率(%)
分类变量	不愿意	321	10	96.978 85
	愿 意	65	19	22.619 05
总体正确率				81.927 71

表 18　北京非物质文化遗产消费者利益逻辑回归分析

	B	S.E.	Wald	df	Sig.	Exp(B)
审美与历史价值	-0.4694	0.122 989	14.56 737	1	0.000 135	0.625 368
教育价值	-0.6079	0.131 307	21.43 623	1	3.66E-06	0.54 447
文化价值	-0.6171	0.137 461	20.15 393	1	7.15E-06	0.539 503
常数项	-1.6224	0.147 275	121.3497	1	3.2E-28	0.19 743

（三）消费者类型及消费决策特征

1. 消费者类型分析

由于非物质文化遗产的多样性，不同类型的消费者会有其独特的消费偏好。首先，通过 SPSS 交叉分析及其相关检验发现，月收入、性别、学历、职业、年龄等人口细分变量与消费意愿相关；月收入、学历、年龄等人口细分变量与消费水平存在着相关性。

通过对调查数据的两次交叉统计分析，由于学历、职业以及婚姻状况等人口变量在进行市场细分变量时不易识别，将年龄、月收入、学历作为消费市场的细分变量。聚类分析的市场细分结果如表 19 所示。

表 19　北京非物质文化遗产消费者类型划分

分类变量	消费者类型		
	类型1	类型2	类型3
月收入	4000~6000元	2000元以下	2000~4000元
年龄	24~35岁 36~55岁	18~23岁 18岁以下	36~55岁 56~65岁
学历	本科及以上	本科及以下	大专
可以接受消费水平	100~200元	50~100元	50~100元
百分比	17.58%	38.24%	44.18%

其次，通过对以上三种类型消费者的消费利益诉求进行因子分析发现，不同类型的消费群体存在着不同的利益诉求（见表20）。

表 20　三种类型的非物质文化遗产消费者利益诉求因子分析

	因子排序	类型1	类型2	类型3
利益诉求	因子1	审美与历史价值	审美与历史价值	教育价值
	因子2	教育价值	教育价值	文化与审美价值
	因子3	文化价值	文化价值	历史价值

综合消费者利益诉求、消费水平、人口等因素,将非物质文化遗产的消费者划分为以下三种类型:

(1)"小康文化型"消费者

①大部分是中青年;

②月收入较高,属于城市小康阶层;

③对非物质文化遗产的每次消费接受价位较高,为100～200元及以上;

④大多数文化层次较高,多为本科及以上学历水平;

⑤对非物质文化遗产的审美与历史价值非常看重;

⑥占总体市场的20%左右。

(2)"经济体验型"消费者

①大部分为青少年,即在校大学生或中学生;

②月收入不高,甚至没有收入;

③比较追求经济实惠,对非物质文化遗产的每次消费接受价位较低,为50～100元,甚至更低;

④愿意接受新鲜的事物,充满好奇心,喜欢与众不同的旅游体验;

⑤占总体市场的40%左右。

(3)"平稳求知型"消费者

①大部分为中老年消费者;

②月收入不高,但生活稳定;

③以经济实惠为追求目标,对非物质文化遗产的接受价位较低,为50～100元;

④这部分消费者生活稳定,闲暇时间较多,愿意利用业余时间学习一些历史、文化性的知识,看重非物质文化遗产的教育价值;

⑤占总体市场的40%左右。

2. 消费决策特征

不同类型的消费者受生理因素、心理因素等影响,在非物质文化遗产产品的消费决策上有所差异。通过SPSS统计分析,发现不同类型消费者的消费决策特征。

(1)消费经历

从非物质文化遗产产品的消费经历来看,小康文化型消费者受收入及阅历的影响,体验过的非物质文化遗产产品类型比较多;平稳求知型消费者因年龄偏大,空闲时间较多,也体验过比较多的非遗产品;而经济体验型消费者因学业或工作压力比较大,加之受经济条件影响,没有太多的机会接触到非物质文化遗产产品。

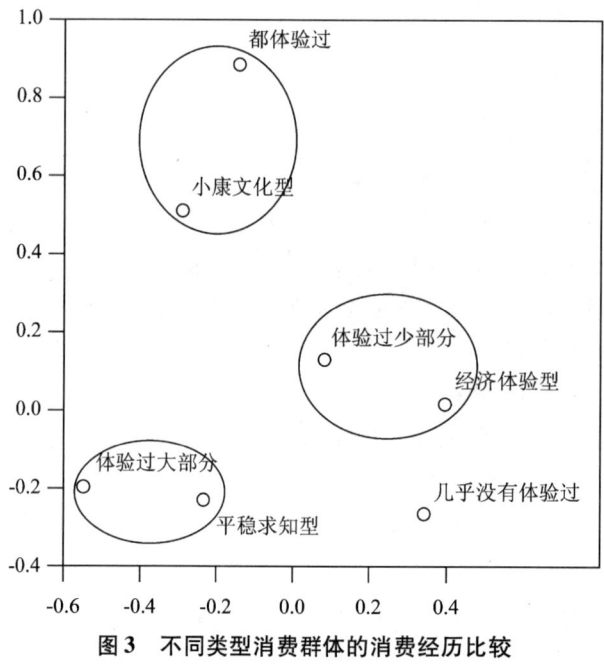

图3　不同类型消费群体的消费经历比较

（2）消费意愿

调查表明，小康文化型消费者的消费意愿最强，属于非常愿意；经济体验型消费者的年龄较小，精力充沛，愿意接受新鲜事物，比较愿意体验非物质文化遗产产品；而平稳求知型消费者年龄偏大，收入不高，不乐于尝试新事物，不太愿意体验非物质文化遗产产品。

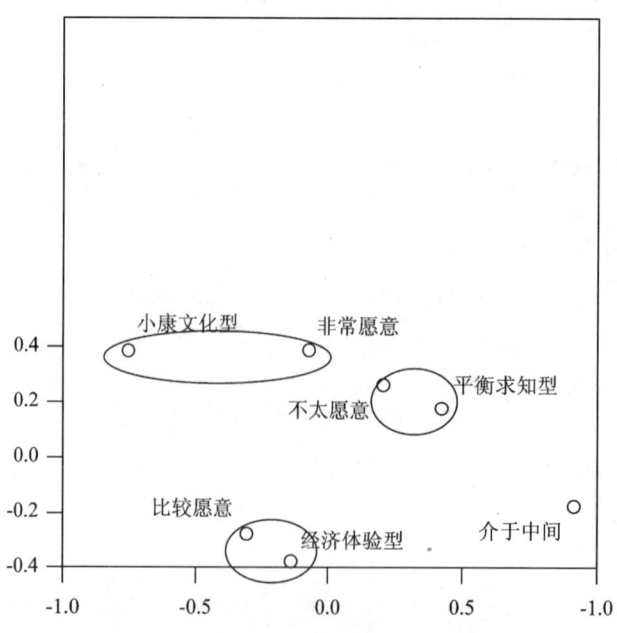

图4　不同类型消费群体的消费意愿比较

(3)收集信息的主要渠道

不同类型消费者接触和了解非物质文化遗产产品的途径与方式也有所不同。

小康文化型消费者收入较高,学历水平较高,对信息化程度较高的网络媒体应用熟练,生活中习惯运用网络信息来充实阅历。工作的繁忙,使这类消费者能够更多地接触到户外宣传广告。可见,网络和户外媒体是影响小康文化型消费者的最主要的媒介。

经济体验型消费者主要通过外出旅游方式,接触到非物质文化遗产产品。除此之外,由于这类消费者的年龄较小,应用现代化的网络也是他们熟悉的一种生活方式。

平稳求知型消费者由于年龄较大,有更多的时间与同龄人接触,亲朋好友的推荐与宣传是他们接触非物质文化遗产产品的最主要方式。另外,传统的电视、广播、杂志等媒体也是这类消费者接触较多的途径与渠道。

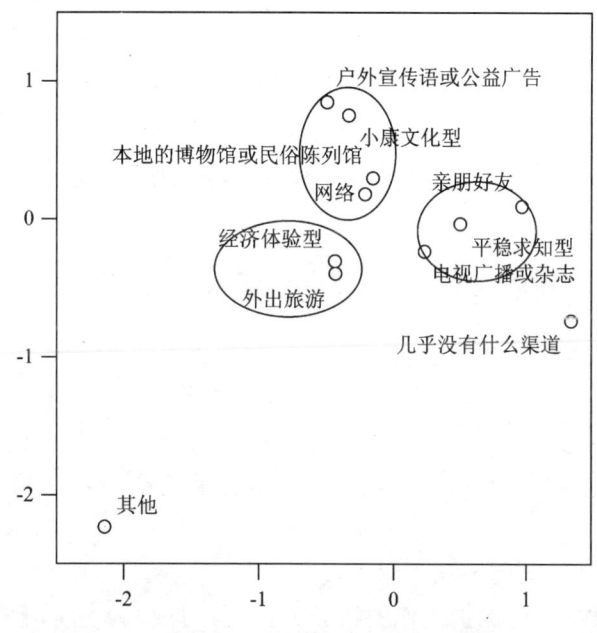

图5 不同类型消费群体的信息收集渠道比较

(4)非物质文化遗产产品的选择

选择哪种类型的非物质文化遗产产品也是消费者决策的一项重要内容。由于非物质文化遗产产品的类型多达十种,消费者可以根据自己的收入水平、兴趣爱好等选择不同的非物质文化遗产产品,以丰富自己的娱乐生活。分析结果显示,小康文化型消费者最喜欢曲艺类的非物质文化遗产产品;经济体验型消费者的兴趣更加多样与广泛,选择的非遗产品类型涉及传统手工技艺、民间文学、民俗等;而平稳求知型消费者受年龄和阅历的影响,对传统戏剧、民间舞蹈更加钟爱。

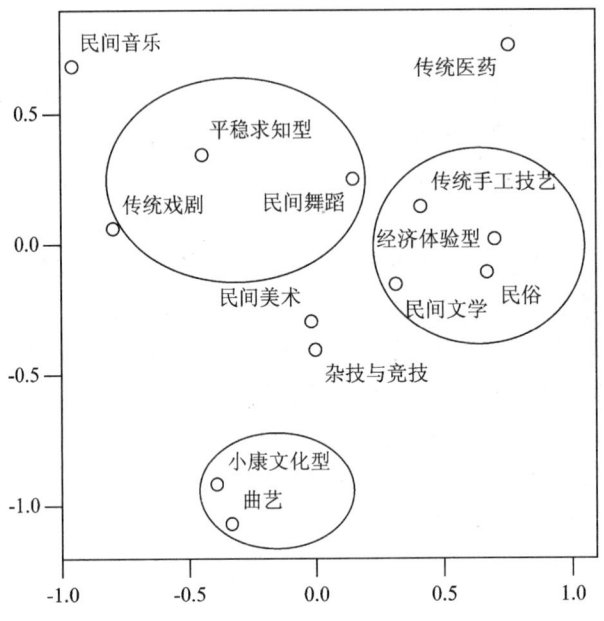

图6 不同类型消费群体的非遗产品选择比较

五、北京市非物质文化遗产重点旅游项目开发

(一)重点旅游项目策划原则

制定并实施具有前瞻性和可持续性的北京非物质文化遗产重点旅游项目策划原则,既对现有非物质文化遗产旅游产品有所提升和改善,又深入挖掘现有非物质文化遗产资源,提高企业和传承人的积极性,不断新增富有创意的非物质文化遗产旅游产品。

1. 保护发展,融汇现代

我国非物质文化遗产保护工作的指导方针是:"保护为主、抢救第一、合理利用、传承发展"。高度的个性化、浓缩的民族性、传承的经验性决定了这种文化遗产非常脆弱,易于萎缩甚至流失。非物质文化遗产旅游开发的最终目的在于,通过有效的市场开发,更好地保护和传承这一珍贵的人类遗产。因此,在旅游开发过程中,必须严格遵守保护第一、持续发展原则。

要在保护非物质文化遗产生态土壤,促进非物质文化遗产生存发展的基础上开发相关旅游项目。在开发过程中,要从现代视角审视非物质文化遗产,本着古为今用、创新发展的理念,利用现代设计理念和技术手段保护北京非物质文化遗产。

第一,科技先导,提高非物质文化遗产保护度与体验度。

让非物质文化遗产资源借助科技之力,实现资源的数字化建设。通过建设方便游客的非物质文化遗产旅游咨询服务系统,将北京的非物质文化遗产资源全方位展示给游客。建设高科技含量、高文化内涵的非物质文化遗产博物馆,借助科技手段把各类遗产的文化内涵以感性的、动态的方式传递给旅游者。

第二,严格知识产权保护,促进非物质文化遗产旅游商品开发。

引进先进的知识产权保护理念,创新知识产权保护和服务体系,研究制定非物质文化遗产知识产权保护和促进办法,促进非物质文化遗产旅游商品知识产权的保护,鼓励非物质文化遗产旅游商品设计者增加知识产权保护意识。

第三,加强传承人培育扶持,保持和获取垄断性人力资源。

为非物质文化遗产传承人的培育提供更多的政策和资金支持,形成全社会关注和扶植非物质文化遗产传承人师徒传承、技艺获取和发展创新的良好氛围,加速行业人才培养,为北京非物质文化遗产开发提供垄断性的人力资源。与此同时,集合政府、学界、产业界等各方面的人力资源,逐步建立非物质文化遗产旅游产品开发专家库,借用外脑,集中智慧,发展非物质文化遗产旅游。

2. 全面提升,创意在先

实施创新发展战略,全面提升北京非物质文化遗产旅游产品。

文化创意产业强调创新力,不仅要有创造力产生出新的思想和观念,更重要的是实践新思想、新观念,把新思想和观念转变成可出售的产品和服务。要把提高创新能力作为调整产品结构、转变增长方式、提高城市旅游竞争力的核心环节,把建设创新型行业作为面向未来的重大战略。

3. 深度整合,体验为魂

实施深度开发战略,处处时时注意增加非物质文化遗产旅游产品的体验值。

注意挖掘非物质文化遗产天然具有的参与性、活动性特点,大力发展具有吸引力的动态非物质文化遗产旅游产品,如特色演出、体育竞技、艺术展示、节庆、节事等活动,使之逐渐成为全国著名品牌,乃至世界知名品牌。

通过创意非物质文化遗产大型旅游宣传、文艺演出、体育赛事、文艺交流等活动,提高北京的国际认知度和美誉度。

4. 体制创新,激活主体

实施体制创新战略,激发非物质文化遗产旅游产品经营主体的活力。

突破现行管理体制的约束,放宽市场准入条件和领域,强化市场主体地位,鼓励进行部分经营权的转让、股份制合作的探索,在营销、线路设计安排、新产品开发方面与有实力的企业合作。鼓励文化、文物、体育、商业、工业、房地产等行业积极参与非物质文化遗产旅游产品的开发中来,混合经营,推出新型旅游产品。

实施行业联动战略,做足非物质文化遗产氛围,凸显北京悠久历史和古都气质。要鼓励非物质文化遗产要素融进吃、住、行、游、购、娱中,实现文化氛围的营造。政府、协会通过市场推荐、表彰奖励等方式引导、鼓励旅游企业重视北京非物质文化遗产,实施概念性创意,推出富含文化内容、具有非物质文化遗产气质的特色饭店、特色餐饮和特色酒吧等旅游企业,推动北京旅游行业非物质文化遗产的利用水平。

(二)非物质文化遗产重点旅游项目策划

1. 非物质文化遗产综合类旅游

(1) 创意缘起

有突出影响,较易开发成旅游产品的有音乐、戏剧、曲艺、舞蹈、游艺与竞技等。

音乐方面,已经过市级专家论证通过的项目有智化寺京音乐、天坛神乐署中和韶乐、门头沟京西幡乐、通州运河船工号子、顺义曾庄大鼓等5个。

戏剧方面,昆曲、京剧已列入国家保护项目,昆曲已列为世界非物质文化遗产。市级项目已经通过专家论证的有河北梆子、大兴诗赋闲、柏峪燕歌戏等。

曲艺方面,北京是曲艺蕴藏量极其丰富的城市,其影响渗透到百姓日常生活的方方面面。已经过专家论证的市级项目有相声、岔曲、单弦、京韵大鼓、密云蔡家洼村五音大鼓、平谷调。

舞蹈方面,已通过专家论证的市级项目有延庆旱船、门头沟京西太平鼓、昌平后牛坊村花钹大鼓、密云蝴蝶会、米粮屯高跷会、海淀扑蝴蝶、白纸坊太狮老会、大栅栏五斗斋高跷秧歌、沙峪村竹马、汤河川大班小班等10项。民间舞蹈是评审项目中最多的,京西太平鼓已被列入国家第一批非物质文化遗产名录。

游艺与竞技方面,已经市级评审通过的有天桥中幡、抖空竹、帽山满族二魁摔跤。市体育总局提出把围棋和中国象棋列入保护名录,得到了联席会议所有代表的赞同。中幡和抖空竹已列入国家第一批保护名录。游艺是集体育、艺术、游戏三者为一体的群众性娱乐活动,是最鲜活、最广泛、最有典型意义的文化项目。

非物质文化遗产中的许多项目,有的为娱乐提供平台,有的本身具备娱乐因素,有的本身就是娱乐活动。因此,非物质文化遗产丰富了旅游娱乐市场,很好地提升了旅游体验价值。政府应对北京市的非物质文化遗产资源进行深入的调查研究,把有较高旅游价值的非物质文化遗产开发成旅游产品,充分展现多样化的非物质文化遗产的魅力。

(2) 总体定位

以北京非物质文化遗产为核心,以表演团体为基本载体的北京非物质文化遗产旅游。

(3) 功能定位

传承与保护、娱乐与体验。

(4) 市场定位

娱乐市场、演艺市场、体验市场。

表 21 非物质文化遗产综合类旅游重点项目明细表

序号	配套项目	核心理念	功能设置	细分市场描述
1	极品非遗体验	世界级非遗打造世界级娱乐	顶级氛围营造和娱乐体验	豪华市场。奢侈品的主力消费者,受过良好的教育,对价格不敏感。希望在豪华的环境中享受,愿意并且有能力为此支付。在本研究中,他们属于"小康文化型"消费者。
2	非遗捆绑秀	表演团体混搭演出	娱乐表演,参与体验,娱乐模块组合	新生一代(70后、80后乃至90后群体)。一般生活节奏紧张而充满压力,希望通过参与非遗项目逃离压力和放松自己,也希望尝试全新的非遗文化传播体验方式。对价格较为敏感,但是常常冲动消费。在本研究中,他们属于"经济体验型"消费者。
3	民俗节庆天天过	天天有节,年年余庆	康疗养生度假项目	对传统文化充满兴趣,希望体验北京的非物质文化遗产。他们寻求最好的价值,但是随之而来的是并不便宜的价格。这种价值体现在综合性上:既包括民俗节庆的氛围,也包括具体项目的体验;既包括文化传统上的浸染,也包括身体上的收益。这个市场一般受过良好的教育,有丰富的旅行经验,对独特的、拥有鲜明传统特色的节庆所在地、节庆内容和相关旅游设施感兴趣。在本研究中,他们属于"小康文化型"消费者。
4	大众娱乐氛围营造	民族的,大众的,社区为基础的非遗氛围营造	户外游憩,非遗群众活动	这部分市场既包括外地游客,更包括当地居民。可进行教育培训,并且为居民创造参与非遗活动的机会。推广针对市民的非遗旅游产品,可以培育非遗旅游产品的群众基础,并且生发出创意灵感。对于外地游客而言,他们的关注点在于:对孩子有益处;能得到休息和放松;在著名景点(比如天坛)或附近;居民很友好;能够学到新东西;安全;交通不拥挤等。在本研究中,他们属于"平稳求知型"消费者。
5	票务服务中心	文化及旅游信息服务中心	文化展示,信息服务,票务服务	

(5)主要项目简介

极品非遗体验:北京市拥有众多世界级和国家级的非物质文化遗产,诸如音乐、戏剧、曲艺等,这些都易于开发为旅游产品。这些旅游产品具有历史感强、针对高端市场、作品千锤百炼等特点,当前成功的例子就是北京皇家粮仓厅堂版《牡丹亭》。除此之外,还有老舍茶馆的京剧表演、梅兰芳剧院在相关场所的演出,等等。

非遗捆绑秀:集合表演类的非遗旅游资源,混合种类编排,混合团体编排,凸显非遗表演类贴近市场、种类丰富、形式多样的特色。针对不同市场群体,开发不同的表演节目。

以舞蹈为例，可以开发用于节日、喜庆、迎客等场合的舞蹈和宗教信仰类舞蹈。根据不同活动时间、活动地点、主要内容和风格特点，演出的动作、套路、服装、道具与主题和演出场所密切结合。而舞蹈的表演，可以与曲艺、戏剧、音乐相结合，形成组合型捆绑类旅游体验产品。节目都是非遗，但是种类各异，特色鲜明，以长补短，欢快流畅。

民俗节庆天天过：在民俗方面，市级民俗保护项目有7个：门头沟妙峰山庙会、东岳庙行业祖师信仰习俗、北京春节厂甸庙会、房山大石窝石作文化村落、石景山古城村秉心圣会、通州区漷县镇张庄村龙灯会、门头沟龙泉务童子大鼓老会，其中厂甸庙会列入第一批国家级非物质文化遗产名录。厂甸庙会历经四百多年，是历史上唯一的官办春节庙会，其宏大规模、开放性的形式，鲜明的京味文化特色在北京乃至全国独树一帜，是北京春节民俗活动带有标志性的节事，深受群众喜爱。这些都是北京宝贵的旅游资源，应该合理编排，在时间组合和空间组合上下工夫，形成天天有节、时时有乐、岁岁余庆的氛围。

大众娱乐氛围营造：社区是居民居住、娱乐、学习的地方。社区不仅承担着为居民精神生活的需求提供活动平台的责任，还为旅游活动的开展提供了背景和素材。因此，应建立吸收非遗元素的社区舞蹈队、戏剧队、健身队、歌唱队等各种文化团体，力求形成一定的规模，并定时排练活动。随时能给居民呈上一台基于非遗的精彩文娱表演；可以选定某段时间为非遗文化月，开展趣味活动、趣味比赛；与共建单位文化团体定时开展活动；"老、中、青"各有活动，全民参与，全民健身。形成社区培育机制，培育发掘具有潜力的居民和人才。

2. 非物质文化遗产民俗类旅游

（1）创意缘起

民俗旅游作为非物质文化遗产旅游的核心产品，将随旅游市场成熟而更加丰富与多样。可以北京非物质文化遗产的"世代记忆，思想源泉，生活智慧和生存技艺"为切入点，开发以传承和保护为主的原生态旅游，进行促进北京非物质文化遗产旅游可持续发展的创新性探索。民俗村可全面、集中地展示当地居民的生产方式和生活方式，为非物质文化遗产创造良好的生态环境，从而成为广受旅游者欢迎的重要旅游目的地。北京市应紧密结合现代消费者的需求特点，深入开发有当地特色的非物质文化遗产资源，整合成完整的文化旅游产品，从而进入到旅游市场中。

需要注意的是，在众多的非物质文化遗产中，有一批传统文化已经不适合当前社会生活的节奏，已经跟不上时代的需要。因此，对于这些濒危的、难以推广的非物质文化遗产，最好采用博物馆的方式，即通过收集文本资料等方式，对各区县的非物质文化遗产资源进行汇编，留存资料，包括图片和音像，保留其原生态。

（2）总体定位

以北京非物质文化遗产为核心，以所在村落为基本载体的北京非物质文化遗产旅游。

（3）功能定位

非物质文化遗产传承与保护、乡土民俗风情展示与体验。

（4）市场定位

包括两个层面的内容：一个层面是专业层面，主要包括非物质文化遗产爱好者、非物质文化遗产科考者、非物质文化遗产艺术采风者等；一个层面是非专业层面，包括民俗游游客、乡村游游客等。事实上，把这些项目嵌入传统常规旅游线路或项目中，可以增加这些线路或项目的活力。

在乡村旅游开发中，注重非遗元素的体现和嵌入，在本土化开发和特色化开发基础上，推进乡村旅游产业链本地化和乡村旅游经营者的共生化，逐步培育和发展融汇非遗元素的中高端乡村旅游市场，包括家庭旅游、特色餐饮、观光农园、观光果园、休闲渔场、民俗节庆等旅游产品系列。

表22 非物质文化遗产民俗类旅游重点项目明细表

序号	配套项目	核心理念	功能设置	细分市场
1	乡土记忆	家庭旅馆式旅游接待示范点	乡村住宿	在本研究中，他们属于"平稳求知型"消费者
2	祖辈音乐厅	非物质文化遗产音乐研发、创新与传播	娱乐表演，参与体验	在本研究中，他们属于"经济体验型"消费者
3	文化养生堂	非物质文化遗产旅游养生理念传承与创新	康疗养生度假项目	在本研究中，他们属于"小康文化型"消费者
4	乐乐营地	乡村游憩营地	户外游憩，非遗表演	在本研究中，他们属于"小康文化型"消费者
5	原生态工艺美术馆	手工艺博览	非遗工艺展示、体验	在本研究中，他们属于"经济体验型"消费者
6	乡村服务中心	文化及旅游信息服务中心	文化展示，信息服务	

（5）主要项目简介

乡土记忆：实现非物质文化遗产保护与开发的和谐发展是非物质文化遗产工作的核心。社区参与型开发模式是旅游开发实践中探索出来的有效保护性开发方式，在获得市场认可的同时为越来越多的规划者所倡导。可以因地制宜地将拥有非物质文化遗产的相关民俗村落纳入非物质文化遗产旅游体系，将村民转变成旅游开发的参与者，挖掘非物质文化遗产的经济和社会价值，为非物质文化遗产的传承与发展提供必要的支撑与动力。

选定非物质文化遗产家庭接待示范户，由地方政府协助改善基础设施，将村民住房变成乡村家庭旅馆，由村民自主经营。政府部门统一规范旅游服务质量，打造一个社区参与性极高的非物质文化遗产旅游点。

祖辈音乐厅:成功申请为非物质文化遗产的门头沟京西幡乐、通州运河船工号子、顺义曾庄大鼓、白庙村音乐会、白纸坊挎鼓、漆园村龙鼓等音乐是艺术文化的瑰宝,传承与发扬非物质文化遗产音乐文化是旅游文化开发的重点。构建集乐器展示、乐手培训、乐师交流、乐曲创作、乐团演奏于一体的乡村娱乐活动中心、非物质文化遗产音乐研发基地、非物质文化遗产乐团活动中心等。

原生态工艺美术馆集群:工艺美术类非物质文化遗产是在北京独特自然环境和历史条件下发展起来,具有明显地域文化内涵和丰富多样的表现形式。汇集展示非物质文化遗产工艺美术文化,将促进非物质文化遗产的传承与发展。以市、区级工艺美术类非物质文化遗产为核心,各区县分别建设引入非物质文化遗产艺术家创作基地,供海内外艺术家创作采风。以非物质文化遗产传承与保护为目的,以大型专题作品展及艺术家个人作品展作为亮点,打造集非物质文化遗产艺术创作、艺术作品展示宣传、艺术文化体验交流于一体的非物质文化遗产文化创作交流基地集群。

乐乐营地:北京乡村生产、娱乐活动是非物质文化遗产的重要体现。依托北京现有乡村的非物质文化遗产,展现、形成和发展非物质文化遗产的社会生产生活图景。尤其注重其中有较强体验性的生产劳作方式和趣味体育活动,开发户外生产游憩体验游,切身感受原汁原味的乡村风情,打造乡村风情户外活动营地。

3. 非物质文化遗产工业类旅游

非物质文化遗产中部分内容可以开发成工业旅游,如传统的手工技艺就是最为典型的一种。

(1) 创意缘起

北京的民间美术和传统手工技艺在历史上十分繁荣,宫廷艺术更是发达。北京牙雕工艺被列入第一批国家非物质文化遗产名录,北京的风筝、剪纸、挑补绣花是民间美术重要内容。

在传统手工技艺方面,景泰蓝制作技艺、聚元号弓箭制作技艺、漆雕技艺和木版水印技艺等4项被列入第一批国家级非物质文化遗产名录。经过专家论证的市级保护项目有全聚德挂炉烤鸭技艺、便宜坊焖炉烤鸭技艺、宝刀衡制作工艺、绒布唐工艺等。本项目就是要让独具中国民族特色、北京文化特色的民间美术和传统手工技艺成为吸引海内外游客的一块金字招牌。

以对民间美术和传统手工技艺的抢救、挖掘和传承为原则,寻求原型和基础(比如全聚德和便宜坊),纳入工业旅游模式集中管理,分散建设保护和展示体验中心,深度挖掘、整理、发展民间美术和传统手工技艺文化,以相关创意产业为发展目标,构建民间美术和传统手工技艺特色产业链,带动传统文化的产业化生产。

(2) 总体定位

以北京非物质文化遗产为核心,以相关企业或传承人为基本载体的北京非物质文化遗产旅游。

(3)功能定位

集民间美术和传统手工技艺材料、工具、技艺和工艺的展示、学习、保护、研发、创新、生产、对外交流、文化创意、休闲购物于一体的民间美术和传统手工技艺产业群。

(4)市场定位

包括两个层面的内容:一个层面是专业层面,主要包括非物质文化遗产爱好者、非物质文化遗产科考者、非物质文化遗产艺术采风者等;一个层面是非专业层面,包括民俗游游客、工业游游客等。必须把这些涉及的项目嵌入传统常规旅游线路或项目中,增加这些线路或项目的活力。

需要结合北京文化建设,全面整合城区传统民俗文化旅游资源,尤其是非物质文化遗产资源,积极创新民俗旅游活动。开发具有北京地域特色的戏剧、文学、绘画、音乐以及传统民俗、传统商业、传统娱乐等特色文化旅游活动与项目,将北京胡同游和老北京深度体验与社区参与紧密结合,形成不受行政地域限制、旅游与居民生活就业协调发展的民俗旅游片区。

在这个基础上,支持具有北京非物质文化遗产特色和优势的企业按照国家标准创建"工业旅游示范点",形成以老字号企业为代表的,集旅游、休闲、娱乐、商务为一体的多个旅游文化集聚区。

表23 非物质文化遗产工业类旅游重点项目明细表

序号	配套项目	核心理念	功能设置	细分市场
1	一线进行时	游客参与民间美术和传统手工技艺全过程,了解和体验非物质文化遗产的神奇	工艺展示、体验游览	在本研究中,他们属于"平稳求知型"和"经济体验型"消费者
2	精品展览馆	工艺美术精品博览	相关精品展示、销售	在本研究中,他们属于"平稳求知型"和"经济体验型"消费者
3	技艺养成堂	非物质文化遗产民间美术和传统手工技艺传承、研发、修学、创新与传播	传承、修学、研发、创新与传播	在本研究中,他们属于"小康文化型"消费者
4	百工坊	荟萃大师,凝聚精品	传承、修学、研发、创新与传播	在本研究中,他们属于"小康文化型"消费者
5	美艺闲时	工艺美术与生活的结合	娱乐表演,参与体验	在本研究中,他们属于"小康文化型"消费者
6	非遗工业旅游服务中心	文化及旅游信息服务中心	文化展示,信息服务	

(5)主要项目简介

一线进行时:深入非遗第一线,感受活生生的非遗文化。利用非物质文化遗产独特的加工工艺和制作诀窍,把非遗纳入到全国工业旅游示范点中,让更多的非遗企业和个人向全国游客展示风采。制定适合非遗工业旅游的规划,设立相应的设施。

为此,政府应当加大投入,加大对非遗工业旅游的财政资金扶持,促进非遗特色工业旅游。政策上扶持非遗工业旅游示范企业,鼓励更多的特色企业参与,让旅游示范企业承担一定社会责任的同时,也能产生一定的经济效益。

加大非遗企业专兼职导游人员培训,加强日语、英语、意大利语、法语等外语导游翻译、导购人员等人力资源开发,为游客提供优质导游服务;引导企业建立旅游区,创造舒适的旅游空间;鼓励旅行社组团参观企业,根据产品的特点和销售量,建立必要的佣金制度,从而达到多赢。

政府拨专款培育一批如景泰蓝、象牙雕刻等高档、能代表北京乃至中国形象的工艺品企业作为旅游示范点,根据游客的参观量给予工艺品企业一定的补贴;同时帮助这些企业开发中低档适销产品,将游客作为目标顾客,减小企业的投资风险。

表24 非物质文化遗产重点工业旅游景点、重点展品和重点旅游商品

序号	重点工业旅游景点	重点展品	重点旅游商品
1	景泰蓝制作技艺	景泰蓝	景泰蓝
2	荣宝斋木版水印技艺	木版水印商品	木版水印商品
3	同仁堂中医药文化	中成药、汤剂原料、加工工具、医书等	中成药
4	北京便宜坊焖炉烤鸭技艺	便宜坊焖炉烤鸭(成品或模型)	便宜坊焖炉烤鸭
5	全聚德挂炉烤鸭技艺	全聚德挂炉烤鸭(成品或模型)	全聚德挂炉烤鸭
6	北京金漆镶嵌制作技艺	北京金漆镶嵌工艺品	北京金漆镶嵌工艺品
7	肄雅堂古籍修复技艺	相关古籍	待条件成熟开发
8	内联陞手工布鞋制作技艺	手工布鞋	手工布鞋
9	马聚源手工制帽技艺	手工成帽	手工成帽
10	盛锡福皮帽制作技艺	盛锡福皮帽	盛锡福皮帽
11	京式旗袍传统制作技艺	京式旗袍	京式旗袍
12	瑞蚨祥中式服装手工制作技艺	瑞蚨祥中式服装	瑞蚨祥中式服装
13	红都中山装制作技艺	红都中山装	红都中山装
14	"菊花白"酒酿制技艺	"菊花白"酒	"菊花白"酒
15	牛栏山二锅头传统酿制技艺	牛栏山二锅头	牛栏山二锅头
16	北京二锅头传统酿制技艺	北京二锅头	北京二锅头
17	张一元茉莉花茶窨制工艺	张一元茉莉花茶	张一元茉莉花茶

续表

序号	重点工业旅游景点	重点展品	重点旅游商品
18	王致和腐乳酿造技艺	王致和腐乳(模型)	王致和腐乳
19	六必居酱菜制作技艺	六必居酱菜(模型)	六必居酱菜
20	都一处烧卖制作技艺	都一处烧卖(模型)	都一处烧卖
21	月盛斋酱烧牛羊肉制作技艺	月盛斋酱烧牛羊肉(模型)	月盛斋酱烧牛羊肉
22	壹条龙清真涮羊肉技艺	壹条龙清真涮羊肉(模型)	壹条龙清真涮羊肉
23	北京烤肉制作技艺	北京烤肉(模型)	烤肉季烤肉
24	鸿宾楼全羊席制作技艺	鸿宾楼全羊席(模型)	鸿宾楼全羊席
25	天福号酱肘子制作技艺	天福号酱肘子(模型)	天福号酱肘子
26	东来顺饮食文化	东来顺餐饮(模型)	东来顺餐饮
27	北京宫灯	北京宫灯	北京宫灯
28	一得阁墨汁制作技艺	一得阁墨汁	一得阁墨汁
29	荣宝斋装裱修复技艺	经典装裱修复品	提供相关服务
30	王麻子剪刀锻制技艺	王麻子剪刀	王麻子剪刀
31	戴月轩湖笔制作技艺	戴月轩湖笔	戴月轩湖笔
32	北京宫毯制作技艺	北京宫毯	北京宫毯
33	"京作"硬木家具制作	"京作"硬木家具	"京作"硬木家具
34	北京宫廷补绣	北京宫廷补绣	北京宫廷补绣
35	北京豆汁习俗	北京豆汁(模型)	北京豆汁
36	鹤年堂中医药养生文化	中成药、汤剂原料、加工工具、医书等	中成药

　　强化规划引导,规范非遗企业工业旅游,开辟特色线路、旅游购物专营店等。为了使旅游示范企业达到一定的规模,并且构筑一条合理的旅游线路,政府可以运用特殊政策,比如减免部分税收的方式来鼓励企业参与,这部分税收可以限定于游客参观时购买的商品。

　　精品展览馆:和原生态工艺美术馆集群类似,工艺美术和传统手工技艺类非物质文化遗产是在北京独特自然环境和历史条件下发展起来的,具有明显地域文化内涵和丰富多样的表现形式。因此,需要与之相对应,以相关企业和传承人为载体,建设精品展览馆。把相关技艺固化,形成可以触摸和感受的文化表现。精品展览馆要体现庙堂之高,突出藏品的档次高、垄断性强、工艺精湛、历史悠久、大师荟萃的特性,促进非物质文化遗产的传承与发展。以市、区级工艺美术类非物质文化遗产为核心,各级政府要资助企业和传承人分别建设独具特色的精品陈列馆,打造集非物质文化遗产艺术创作、艺术作品展示宣传、艺术文化体验交流于一体的非物质文化遗产文化创作交流基地集群。

技艺养成堂:以非物质文化遗产传承传播为主要目标,设立相关场所,为非物质文化遗产技艺的传承传播提供便利。一方面,激发学员兴趣,为非物质文化遗产传承创造合适的生态土壤;另一方面,方便游客和相关爱好者在旅游的过程当中进行学习研究和学术考察,发展非物质文化遗产修学旅游。

百工坊:百工坊堪称京城第一坊。全部建成后总面积5万平方米,有近百个艺术门类,百余位工艺美术大师在此设立特色工坊及大师工作室。博物馆的陈列有核心主展区、综合陈列区,还配有电化教育区、学术交流研讨区、鉴定区和综合服务区,举办学术研讨、藏品拍卖、大师讲座、宝石鉴定、设计大赛等多种活动。

百工坊的看点之一是大师。已经入坊的有:景泰蓝大师张同禄;玉雕大师李博生、郭石林;泥人张传人张昌教授;料器大师邢兰香;工艺美术大师李邦秀;剪纸大师徐阳等。

百工坊的亮点之一是艺术。不仅是传统手工艺名家名作的集散地,更有一大批推陈出新或新生代的稀罕之作,如:胡同张独树一帜的胡同文化、萧掌柜引领潮流的仿生动物、尹国胜鬼斧神工的铜艺制作、葫芦季自成一家的艺术葫芦。

百工坊的卖点是异彩纷呈。有工艺美术领域的"四大名旦"、"燕京八绝",如牙雕、玉雕、景泰蓝、金丝镶嵌、宫毯、京绣、花丝镶嵌、雕漆都在这里开花结果,工艺领域方方面面的能人志士在这里设坛论剑。

中国百工博物馆经行业特准,可以边制作边展示边销售,这里是另一个独具特色的收藏天地,每天都吸引着慕名前来的人们。国际旅游联合会主席埃里克·杜吕克曾在这里参观后,欣然命笔:"这里是中华人民共和国的罗浮宫"。

今天的百工坊已成为继承、保护、弘扬传统工艺美术的研发生产基地,成为面向世界的首都人文新景观,是北京市政府向外国领导人推荐的京城5个参观景点之一。

美艺闲时:依托北京众多国家级、市级民间美术和手工技艺类非物质文化遗产资源,实行"主题式开发模式",通过现代技术与现代意识的导入,提升其休闲、娱乐、度假功能。即需要大量时间和长久训练的技艺被简化提升,使得游客在较短时间内能够掌握部分操作,成为游客闲暇休假的较好方式。以此为核心,不断完善旅游配套设施,建设完善住宿、餐饮、娱乐等相关配套接待设施,形成产业集群。

4. 非物质文化遗产类旅游商品

非物质文化遗产中传统的手工技艺类遗产本身具有较好的经济价值和艺术价值,可以发挥一技之长生产出能够转化为商品的手工艺品,从而丰富旅游商品市场。

(1)原汁原味,新旧结合

纯正朴实的乡土风情、独特的非物质文化遗产资源,是旅游商品的生命,是非物质文化遗产旅游商品生存、发展的根本。这就要求它的制作工艺、风格要尽可能保持

"原汁原味",并对其传统工艺进行保护,给予政策的扶持。鼓励"新生命"的加入,将正宗的手艺传承下去,且政府应给予适当的扶持。

同时,应注意到旅游业的发展,需要不断开发新商品,来满足游客日益多元化的需求。非物质文化遗产旅游商品亦如此。"原汁原味"是非物质文化遗产旅游商品同一般商品相比的竞争优势,但如果一成不变,人们会逐渐降低对它的购买欲望,需求量将日趋萎缩,最终不得不退出市场。"融入新内涵、推出新商品",则是非物质文化遗产旅游商品开发的重点。

(2)特色鲜明,差异开发

要着重突出"非物质文化遗产"这个主题,挖掘非物质文化遗产特色,把非物质文化遗产的独特魅力、价值展示在所有旅游商品中,从而打造出自己的品牌。

在这里要特别强调的是,同为非物质文化遗产旅游商品,不同地域的商品也要突出差异。要根据各地的具体情况、现有资源,进行非物质文化遗产旅游商品的定位,不可盲目模仿其他地方的非物质文化遗产旅游商品特色、经营模式,也就是我们常说的,要因地制宜。

(3)商品随身,体验随行

首先,让游客现场参观制作过程,了解大体流程手法,充分调动游客的好奇心,使其对非物质文化遗产旅游商品产生兴趣。然后,为游客提供"实践"机会,亲自参与制作,将自己在非物质文化遗产旅游中的感受,即兴融入到创作作品中,用亲身经历诠释自己理解的非物质文化遗产旅游。同时,游客在参与的过程中,更加了解非物质义化遗产。旅游者返回后,可以帮助做更为生动的宣传。

为了吸引回头客,提高复游率,还可以在参与过程中设立奖励制度。这里指的"奖励制度",并不一定是价格优惠,而是人们创作的作品可以暂时保存在加工现场,供其他人参观,定期评选出优秀作品,给予名誉上的奖励。其设立考虑到人们希望"被重视、被肯定"的心理需求,同时投入少,回报多。因为人们会不止一次地来,还会请亲朋好友来欣赏自己的作品,分享其中的快乐,从而会带来潜在消费群体。挖掘人们的创造灵感,使其最大限度地投入到参与过程中,让人们在轻松中体验到自己的创作意义,满足人们的成就需求。

(4)尊重传承,保护品牌

民间卧虎藏龙,不乏民间绝活的传人,但传统的非物质文化遗产正濒临失传的威胁。这些非遗在没有开发成商品时,人们对其缺乏了解,认知度、认可度都低,导致价格低,甚至无人问津。另外,收入少迫使很多艺人将手艺扔下转行,最后导致失传。因此,应该打造非物质文化遗产旅游商品自己的品牌。品牌代表着卖方对买方的一种对于质量、服务、诚信、文化等方面的承诺。非物质文化遗产旅游商品要想做出品牌,要成立专门组织,融入现代化的管理理念、连锁的经营模式,并加以现代的宣传方式(如建立非物质文化遗产旅游商品的网站,举办大型宣传活动等)和营销策略。具体包括:

第一,注册商标,制定防伪标志。

首先,向社会征集非物质文化遗产旅游商品的商标,以引起社会人士的关注。然后,采取民众投票、专家把关的形式进行评选,进一步扩大宣传。最后,选定商标后,进行注册。同时,培育消费者对该品牌的认可度、信任度。

第二,商品包装。

由于非物质文化遗产旅游商品的目标市场大部分为异地旅游者,因此商品应考虑便于携带,这就要在包装上精心设计。不同类别的非物质文化遗产旅游商品应有不同的包装,其中包括包装的图案、形状、材料、商品性能的文字说明信息等。而且,包装要与商品风格相统一,如价值、质地等。无论是包装材料的选择,还是包装的艺术设计,都要体现出商品的特色、价值与品位。

第三,售后服务。

这是一种附加商品的开发,包括信贷、免费送货(够一定额度)、售后服务等。良好的售后服务是吸引游客再次购买的基础,也是培育口碑宣传的最佳方式。目前旅游商品几乎没有售后服务,旅游商品的质量差成了普遍存在的问题。主要原因是卖方抓住了买方心理,很少有游客会为一件旅游商品出现问题,返回目的地进行退换。而且很多旅游商品是从流动商贩手中购得,买了劣质旅游商品也只好扔掉,无处理论。这种行为虽然在短期内可以获得较高收益,但无疑限制了旅游商品的发展前景。人们会因为一次的受骗,而丧失对旅游商品再次购买的欲望。

规范业内管理制度,明确上级主管监督部门及责任,成立非物质文化遗产旅游商品质量监督部门。在该部门的指导、审核、监督下,企业挂牌营业,并且该部门对企业非遗旅游商品进行不定期抽查。该部门专门监督非物质文化遗产旅游商品质量,受理购买非物质文化遗产旅游商品消费者的投诉,捍卫消费者权利,严厉惩处生产劣质非物质文化遗产旅游商品的企业、个人,设立有奖举报电话,打造非物质文化遗产旅游商品长久、健康发展的良好环境。

第四,多种渠道营销。

多种营销渠道包括加工现场、非物质文化遗产旅游商品专营店(包括免税店)、展销会、购物网站等。非物质文化遗产旅游商品不应仅局限在产地出售,还应走进更广阔的空间,走出国门。通过这些最朴实、最纯正的非物质文化遗产旅游商品,让更多的人了解中国和北京市特有的非物质文化遗产,独具特色的土特产品、民间工艺品。同时,也方便了不同人群对购买渠道的选择。

第五,挖掘、借助或创办节庆等大型活动,扩大宣传与影响力,使活动与非物质文化遗产旅游商品相互借势,从而彰显品牌效应。

5. 非物质文化遗产旅游服务内涵挖掘

非物质文化遗产类旅游资源的开发,很重要的一点是增加"旅游服务"的内涵,使之更好地面向旅游市场。

(1)非遗旅游品牌创建

首先,要把创建非遗旅游品牌作为提升非遗旅游服务质量和旅游核心竞争力的关键。核心是创建品牌非遗旅游产品,尤其在极品非遗体验中,更是如此。

要做到这点,首先,需要围绕市场需求变化和非遗产品结构升级,通过资源整合、特色营造、创新开发和宣传促销,把非遗旅游资源嵌入到城市旅游、商务会展、乡村旅游、文化旅游、生态旅游、休闲度假、红色旅游等系列品牌旅游产品中。由于很多非遗散布在乡村中,因此要把握非遗旅游资源对乡村旅游的重要性。结合国家扩大基础设施建设,推动乡村旅游基础设施完善升级和乡村旅游产品深度开发,把与非遗紧密结合的乡村旅游培育成社会消费热点和品牌旅游产品。通过这些工作,最终创建一批具有强大旅游吸引力和影响力的区域或城市群非遗品牌旅游产品。

其次,要创建品牌非遗旅游企业,造就非遗旅游品牌员工。通过构建现代企业制度,优化以非遗为核心资源的旅游企业经营模式,培养和造就出色的员工队伍。员工队伍中,既有谙熟非遗的传承人,又有懂得现代经营理念的职业经理人,还有一流的旅游服务人员。通过这些人员的利益融合,最终提高旅游企业服务质量和综合效益,创建一批国内著名、国际知名的品牌非遗旅游企业(集团),培育一批品牌企业家及品牌员工。

(2)完善非遗旅游标准化体系

建立完善国家标准、行业标准、地方标准、企业标准相互衔接的旅游标准化体系。在贯彻实施《旅游标准化规划(2009—2015)》中,制定实施符合非遗旅游实际情况,覆盖非遗旅游目的地、相关旅游产品和服务、旅游功能完善及保护旅游消费者权益等方面的旅游标准。在此基础上,建设非遗旅游标准化示范基地,加大非遗旅游标准化推广力度。也就是说,进一步加强非遗旅游标准化培训、宣传工作,充分利用电视、广播、报刊、网络等各种媒介,通过论坛、讲座、展览、出版书籍等多种形式,加大非遗旅游标准化宣传和贯彻力度。并且,积极推进非遗旅游标准国际化合作,加强与国际标准化组织等国际组织的交流与合作,积极参与国际标准化组织的有关工作,不断提高中国非遗旅游服务标准的国际化水平。

(3)非遗旅游人才培养工程

非遗旅游人才培养的核心是传承人的选拔和培育。这首先需要完善传承人保障机制,应该明确非遗传承人在非遗旅游发展中的核心地位。与相关部门共同推进非遗传承人与相关旅游企业利益分配机制的改革,推动相关旅游企业切实保障传承人基本权益,解除传承人后顾之忧。

其次,需要完善传承人激励机制。通过各种评选,促进一批传承人脱颖而出,形成示范效应,从而促进传承人素质的整体提升。探索建立传承人掌握技艺、服务质量与报酬相一致的激励机制。

除了非遗传承人外,一个重要的群体是既熟悉非遗,又熟悉旅游行业的服务人员,比如导游。这需要全面实施相关人员服务标准,制定完善与非遗旅游产品相适应的服务规范和服务标准,规范非遗旅游产品服务流程。严格执行服务标准,加强相关服务质量评估,提高旅游服务水平。

(4)发布旅游服务质量信息

建立非遗旅游服务质量发布制度,由北京市旅游局定期向社会发布非遗旅游服务质量报告,提供非遗旅游优质服务推荐单位与推荐产品指南,为旅游消费者提供市场选择导向,满足旅游者旅游需求,维护旅游者的消费权益;为非遗旅游目的地和非遗旅游企业提供质量示范信息,并形成良性竞争的激励机制,促进非遗旅游服务质量提升,实现非遗旅游又好又快的发展。

(三) 非物质文化遗产旅游重点项目开发时序

北京非物质文化遗产旅游项目的开发应梯度推进,科学运用运筹学的方法合理安排,突出重点,统筹兼顾。建议实施顺序如表25所示,并根据招商引资进度、资金到位及市场需求状况作机动调整。

表25 北京非物质文化遗产旅游项目开发建设时序

序号	所属重点项目	备选子项目	开发时序 一期	开发时序 二期	备注
1	综合接待服务	包括:票务服务中心、乡村服务中心和非遗工业旅游服务中心	★	◆	
2	非物质文化遗产综合类旅游	极品非遗体验	★	◇	首先发展昆曲、京剧、中幡、摔跤等高端非遗旅游产品
3		非遗捆绑秀	☆	◆	开发大众化旅游产品
4		民俗节庆天天过	☆	◆	重点发展厂甸庙会产品
5		大众娱乐氛围营造	★	◆	在非遗传承人居住地持续开展相关活动
6	非物质文化遗产民俗类旅游	乡土记忆	☆	◆	在接待条件普遍完善情况下建设具有非遗特色和主题的乡村旅游接待点和接待户
7		祖辈音乐厅	★	◆	把门头沟京西幡乐、通州运河船工号子、顺义曾庄大鼓、白庙村音乐会、白纸坊挎鼓、漆园村龙鼓进行改编,搬进艺术殿堂
8		文化养生堂	☆	◆	选择经营良好的度假村,引进非遗元素
9		乐乐营地	★	◇	一期抓紧时间建设营地,完善硬件设施,并确定与该类型旅游产品适合的非遗种类
10		原生态工艺美术馆集群	★	◇	一期进行硬件建设和制度规范;二期进行规范化管理和市场开发

续表

序号	所属重点项目	备选子项目	开发时序 一期	开发时序 二期	备注
11	非物质文化遗产工业类旅游	一线进行时	☆	★	一期筛选适当的老字号,并进行试运行;二期进行实质操作
12		精品展览馆	★	☆	一期引进精品,形成影响;二期进一步完善
13		技艺养成堂	★	◆	一期建立基地,形成影响;二期不断充实提高
14		百工坊	☆	◆	一期充实内容,推广宣传;二期正式经营,形成良性循环
15		美艺闲时	★	◆	一期形成热点;二期形成集群,并有较强的成长性和适应性
16	非物质文化遗产类旅游商品	相关旅游商品	★	◆	持续开发投入

注:一期为2010—2014年,二期为2015—2020年
☆一期　一般旅游项目　★一期　重点旅游项目
◇二期　一般旅游项目　◆二期　重点旅游项目

六、北京市发展非物质文化遗产旅游的对策建议

在众多的利益相关者中,政府的特殊利益诉求和地位决定了在非物质文化遗产的旅游开发过程中,这一利益主体将起着非常关键的作用。一方面,引导社会各力量进入非物质文化遗产的旅游开发中;另一方面,需要加强对非物质文化遗产旅游开发的监督与控制,保证非物质文化遗产的健康、有序的传承。

(一)制定系统规划,分片整体开发

建议由北京市旅游局会同相关部门和单位编制《北京市非物质文化遗产旅游发展专项规划》,在对北京市非物质文化遗产旅游开发与保护现状进行分析的基础上,借鉴国内外其他城市非物质文化遗产保护和旅游开发方面的成功经验,明确制定北京市非物质文化遗产旅游开发的总体原则、总体目标、阶段目标、重要举措、重点项目规划及保障措施等,并将此规划作为纲领性文件,指导推进北京市非物质文化遗产的旅游开发工作。

《北京市非物质文化遗产旅游发展专项规划》的编制承办单位建议采用公开招标的形式选择,应选择具有丰富旅游产业规划经验,并对非物质文化遗产保护及旅游开发领域熟悉的科研机构或专业公司承担该规划的编制工作。北京市旅游局等相关政府部门和单位要做好规划的审核与把关工作,确保规划编制的科学性与合理性。

建议北京市非物质文化遗产旅游开发按照"分片整体开发"的原则进行,即在北京市区域范围内,合理划分与规划建设非物质文化遗产旅游聚集区和功能区,使相关非物质文化遗产旅游开发项目及相关配套设施在区域内集中规划建设,形成聚合效应,使各个区域成为相对独立、功能完善、各具特色的非物质文化遗产旅游区。同时,以旅游线路为纽带,将各个区域连接成有机整体,共同推动北京市非物质文化遗产的旅游发展。

(二)加强沟通协调,提高整体效益

为切实做好北京市非物质文化遗产旅游开发与管理工作,建议由北京市旅游局专门部门负责北京市非物质文化遗产的旅游发展,设专人负责非物质文化遗产的旅游开发工作,从组织、人事体制上予以保证。北京市旅游局专门部门可以作为北京市政府面向国内外进行北京市非物质文化遗产的旅游资源开发、旅游产品包装、旅游宣传,并实施相关旅游政策的重要窗口。

鉴于非物质文化遗产挖掘涉及诸多的行业和领域,旅游开发的难度非常大,建议北京市旅游局专门部门与北京市文化局、建委、金融局、工商局等相关部门或单位建立定期工作沟通机制,就非物质文化遗产的旅游开发建立工作互通信息、统筹政策、协调工作、统一行动,共同确保北京市非物质文化遗产的旅游开发工作能够合法、有序的开展。为此,建议北京市政府建立有关非物质文化遗产保护与开发的联席会制度,定期召开会议,专门讨论本市非物质文化遗产旅游开发的重大决策、政策制定与实施等。

(三)遵循法律框架,合法合理开发

法律法规是非物质文化遗产保护性旅游开发的根本保障,一切开发活动应在法律的规范下进行。从规范北京市非物质文化遗产的旅游开发工作的需要出发,建议北京市相关部门制定《北京市非物质文化遗产旅游开发管理办法》。该法规应对在北京市范围内从事非物质文化遗产旅游开发的企业或个人的权利和义务有明确规定,明确非物质文化遗产的旅游开发应在保护第一的前提下,遵循市场规律,保护投资企业或个人的合法权益,明确政府的职责范围,形成一部规范政府、投资者、非物质文化遗产传承人三方的行政法规。

与此同时,集中一切可以利用的法律资源,把目前非物质文化遗产保护活动纳入到现有的法律框架下。目前,我国对非物质文化遗产进行保护,既有宪法依据,又有行政保护和著作权保护的法律依据;北京市在对非物质文化遗产保护方面也有《北京市传统工艺美术保护办法》这部地方性政府规章,以及《北京市人民政府办公厅关于加强本市非物质文化遗产保护工作的意见》这样的其他规范性法律文件可以依据。因此,北京市目前面临的主要工作除了加快立法外,还有在现有的法律框架下,集中一切可以利用的资源,建立一套切实可行的法律保护机制,做好具体的保护工作。

最后,还要加强知识产权保护。建立健全企业知识产权保护体系,特别要保护好具有自主创新知识产权的旅游产品成果。研究制定非物质文化遗产旅游产品知识产权保护和促进办法,鼓励和规范知识产权评估机构发展,建立健全知识产权信用保证

机制,促进自主创新知识产权在非物质文化遗产旅游产品开发中的实施和运用。搭建旅游产品知识产权交易平台,保障并促进旅游产品的合理、有效流通。制定非物质文化遗产旅游产品商标管理办法,定期编制和发布全市非物质文化遗产旅游产品著名商标名录。加大知识产权保护执法力度,坚决查处和严厉打击各种违法侵权行为。尤其是那些属于国家机密的传统手工制作工艺、艺术绝技等,必须在国家法律法规允许的范围之内,进行合理的展示、体验等旅游开发。

(四)协调各方利益,保护个体权益

从现阶段北京市非物质文化遗产旅游开发体制与机制分析,在非物质文化遗产旅游开发过程中,政府相关部门或单位由于本身所处的特殊地位,既是非物质文化遗产旅游开发的利益相关方,又行使利益协调和分配的重要职能,政府具有双重角色,因此,北京市政府需要从利益诉求、利益保护等方面建立科学机制,以保证北京市非物质文化遗产旅游开发过程中利益相关方,尤其是处于相对弱势的利益群体或个体的利益诉求得到充分表达,所受到的不正当利益损害能够得到纠正和补偿。

1. 传承人或普通公众利益诉求渠道建设

北京市非物质文化遗产的旅游开发离不开公众积极献计献策和群众监督作用的发挥,离不开非物质文化遗产传承人经验和知识的积累与传授。因此,建议定期或不定期向非物质文化遗产传承人征求旅游开发意见,并开设北京市非物质文化遗产旅游开发公众热线以及网络信息平台,广泛向社会宣传。这样,一是能够起到监管作用,建立公众意见表达通道,积极听取公众意见和建议,接受公众对北京市非物质文化遗产旅游开发过程的监督,发挥群众力量,保证北京市非物质文化遗产的旅游开发工作符合公众利益;二是能够起到宣传与推广作用,向广大群众推介重点非物质文化遗产旅游项目,提高市场知名度,增加旅游者人数。

2. 行业或企业利益诉求渠道建设

行业协会具有贴近企业、贴近市场的天然优势,在北京市非物质文化遗产的旅游开发过程中,应该发挥相关行业协会的积极作用,加强与行业协会的沟通协调,使之成为联系政府与企业的桥梁;企业作为北京市非物质文化遗产旅游开发的主体,必然有自身的经济利益诉求,需要与政府有关部门或单位沟通,互通信息,协调利益。为此,建议建立政府企业联席会议机制。

政府企业联席会议机制,指在各个非物质文化遗产的旅游开发项目的前期、中期及后期,政府部门和人员定期深入企业和项目,与企业或项目相关负责人员以座谈会的形式,加强沟通,促进信息交流,了解开发主体的实际开发进度,遇到的实际困难,商讨解决办法等,达到与开发主体共同协商、协调各方利益、保证旅游开发的顺利实施的目的。

3. 利益监督及检查执法机制建设

为保证非物质文化遗产旅游开发过程中利益相关方的合法权益不受侵害,以及相关法律法规的落实执行,北京市旅游局应与北京市文化局、工商局、卫生局等其他相关部门或单位组成联合执法大队,定期或不定期抽查北京市内的重点非物质文化遗产旅游项目或场所,检查有关各方是否存在非法侵害他人合法权益、违反法律法规的情况,并及时处理发现的违法现象。

为更深入细致地检查北京市非物质文化遗产旅游开发真实的现状和问题,在定期或不定期联合执法的基础上,可适当进行暗访,收集素材,保证北京市非物质文化旅游市场的繁荣与稳定。

(五)建设代表区域,深挖文化特色

把宣武区、崇文区这两个非物质文化遗产资源丰富、项目数量多,而且旅游发展基础良好的区域作为非物质文化遗产旅游开发试验区,重点建设成北京京味文化旅游的理想目的地。为此,北京市旅游局和这两个区域的旅游局、文委、文化馆等联合,开发一批文化旅游景点、推出一批京味旅游商品、推介一批特色演出场所、打造一批文化特色餐厅、建设一批主题酒店,从而打造文化旅游特色产业聚集区。与此同时,北京市政府应从财政上专项拨款,大力支持两个试验区的发展,激发人们对非物质文化遗产的浓厚兴趣,形成良好的社会环境。

(六)加强市场宣传,多种手段促销

北京市拥有丰富的非物质文化遗产与物质文化遗产,而目前在北京市的遗产旅游中,物质文化遗产的旅游占主导地位,非物质文化遗产资源未能很好地开发出来。因此,在未来的旅游市场开发中,应把非物质文化遗产与物质文化遗产二者有效地结合起来,借助北京物质文化遗产的高知名度和美誉度,吸引更多的国内外旅游者体验北京的非物质文化遗产的魅力,从而进一步丰富遗产旅游产品,提升其旅游吸引力。

首先,应加强对非物质文化遗产的宣传力度,通过城市旅游标志系统、网络视频材料、媒体推介、导游讲解等加强对非物质文化遗产的宣传和介绍,让旅游者充分认识和了解非物质文化遗产,提高非物质文化遗产的知名度,吸引更多的旅游者前来观光游览。

其次,北京市旅游局应每年推出不同的非物质文化遗产旅游线路,确定非物质文化遗产旅游体验年,把非遗物质文化遗产作为旅游宣传的重点和亮点。

再次,北京市旅游局应在每年的旅游大型宣传中,积极地推广物质文化遗产与非物质文化遗产;积极地把国内外旅游经销商请过来,共同推向市场。

最后,鉴于非物质文化遗产对国外旅游者的吸引力更大,因此,先开拓国际市场,然后以国际市场来影响国内市场,从而实现国内外旅游市场共同开拓的目的。

(七)坚持保护第一,避免过度开发

针对北京市非物质文化遗产旅游开发过程中出现的过度开发,过于追求商业利益导致随意改变甚至破坏相关非物质文化遗产的现象,建议北京市政府对于相关非物质文化遗产尤其是民俗类、节庆类等具有较深文化蕴涵的非物质文化遗产采取保护性开发策略。即尽量不主动干预此类非物质文化遗产的自然传承和发展,规定相关非物质文化遗产项目不可更改的核心部分或环节,即使出于商业需要进行开发,也应将非物

质文化遗产的商业表现形式与传统自然的表现形式严格区分,从场地、时间、人员等方面加以区隔。在进行商业表现时,明确告知消费者此类非物质文化遗产出于商业需要做了哪些改变,从而避免盲目追求商业利益而对此类非物质文化遗产文化内涵的过度侵蚀。

(八)加大投入力度,推动市场运作

鉴于非物质文化遗产的传承人严重流失,资金投入不足的现状,北京市相关政府部门应从公共财政、金融、招商引资、精品项目开发等各方面给予传承人和相关的企业必要的政策扶持和资金支持。同时,推动以市场化运作模式配置社会资源,调动社会各方面开发非物质文化遗产旅游的积极性,从而促进北京市非物质文化遗产的旅游开发走上一条快速发展的道路,最终促使北京市非物质文化遗产能够实现自我造血、自我生存、自我发展的目标。

1. 公共财政政策

(1)北京市非物质文化遗产旅游开发专项基金

为体现市政府对于北京市非物质文化遗产旅游开发工作的重视,引导社会资金的进入和流向,提供充足的资金支持,建议北京市政府从公共财政中划拨专款设立非物质文化遗产旅游开发专项基金,对有旅游开发价值的重点非物质文化遗产项目进行直接资金支持。

为保证基金投入的效益和效果,提高投入产出比,建议采取市场化方式运作该专项基金。可以考虑成立北京市非物质文化遗产旅游开发管理公司,作为独立的法人实体,负责该基金的运作,并确保基金的保值与增值。

在基金投入的具体运作方式上,建议采用股权投资的方式,将投入重点项目或企业的基金作为参股股权,按照股权比例从未来旅游项目运营收益中获得分红,既实现基金的保值和增值,又促使非物质文化遗产旅游开发和运营实体努力提高经济效益。

(2)税收、规费减免政策

为鼓励社会企业投资北京市非物质文化遗产的旅游开发,建议对于在北京市范围内从事非物质文化遗产旅游项目开发和运营的法人实体给予一定的税收、规费减免优惠。可能的税收、规费减免优惠政策如表26:

表26 对非物质文化遗产旅游企业的税收、规费减免政策

减免优惠政策	主要政策内容
税收减免优惠政策	增值税、企业所得税、营业税、契税按照投资额度和地方留成的税金额度分别给予一定程度的减免
规费减免优惠政策	环保、公用事业、工商、行政管理等费用按照投资额度分别给予一定程度的减免

为鼓励非物质文化遗产的传承人进入旅游项目或场所,进行非物质文化遗产的旅游开发,对于非物质文化遗产的传承人因旅游开发而获得的收益部分,同样可以在个

人所得税、营业税等税种以及相关行政事业性收费方面采取一定的减免优惠政策,吸引非物质文化遗产的传承人进入旅游产业,增加旅游项目,丰富旅游内容,提升旅游品位。可能的相关税收、规费减免优惠政策如表27:

表27 对非物质文化遗产传承人的税收、规费减免政策

减免优惠政策	主要政策内容
税收减免优惠政策	个人所得税、营业税给予一定程度的减免
规费减免优惠政策	卫生、工商、行政管理等费用给予一定程度的减免

各项目具体的税收、规费减免政策应根据项目实际投入金额,项目预期收益,国家或北京市关于税收、规费减免优惠等方面的政策决定。建议制定《北京市非物质文化遗产旅游开发项目税收、规费减免优惠管理办法》,以具体规定各类旅游开发项目的税收、规费减免优惠政策,并加强执法检查工作,确保税收、规费减免优惠政策能够切实得到执行,防止滥用、乱用政策的现象发生。

(3)直接奖励或补贴政策

对于为北京市非物质文化遗产旅游开发作出突出贡献的法人实体或个人,可以采取直接奖励或补贴的办法给予资金支持,奖励或补贴的资金来源可以从专项基金中安排。建议制定《北京市非物质文化遗产直接奖励或补贴管理办法》,以规范直接奖励或补贴工作。

2.金融政策

为促进北京市非物质文化遗产的旅游开发,建议有关银行、证券市场对于由于非物质文化遗产的旅游开发而发生的企业或个人融资需求予以相应的支持。

对于企业因投资北京市非物质文化遗产旅游开发项目而产生的银行贷款、股票发行或增发等融资需求,建议银行及证券市场根据国家、北京市有关规定按照贷款额度或股票发行额度给予一定程度的优惠措施和政策。

对于传承人或其他个人因经营北京市非物质文化遗产而产生的小额贷款需求,建议银行根据国家、北京市有关规定按照贷款额度给予一定程度的优惠措施和政策。

传统工艺美术业大部分是中小企业,融资困难,多数工艺美术企业生产流动资金短缺,尤其是新产品开发和技术改造更需要资金的投入。因此,政府应通过优化财政金融政策,适当降低企业成本,营造良好的发展环境;鼓励和支持基层金融机构为中小企业提供信贷服务,建立对中小企业信贷担保基金,设立工艺美术发展基金,对开发、生产企业予以专项贷款。在税收方面,建议区分民间传统工艺的不同种类,确定不同的税额,并出台对民间传统工艺产品的保护税率。对规模生产的实用工艺旅游产品,可按照工业产品的税率征收;对手工制作的特种工艺产品,可按照文化产品的税率征收;对受保护的民间传统工艺美术产品,或征收定额税,或免征、少征、缓征,或先征后退。

3. 招商引资政策

(1) 税收、规费减免政策

招商引资政策中的税收、规费减免政策同时属于公共财政政策,请参照上述的公共财政政策。

(2) 用地优惠政策

对于非物质文化遗产旅游开发项目用地,建议在地价上按照投资金额给予一定优惠。可能的政策措施如表28所示:

表28 非物质文化遗产旅游开发用地优惠政策

投资金额	地价
1000万元以下	当地地价的100%
1000万元~5000万元	当地地价的90%
5000万元~1亿元	当地地价的80%
1亿元以上	当地地价的70%

(3) 配套优惠政策

除税费减免及地价优惠方面的政策外,还可以在配套基础设施建设、人才引进、落户等方面给予适当的优惠政策。

4. 精品旅游项目开发扶持政策

北京市非物质文化遗产的旅游开发需要通过着力打造一两个具有较大知名度和美誉度的精品项目,带动整个北京市非物质文化遗产旅游开发工作的推进。市政府相关部门和单位应积极利用北京市文化艺术人才集中的优势,积极支持文化艺术界人士创作一两个具有代表性的、能够体现北京市非物质文化遗产丰富内涵和观赏价值的精品艺术节目,并在全国范围内大力宣传和推广,提升知名度,建立品牌并形成品牌效应,以点带面,吸引本地和外地游客慕名前来参观和欣赏。

精品旅游项目开发建议借鉴张艺谋导演的"印象"系列歌舞剧,采用原生态营销的方式,再结合张艺谋导演本身所具有的品牌吸引力,从而在全国范围内形成较大的影响力和品牌知名度。北京市非物质文化遗产的旅游精品打造可以从这种形式中得到启发并吸取经验,开发出具有北京特色、体现非物质文化遗产丰富内涵、具有强烈观赏性的旅游精品。

为打造精品旅游项目,政府相关部门和单位应投入相应的人、财、物资源,聘请艺术领域内最好的专业人士和团体进行创作,并在全国范围内大力进行宣传和推广,在广大消费者中树立口碑和品牌,形成强有力的旅游开发支撑项目。

第二编 理论探讨

- 社会实验:旅游业对地区国民经济影响测度的一种简易方法
  ——以"非典"时期的北京为例

社会实验：旅游业对地区国民经济影响测度的一种简易方法

——以"非典"时期的北京为例

张凌云　朱新芝

一、问题的提出

长期以来，在学术界对于旅游业是不是一项产业一直存有争议[1]，这主要是由于旅游业具有广泛的综合性和交叉性，其产品形态复杂多样，难以按照产品类型进行分类。更主要的是旅游消费产品和服务是以需求方来定义的，如当地居民购买的饮料、食品按其业态看，分属于食品行业和商业零售业，而如果是旅游者购买则属于旅游消费。除了旅行社、酒店和景区景点等旅游特征产业外，大多数行业或多或少都存在着类似的情形。这就是说，旅游消费在现有的国民账户体系中，并不是独立存在的一个类别，而是分散地隐含在各个部门之中。也就是说，现有的国际通行的 SNA93（1993年国民账户体系）是无法完整、全面和客观地反映旅游业在国民经济中的作用的。鉴于此，自 20 世纪 70 年代末以来，法国、加拿大等国率先开始尝试编制旅游卫星账户（TSA），2000 年 3 月联合国统计署正式批准了欧共体委员会、经合组织和联合国世界旅游组织等国际组织提交的《旅游卫星账户：建议的方法框架》[2]。编制该账户的基本思路是利用地区国民账户、地区投入产出表、经济普查资料和旅游者消费抽样调查等方法，计算出某一产业产出值中由旅游者消费引致的比例，即旅游供给比例（Tourism Supply Ratio），将旅游消费部分从该项目中剥离出来，计入现行国民账户以外的一个虚拟的账户即旅游卫星账户。因此，旅游供给比例的确定和精确与否成为编制旅游卫星账户的关键[3]，也是目前我国地区编制旅游卫星账户的主要难点之一[4]。旅游供给比例值是在 0~100% 之间，数值 0 意味着该项与旅游消费完全无关，数值 100% 代表全部是由旅游消费带来的。从理论上讲，我们可以在一定时域内针对特定地区设计出一种理想的社会实验方案，对人为控制任何游客出入该地区条件下的实验组和游客自由出入该地区的对照组的社会经济运行结果进行比较研究，从而测度旅游对于地区经济的影响。显然这种社会实验是要在人为地阻止外来游客进入和内部游客的外出的情况下进行，这对于一个省或大城市在现实中是难以开展的。但 2003 年北京等地出现的"非典"突发性事件给模拟这一社会实验提供了一个机会。

2003 年上半年，非典疫情在中国广东、北京、山西等地及世界其他部分国家和地区相继爆发,给北京旅游业造成了巨大的冲击。自 4 月 23 日世界卫生组织(WHO)宣布中国的多个省市属于重度 SARS 疫区后,100 多个国家与中国取消了彼此间的出入境旅游业务,同时我国也为了防止疫情的传播,取消了当年的"五一"黄金周,城际的人员流动被减少到最低限度,5 月份对旅游业的负面影响最为严重。鉴于此,本文针对北京 12 个旅游特征及相关产业,选取 2003 年全年和 2003 年 5 月份两个时域,通过对发生非典(即控制游客出入)条件下实验组结果和假如没有发生非典(即游客自由出入)条件下的对照组结果横向比较研究,确定出北京旅游剥离系数这一核心数值,进而测度北京旅游业对当地国民经济的影响,这为编制旅游卫星账户提供了一种可供辅助性的简易方法。

二、实验要素

从科学认识的角度来看,社会实验是由实验主体、实验条件和实验客体三个基本要素组合的"刺激—反应"过程[5]。显然,对于作为实验主体的我们来说,最重要的是确定实验客体及实验条件以模拟前文提到的理想社会实验。

为了实现准确测度北京旅游产业对当地国民经济的影响这一目标,本文的实验客体为北京旅游相关及特征产业。参考世界旅游组织等编写的《旅游卫星账户:建议的方法框架》[6]及《地区旅游卫星账户编制指南(2005)》相关产业目录内容,考虑到本文社会实验方法的适用性及数据可获性、可比性的要求和北京市旅游产业实际情况,我们选定了住宿业、餐饮业、铁路客运业、道路客运业、公共交通业、汽车租赁业、航空客运业、旅行社和类似服务业、环境资源业、体育娱乐业、文化艺术业共 11 个旅游特征产业,一个旅游相关产业——零售业,最终 12 个产业作为实验客体。

针对实验客体,我们设定了实验组和对照组来进行横向对比研究。实验组就是考察在发生非典(即控制游客出入)条件下的旅游相关及特征产业规模业绩,而对照组则是考察假如没有发生非典(即游客自由出入)条件下的旅游相关及特征产业规模业绩。此外,为了提高实验信度,将非典对北京市居民(不包括游客)关于实验客体的消费总量影响程度降到最低,我们选取 2003 年全年和 2003 年 5 月份两个时域开展实验。我们对关系到旅游交通的铁路客运业、道路客运业、公共交通业、汽车租赁业、航空客运业以及文化艺术业六个客体选取 2003 年全年进行实验,其余则在 2003 年 5 月展开。

三、实验结果对比研究

两个时域内实验组及对照组的实验结果见表 1 和表 2,其具体测算过程见文后部分。在此,为了最终确定旅游供给比例,我们将实验组与对照组差值同对照组结果的比值称为缩减比例,具体结果参见表 1 和表 2。

表1 2003年全年实验结果对比

单位：亿元、%

实验客体	实验结果		缩减比例
	实验组	对照组	
旅游业	864	1272	32.0755
铁路客运业	4352	5282	17.607
道路客运业	24 940	30 580	18.4434
公共交通业	427 000	520 791	18.0093
航空客运业	1228	1740	29.4253
汽车租赁业	54 468	64 033	14.9376
文化艺术业	8.25	9.93	16.9184

数据来源：根据《北京市旅游统计年鉴》(2002—2005)，《北京市统计年鉴》(2002—2005)中相关数据整理、计算得出

表2 2003年5月份实验结果对比

单位：亿元、%

实验客体	实验结果		缩减比例
	实验组	对照组	
旅游业	0.091	1	90.9
住宿业	0.296	1	70.4
餐饮业	0.603	1	39.7
旅行社和类似服务业	0.091	1	90.9
环境资源业	0.539	1	46.1
体育娱乐业	0.428	1	57.2
零售业	0.877	1	12.3

四、产业旅游供给比例确定

如前所述，所谓产业旅游供给比例就是指某一产业产出值中由旅游者消费引致的比例，因此我们只需用表1和表2中各实验客体的缩减比例同对应的旅游业缩减比例逐一进行比值运算，所得到数值即为2004年北京各产业的旅游供给比例，其结果如表3所示。

表3 2004年北京产业旅游供给比例

单位:%

旅游特征及相关产业	产业旅游供给比例
1. 住宿业	77.45
2. 餐饮业	43.77
3. 铁路客运业	54.89
4. 道路客运业	57.50
5. 公共交通业	56.15
6. 航空客运业	94.61
7. 汽车租赁业	46.17
8. 旅行社和类似服务业	100
9. 环境资源业	50.71
10. 文化艺术业	52.81
11. 体育娱乐业	62.93
12. 零售业	13.53

数据来源:根据表1和表2计算得出

五、北京旅游业增加值和旅游就业人数测度

1. 旅游业增加值测度

根据北京市统计局提供的12个旅游特征及相关产业的2004年总产出及增加值,通过各产业旅游供给比,我们得出2004年北京市旅游业总产出为7 370 523.4万元,旅游业增加值为3 141 266万元,如表4所示。根据《北京统计年鉴2008》公布的有关数据,2004年北京地区生产总值为6060.3亿元,第三产业增加值为4111.2亿元,据此可以得出:北京市2004年旅游业增加值占地区生产总值的比重为5.18%,占第三产业增加值的比重为7.64%。

2. 旅游就业人数测度

同样根据北京市统计局提供的2004年12个旅游特征及相关产业的就业人数,通过各产业的旅游供给比,可得出2004年北京旅游就业总人数为76.41万,见表5,并根据《北京统计年鉴(2005)》公布的有关数据,2004年北京市总就业人数为8 540 654人,从而得出旅游就业占北京全社会就业人员的比例为8.95%。

表4 2004年北京旅游业总产出及增加值

单位:万元、%

旅游特征产业	总产出	增加值	旅游供给比	旅游业总产出	旅游业增加值
1.住宿业	2 131 325	934 673.6	0.7745	1 650 711.2	723 904.7
2.餐饮业	2 506 608	724 993.2	0.4377	1 097 142.3	317 329.5
3.铁路客运业	1 987 049	1 214 078	0.5489	1 090 691.2	666 407.4
4.道路客运业	330 568.8	123 349.7	0.5750	190 077.1	70 926.1
5.公共交通业	971 752.5	497 224.7	0.5615	545 639	279 191.7
6.航空客运业	1 434 848	520 299.3	0.9461	1 357 509.7	492 255.2
7.汽车租赁业	66 241.28	29 550.92	0.4617	30 583.6	13 643.7
8.旅行社和类似服务业	430 743.4	123 700.6	1.0	430 743.4	123 700.6
9.环境资源业	156 726.6	67 041.74	0.5071	79 476.1	33 996.9
10.文化艺术业	408 219	199 874.5	0.5281	215 580.5	105 553.7
11.体育娱乐业	424 600	134 234.7	0.6293	267 200.8	84 473.9
12.零售业	3 068 504	1 699 059	0.1353	415 168.6	229 882.7
总　　计	—	—		7 370 523.4	3 141 266

数据来源:各产业总产出和增加值列数据来自北京市统计局内部资料,旅游业产出及增加值数据经过计算而得

表5 2004年北京旅游就业人数推算

单位:万人、%

旅游特征产业	总就业人数	产业旅游供给比	旅游就业人数
1.住宿业	17.01	0.7745	13.17
2.餐饮业	40.4	0.4377	17.68
3.铁路客运业	8.28	0.5489	4.54
4.道路客运业	11.34	0.5750	6.52
5.公共交通业	17.03	0.5615	9.56
6.汽车租赁业	0.24	0.4617	0.11
7.航空客运业	3.61	0.9461	3.42
8.旅行社和类似服务业	4.04	1	4.04

续表

旅游特征产业	总就业人数	产业旅游供给比	旅游就业人数
9.环境资源业	1.87	0.5071	0.95
10.体育娱乐业	3.75	0.6293	2.36
11.文化艺术业	3.60	0.5281	1.90
12.零售业	89.8	0.1353	12.15
总计	—	—	76.41

数据来源:各产业总产出和增加值列数据来自北京市统计局内部资料,旅游业产出及增加值数据经过计算而得

六、讨论与结论

北京市旅游局和市统计局于2006年12月联合开展了编制《北京市旅游附属(卫星)账户》的工作,全部过程已于2007年底结束。[11] 有关北京旅游卫星账户2004的主要指标与通过社会实验相关测度结果对比情况如表6所示。

表6 北京旅游卫星账户主要指标对比情况表

旅游卫星账户中的主要指标	北京(2004)	社会实验
区域旅游消费流入额(亿元)	1168.1	737.1
旅游业增加值(亿元)	405.5	314.1
旅游业占区域生产总值的比例(%)	6.7	5.2
旅游业增加值占服务业增加值的比例(%)	9.9	7.6
旅游业就业人数(万人)	95.4	76.4
旅游业就业人数占总就业人数比例(%)	11.7	9.0

数据来源:北京市旅游局

通过表6我们发现,与北京旅游卫星账户2004相比,无论是从区域旅游消费流入额、旅游业增加值,还是旅游就业人数来看,非典社会实验得出的主要指标是略微偏低的。然而这是有其客观性的:由于本社会实验在实验客体选择上的固有要求,没有对包括会展业、金融、保险、居民服务等的旅游相关及非旅游特定产业进行测算,因此实验结果偏低。但总体看来,借助社会实验来测度旅游业对地区国民经济的影响仍不失为一种简易、科学、准确的方法,尤其关于产业旅游供给比例的确定为编制旅游卫星账户提供了一种可供辅助性的简易方法。

参考文献

[1] Thomas Lea Davidson, What are travel and tourism: are they really an industry? Global Tourism. Edited by William F. Theobald, 2nd edition, Oxford: Butterworth - Heinemann 1998. 22-28.

[2] Lebreros, Marion, Massieu, Antonio, Meis, Scott. Progress in Tourism Satellite Account Implementation and Development. Journal of Travel Research, Aug. 2006, Vol. 45 Issue 1, p83-91, 9p, 2 charts.

[3] 黎洁. 旅游卫星账户与旅游统计制度研究. 北京:中国旅游出版社, 2007:60-61.

[4] 地区旅游卫星账户指南编写组. 地区旅游卫星账户编制指南(2005). 南京:江苏人民出版社,2006:30-31,23-125.

[5] 嘎日达. 社会实验与自然科学实验的方法论比较. 北京行政学院学报,2002(2):80-82.

[6] 欧共体委员会欧统处,经合组织,世界旅游组织,联合国统计司. 旅游卫星账户:建议的方法框架(中文版). 马德里:2001:59-62.

[7] 北京市旅游局. 北京市旅游统计年鉴(2002—2005). 北京:2002—2005:1-4.

[8] 北京市统计局. 北京市统计年鉴(2002—2005). 北京:2002—2005.

[9] 石信. 非典究竟造成多大损失,全年经济目标能否实现——1—6月北京市经济形式分析和全年展望. 北京统计,2003(7):4-6.

[10] 北京市统计信息网. 北京市2003年5月份经济发展月报, http://www.bjstats.gov.cn/ldcxxt/tjsj/ydsj/jjfzyb/200506/P020060417132036069 8488.xls

[11] 中华人民共和国国家统计局. 北京旅游附属(卫星)账户编制进入实质性调查阶段, http://www.stats.gov.cn/was40/reldetail.jsp?docid=402402735

本文计算方法说明:

1. 用各实验主体2002年规模业绩增长率乘以2002年规模业绩得到第一个值,然后再取2002年和2004年规模业绩之间的均值得到第二个值,最后取上述两数值的均值为2003年对照组实验主体的规模业绩,其中各实验主体2002及2004年规模业绩均取自《北京市旅游统计年鉴》(2003、2005)、《北京市统计年鉴》(2003、2005)。

2. 我们将2002年5月份实验客体规模业绩近似确定为对照组实验结果。

3. 根据《北京统计年鉴》2003和2004的相关内容,2003年5月份海外游客、国内过夜游客和一日游游客同2002年相比分别下降了93.3%、89.5%和100%(近似估值)。通过2002年北京市旅游业总收入中外汇收入、国内过夜游客收入和一日游游客收入比例确定三者权重比为1:2.77:0.16,从而最终确定旅游业同比下降90.9%。

4. 2003年5月份,根据北京市统计局对9个服务行业393家重点单位的定点观察,北京饭店客房出租率大幅度下降,出租率仅为 12.2%,而 2002 年 5 月份为 75%,同比下降 70.4%。

5. 根据北京市统计月报,2003 年 5 月份北京餐饮业零售额 5.5 亿元,而 2002 年 5 月份为 7.7 亿元,同比下降 39.7%。2003 年 6 月,北京市统计局对 426 家社会服务业定点观察企业的调查结果显示:旅行社营业收入同比下降 90.6%,5 月份下降比例还要高,我们在此将其近似地确定为 90.9%;北京市统计局通过对 426 家社会服务业定点观察企业的调查得出,426 个企业实现营业收入 11 亿元,同比下降 19.7%,而 5 月份同比下降 25.5%,景区管理业下降 40.3%。

6. 根据 6 月份同 5 月份社会服务业营业收入下降同比之间的差额,将 5 月份景区管理业同比下降比例确定为 46.1%。

7. 2003 年 5 月份,根据北京市统计局对 9 个服务行业 393 家重点单位的定点观察,娱乐服务业收入同比下降 57.2%。

8. 2002 年 5 月份北京实现社会消费品零售总额 142.8 亿元,其中零售业和餐饮业分别为 135.1 亿和 7.7 亿;2003 年 5 月份实现社会消费品零售总额 124 亿元,其中零售业和餐饮业分别为 118.5 亿和 5.5 元,据此得出零售业同比下降 12.3%。

第三编 案例研究

- 密云县绿色旅游综合配套改革试验区建设研究
- 通州区京郊旅游发展报告

密云县绿色旅游综合配套改革试验区建设研究

张凌云　张金山　王　恒　李　飞　庞世明

一、绿色旅游综合配套改革试验区建设背景

(一)北京世界城市建设提出建设国际一流旅游城市的要求

北京市委十届七次全会提出,从建设世界城市的高度,加快实施"人文北京、科技北京、绿色北京"的建设步伐。在建设中国特色世界城市的过程中,北京"十二五"旅游发展规划明确提出打造国际一流旅游城市、把旅游业建成重要的支柱产业的发展目标。北京市副市长丁向阳指出:"发展旅游产业、构建国际一流旅游城市是北京向世界城市迈出的第一步。"北京市旅游发展委员会主任鲁勇认为:"打造世界城市,首先要做的是打造世界旅游城市。"从世界城市的高度审视首都的环境建设,可以发现北京的生态环境质量与公认的世界城市纽约、东京、伦敦相比,还存在明显差距。旅游业是典型的资源节约型和环境友好型产业,但是旅游开发建设也存在诸多与生态环境建设不相协调的环节,因此,在北京建设国际一流旅游城市的过程中,密云县作为北京生态环境最优异的区县,探索一条充分使旅游业既有利于生态环境保护,又能发展区域经济,促进社会和谐进步的示范性路径,就成为亟须研究的课题。

(二)"两型社会"建设成为北京未来发展的着力点

当前,绿色发展已经成为资源环境约束条件下的客观要求和时代潮流。《北京市国民经济和社会发展第十二个五年规划纲要》提出,"十二五"时期要全面实施"绿色北京"战略,把资源节约型和环境友好型社会建设作为转变经济发展方式的重要着力点,持续推进大气治理,加强绿化建设和生态修复,加快形成绿色生产体系、绿色消费体系,大幅提高首都生态文明水平和可持续发展能力,把北京建设成为既服务于当代市民,又服务于子孙后代的宜居家园。由此可见,"两型"社会建设已成为北京市"十二五"时期的鲜明主题,绿色引领发展的理念不断强化,生态环境的营造将受到更高的重视,生态优势转化为经济优势的市场认可度将更高、渠道将更加畅通,生态优势对高端产业要素聚集的吸引力将更强,密云县生态环境资源的经济价值有望以更直观的方式得到体现。而旅游业是能够实现将生态环境资源优势转化为市场经济优势的载体或渠道,绿色旅游的发展理念可以成为生态环境效益与经济效益双赢的保障。

(三)密云县将"绿色国际休闲之都"确定为基本发展定位

在"十二五"期间,建设"绿色国际休闲之都"已经被确定为密云县未来发展的

基本定位。《密云县国民经济和社会发展第十二个五年规划纲要》提出要坚持"发展是第一要务、保水是第一责任、生态是第一资源"的理念,按照"人文北京、科技北京、绿色北京"和中国特色世界城市建设的要求,以密云生态涵养发展区工作方略为指导,以"三个走在前列"为奋斗目标,以建设"绿色国际休闲之都"为发展定位,以人为本,科学发展,建设生态富裕和谐新密云。"十二五"期间,密云将立足"绿色国际休闲之都"的发展定位,发展高端休闲旅游业,使之成为具有国际水准的休闲旅游目的地。而"建设密云国际绿色休闲旅游产业综合示范区"也已被列入北京"十二五"规划纲要,"绿色国际休闲之都"不仅仅是密云未来发展的基本定位,而且要通过绿色国际休闲之都的建设,总结经验,充分发挥密云在北京乃至全国的示范标杆作用。

(四)"三个走在前列"提出了密云县未来发展的基本目标

"十一五"时期,密云县成功创建国家生态县,实现了发展理念和生活方式的转变,城乡面貌和生活方式产生巨大改观。密云县委、县政府在对多年来"保水富民"艰苦实践进行认真回顾和对今后发展道路进行深入思考的基础上,制定了密云生态涵养发展区工作方略,提出了"三个走在前列"的奋斗目标。提出"十二五"期末,要把密云建设成为以"绿色"为特征,以"国际"为水准的"绿色国际休闲之都",成为北京重要的生态型新兴产业发展基地,确保经济建设走在全市生态涵养发展区前列;将密云建成设施先进、环境优美、生活舒适、社会和谐的宜居宜业新城,确保社会建设走在全市郊区前列;将密云建成北京的坚固生态屏障和安全水源保护地,全面提升生态环境保护水平,确保生态建设走在全国前列。"三个走在前列"是密云县"十二五"发展的基本目标,也是旅游业围绕发展的基本方向,"三个走在前列"为旅游业的发展奠定了基础,同时,旅游业也为"三个走在前列"的实现提供了产业支撑。

(五)打造"生态友好产业示范区"成为产业发展的基本指向

密云县作为"首都生态涵养发展区",主要任务是:加强生态环境的保护与建设,引导人口相对集聚,引导自然资源的合理开发与利用,发展生态友好型产业,成为首都坚实的生态屏障,以及北京市民和外来游客休闲游憩和旅游度假的理想空间。进一步优化调整产业结构是"十二五"时期密云发展建设的基本任务,密云县"十二五"规划纲要提出要推动产业全面升级,形成绿色高端高效经济体系,逐步建成生态友好产业示范区。到"十二五"末,三次产业增加值分别为19亿元、120亿元、91亿元,产业结构调整为8:52:40。环境友好型工业的支撑作用进一步凸显,工业增加值92亿元。休闲旅游业在全县经济发展中的支柱地位初步确立,旅游接待人数1200万人次,旅游业综合收入30亿元。大力发展生态友好型产业是实现生态环境改善和经济社会发展的有效结合点,"绿色国际休闲之都"以及"生态友好产业示范区"的基本建设定位使得有必要重新审视休闲旅游业的产业定位。

(六)建设"绿色旅游综合配套改革试验区"成为迫切要求

2011年8月25日,在北京旅游产业发展大会上,北京市副市长丁向阳作了题为

《着力建设国际一流旅游城市和重要的支柱产业,推动"十二五"时期北京旅游产业跨越式发展》的工作报告,提出:为推动我市旅游业的转型发展,探索旅游产业综合配套改革经验,需要在东城、门头沟、密云、延庆、海淀五个区县开展旅游体制、机制、政策、规划、建设等方面的改革试点工作。以深度挖掘都市旅游资源潜能为重点,在东城区开展以旅游产业带动古都风貌保护、促进现代服务业发展的综合改革试点。以促进生态涵养发展区产业转型为重点,在门头沟区开展以旅游产业带动区域协调发展的配套改革试点。以促进水源保护为重点,在密云县开展绿色旅游综合改革试点。以提升旅游休闲服务能力为重点,在延庆县开展"县景合一"旅游休闲发展改革试点。以增添景区景点自身发展动力为重点,在海淀区开展促进按照事业单位方式管理的旅游景区景点实行市场化运行试点。由此可见,建设"绿色旅游综合配套改革试验区"已经成为迫切要求。

在北京建设世界一流旅游城市以及密云建设绿色国际休闲之都的时代背景中,当前,绿色旅游应该具备怎样的内涵,密云绿色旅游发展存在哪些问题,密云如何将生态环境竞争力转化成旅游经济竞争力以及如何协调旅游发展与生态环境保护之间的关系,特别是使旅游发展成为促进水源保护和生态环境保护的有效推动力量,绿色旅游综合配套改革试验区应该具备怎样的内涵,需要对应什么样的体制机制以及政策保障等诸如此类问题,就成为亟须研究的问题。

二、绿色旅游的基本理念

(一)几个基本概念

1. 绿色旅游

随着绿色理念,特别是绿色经济的兴起,人们提出了绿色旅游的概念。1989年,英国环境经济学家大卫·皮尔斯在出版的《绿色经济蓝皮书》中最早提出了"绿色经济"的概念,绿色经济是与严重依赖煤炭、石油、天然气等化石资源的"黑色经济"相对的概念,是指人们在经济活动当中,用尽可能少的资源消耗和环境代价,取得最大的经济产出和最少的废弃物排放,以实现经济、环境和社会效益和谐统一的经济方式。[①] 从绿色经济的概念出发,所谓绿色旅游是一种以自然环境为资源基础,运用绿色理念,坚持绿色管理,倡导绿色消费,以保护生态环境和合理使用旅游资源,实现资源利用的高效低耗与对环境损害最小化的经济发展模式。

2. 生态旅游

伴随着生态经济的兴起,人们提出了生态旅游的概念。20世纪60年代末,美国经济学家肯尼斯·E.鲍尔丁在他发表的《一门科学——生态经济学》论文中最早提出了生态经济的概念。生态经济是从生态系统的角度出发,认为产品的生产、消费和废弃的过程像生态系统那样形成一个全封闭的循环,使经济系统达到资源的零输入

---

① 张春霞.绿色经济发展研究.北京:中国林业出版社,2002:3.

和废弃物的零排放,真正实现经济、社会和生态的可持续发展。1983年,国际自然保护联盟(IUCN)特别顾问谢贝洛斯·拉斯喀瑞最早提出了生态旅游的概念。1993年国际生态旅游协会把其定义为:具有保护自然环境和维护当地人民生活双重责任的旅游活动。生态旅游是不应以牺牲环境为代价而应与自然和谐,不能以当代人享受和牺牲旅游资源为代价,剥夺后代人本应合理地享有同等旅游资源的机会的旅游发展方式。

3. 低碳旅游

伴随着低碳经济的流行,有的研究者提出了低碳旅游的概念。为了应对全球气候变化,英国在《我们能源之未来:创建低碳经济》的能源白皮书中,最早提出了"低碳经济"概念,即一种尽可能地削减化石能源消耗,大力削减温室气体排放的经济发展模式。而低碳旅游是指在旅游发展过程中,通过运用低碳技术、推行碳汇机制和倡导低碳旅游消费方式,以获得更高的旅游体验质量和更大的旅游经济、社会、环境效益的一种可持续旅游发展新方式。低碳旅游是基于生态文明理念,对发展低碳经济的一种响应模式,即在旅游吸引物的构建、旅游设施的建设、旅游体验环境的培育、旅游消费方式的引导中,运用低碳技术,融入碳汇机理,倡导低碳消费,来实现旅游的低碳化发展目标。[①]

4. 概念辨析

实际上,绿色旅游、生态旅游以及低碳旅游,都有着基于可持续发展理念的共同理论基础,都强调对自然资源和生态环境的保护,强调降低资源能源消耗,强调环境效益、社会效益与经济效益的和谐统一,强调旅游发展对生态环境的影响降低到最低限度,强调旅游发展应该成为促进生态环境优化的力量而不是破坏力量,进而实现旅游业的可持续发展。绿色旅游、生态旅游或低碳旅游的基本特征可以概括为以下几点:

(1) 旅游开发建设与生态环境协调统一,旅游项目开发建设强度低,对原有生态环境没有影响或者是影响处于可控的范围之内。

(2) 对经济利益的追求以保护为前提,在保护的基础上进行开发,注重长期可持续的经济效益。

(3) 旅游产业经济大量采用节能减排以及绿色环保技术,旅游发展的碳汇能力大大超过碳排放量。

(4) 构建绿色行业管理体制,确保旅游发展成为推动旅游地生态环境优化、美化的重要力量。

之所以出现绿色旅游、生态旅游以及低碳旅游概念,主要是从绿色理念、生态理念以及低碳理念不同的角度或者时代背景出发而提出的,这些理念虽然侧重的角度不同,但是根本理念是一致的。绿色旅游更加强调对自然生态环境的保护,而生态旅游更加强调生态系统的平衡,低碳旅游则强调旅游经济节能减排、降低温室气体排放以

---

① 蔡萌,汪宇明. 低碳旅游:一种新的旅游发展方式. 旅游学刊,2010(1):14.

及旅游发展对缓和气候变化的作用。

（二）认识旅游发展与环境保护相互关系的两大维度

第一，旅游业具备"两型"产业的基本性质。所谓旅游业是典型的资源节约型和环境友好型产业，指的是旅游业与农业，特别是工业相比，要素投入强度相对较低，需要依托优美的自然环境以及深厚的历史文化底蕴而开展，旅游产品主要以服务形态存在，是典型的服务经济和体验经济，观光游览、休闲度假、运动拓展、文化消费等旅游产品形式与种植养殖、化工、钢铁、加工制造等产业相比，一般不会造成大量废弃物、垃圾、有毒物质的排放，因此是生态友好型产业。虽然旅游开发建设或旅游活动也会对生态环境造成不利影响，但是只要能够践行科学的旅游发展理念，构建能够有效协调经济效益、社会效益以及环境效益的体制机制，将旅游发展对生态环境的负面影响控制在可控的范围之内，并且使旅游发展成为推动生态环境修复和优化的重要手段，旅游业作为"两型"产业的性质就将充分彰显。

第二，旅游发展存在诸多与环保不相协调的环节。旅游发展以良好的自然生态环境和历史人文环境为资源基础，旅游活动往往需要在生态环境脆弱区开展，这就决定了旅游开发建设以及旅游活动又天然地会对自然生态环境造成冲击，旅游开发建设以及旅游活动对于自然来说，是一种外来的干扰性因素，当旅游发展的经济效益目标取向超越生态效益目标取向，偏离绿色旅游的轨道，旅游业就会偏离作为资源节约型和环境友好型产业的性质。旅游发展与生态环境保护的矛盾性主要表现在以下六点：

（1）对水资源及环境造成负面影响。大规模或者高强度的旅游项目建设，将会干扰原先的地表径流生态，影响自然水循环。滨水开展休闲度假类旅游项目产生的生活污水或者旅游消费垃圾会对河流、湖泊造成污染。水上开展的游乐项目，如果超过水源的自净能力，将会导致水资源污染或者是影响原来的水生态环境，影响水生动植物的正常繁衍、栖息。旅游消费还会增加水环境脆弱地区以及水资源缺乏地区的水资源紧张状况，特别是一些人工造雪滑雪、高尔夫球场等高耗水项目，还容易导致水资源的浪费。

（2）对土地资源及环境造成负面影响。旅游开发建设，比如宾馆饭店、度假村、疗养院、人造景观、体育娱乐场地以及道路、停车场、游客接待中心、电力通信设施等基础设施的建造，会导致一些自然景观及植被受到破坏，水土流失加剧，生态平衡失调，生物群落的层次和数量减少，简单脆弱的人工生态系统取代了复杂丰富的自然生态系统。旅游开发又引致大量旅游者进入目的地，增加了对土壤的踩压，土壤裸露面积增加，压力增加，土壤板结程度也增加，水分渗透减少，增加了地表径流，导致土壤厚度减少，水土流失增加。

（3）对植物资源及环境造成负面影响。大量游客在自然生态旅游目的地聚集，对植被的生长发育造成损害，甚至导致某些植物死亡。具体来说，包括游客采集、摘取鲜花、枝叶、苗木，破坏了植物生长；游客用火不慎可能引起山林、植被火灾；旅游交通工具的不断踩压,使物种结构发生改变,即正常种属被耐磨踩物种替代,植被种类趋于减少等。旅游开发建设活动还会经常占用或者征用林地资源,比如北京香山饭店建造时曾经有176棵百年古树被砍伐。

(4)对动物资源及环境造成负面影响。游客进入自然生态景区,会对动物的正常栖息、捕食、运动、繁育等活动造成影响。游客不文明的游览活动,还可能会对动物造成惊吓,给一些动物的生活和生存带来负面影响。游客大量涌入自然生态景区,活动频繁,致使一些捕食害虫的动物数量减少,虫害加重的现象更是普遍存在。特别是,过度追求旅游的经济效益,会刺激不法经营者将珍稀动物资源开发成旅游餐饮,使之成为游客的盘中美味,加快珍稀物种的灭绝。

(5)对自然景观及环境造成负面影响。在旅游发展过程中,一些旅游目的地,由于规划设计不当造成了许多景观和环境破坏。一些旅游项目建设于自然保护区、风景名胜区等景区的禁止建设或者限制建设区内,对自然生态景观造成很大破坏。还有些旅游项目建设一味求大、求洋,与本地文化底蕴不相吻合,对资源景观环境造成侵蚀。有些旅游项目的建设,体量大、建筑粗糙,没有考虑与自然生态环境相协调的理念,突破了与自然生态景观或者历史人文建筑的合理比例关系,或者阻挡视线,或者冲击原先景观效果。

(6)对人文社会资源及环境造成负面影响。由于大量游客的到来,他们带进的尘土、呼出的气体、排出的汗液,以及脚踩、手摸、照相机的闪光灯的闪烁等对古迹文物都会造成危害。旅游是一种重要的文化体验活动,外来游客的进入也会对当地的建筑形态以及生产生活方式造成冲击,旅游经济发展将会影响原来的生产生活形态。异质文化游客还有可能对旅游地的民俗风情造成冲击,构成文化"涵化"问题,导致原有文化形态的变迁,甚至消退或消亡。

三、密云县旅游业发展现状及存在问题分析

(一)旅游业发展现状

1. 战略现状:产业定位清晰,发展方向明确

"十二五"之初,密云县委、县政府明确提出"绿色国际休闲之都"的发展定位,将休闲旅游业确定为重要支柱产业,并写入县"十二五"规划之中。这一战略定位是对"十一五"时期"生态密云、休闲之都"区域品牌的深化和发展,也与北京市"十二五"规划提出的"国际绿色休闲旅游产业综合示范区"建设思路相匹配,为密云县旅游业发展指明了新的方向。

为进一步细化发展方向,密云县提出:将以"综合示范区"建设作为总切入点,以规划先导示范、产业发展模式示范、旅游环境建设示范、旅游公共服务管理示范、"以旅富农"示范、资源有效利用示范以及投融资模式示范等作为工作着力点,以古北水镇、港中旅房车小镇、华润希望小镇等重大项目作为有力支撑,努力把密云建设成为发展理念先进、产业结构科学、以绿色为特征、以国际为水准的高端旅游目的地。

2. 规划现状：重视规划先行，出台多项规划

近年来，密云县无论是发展绿色旅游经济，还是尝试发展休闲旅游新业态，均注重规划的制定与实施，旅游规划已经成为重要区域旅游开发的规范和实践指导。目前，密云县已编制完成并实施了多项旅游规划，其中有：云蒙山风景名胜区总体规划、密云县白河生态走廊旅游景观规划、北京云蒙山国家地质公园总体规划、"云蒙风情大道"规划、"古北口镇汤河沟域"规划和"101农耕休闲产业带"规划以及一批景区、度假村、民俗村（户）、观光采摘园、休闲渔村等产品提升规划。这些旅游规划和相关规划为科学引领密云县域旅游产业发展奠定了坚实的基础。

3. 产业现状：规模持续扩大，功能显著增强

"十一五"期间密云旅游产业规模持续扩大，期末旅游产业综合收入达到11亿元，比期初增加4.2亿元，年均增长7.2%；游客人数达到820万人次，比期初增加近200万人次，年均增长5.3%；旅游收入对GDP的贡献率接近10%，占服务业增加值的比重为22%。2010年，实现旅游综合收入在全市五个生态涵养发展区中均排在第三位，旅游经济总量增长速度在北京郊区县和水源涵养区位居前三；旅游人均消费158.5元/人次，在五个生态涵养发展区中名列第一。

随着旅游产业规模的扩大，旅游产业综合功能进一步增强，2010年底，全县共有旅游民俗村40个，旅游从业人员达到2.4万人，乡村旅游收入3.08亿元，民俗旅游接待成为带动农民脱贫致富奔小康的重要途径。通过积极推广县域旅游品牌，通过积极组织节事活动，旅游产业对密云县城市文化、形象、品牌等方面的影响逐步凸显，对于提高县域综合竞争力发挥很大作用。

4. 产品现状：空间布局优化，产品体系完善

过去五年中，密云旅游围绕着"山、水、林、民俗文化、历史遗迹"等旅游资源，通过建设综合旅游度假区，初步形成了以新城旅游中心城镇为核心，涵盖司马台长城—古北口的长城旅游区、云蒙山自然风光旅游区、雾灵山—云岫谷自然生态旅游区、环密云水库湖泊与生态观光区、云峰山宗教文化旅游区五大旅游区域的大旅游空间架构。

密云在注重资源保护的前提下，尝试进行新产品的创新和研发，积极导入符合市场需求的旅游新型业态，积极提升产品品质和服务内涵。与中青旅、港中旅等旅游龙头企业达成战略合作协议（意向），推动了由龙头企业主导的特色旅游产品建设，旅游产品结构逐步由散、小、差优化升级为大型企业核心带动的市场格局。

特别值得注意的是，通过对民俗村、民俗户和观光设施的打造，民俗观光休闲旅游得到快速发展。2010年民俗观光旅游收入实现3.1亿元，接待游人528.9万人次，分别是2005年的2.9倍和1.8倍。"十一五"期间，年均增速分别实现23.7%和12.7%，收入增速居各要素之首，对旅游收入增长的平均贡献率达到31.5%，对旅游增长的贡献最大。

5. 环境现状：环境质量提升，旅游形象改善

近年来，密云县积极推动县域乡村旅游转变经营模式，进一步促进"一沟一色"和

"一村一品"建设,按照"北京市乡村旅游特色业态标准及评定"标准,鼓励发展符合区域特点的乡村产品,推动乡村旅游新业态建设,提高休闲度假游客对乡村旅游的体验度和参与度。县旅游主管部门通过规范旅游景区标志、道路标志、旅游企业、民俗村(户)和交通沿线建筑物的形象,提升交通沿线景观环境水平,彰显了密云优美的自然生态与和谐的民俗民风,旅游环境质量得到一定改善。

密云县投资200多亿元,精心打造生态精品新城,建成了十大主题公园,栽种了数十万棵高档次树木花卉,置放了千余盏华灯,修建了数十个雕塑小品,恢复了冶仙塔、钟鼓楼、文庙等文物,初显了现代城市气息,烘托出密云新城"绿色"、"休闲"的旅游氛围。太师屯镇的落洼、马场村、百味庄园乡村酒店,穆家峪镇的碱厂村、圣水渔村乡村酒店及云峰山、黑龙潭景区的环境改造等提升工作也不断加快,环境改造提升工程将在2011年年底前全部完工。

(二)旅游业发展存在的问题

1. 绿色旅游缺少强势品牌,旅游创收能力不强

密云县A级及以上旅游景区(点)19家,仅比昌平少2家,位列各区县第二位。但具有品牌效应的知名景区有限,综合带动作用不足。其中创收能力最强的司马台长城,收入仅是八达岭的1/20、慕田峪长城的1/5,潭柘寺的1/4。除司马台和两家滑雪场以外,全县16家A级及以上景区年创收合计不超过3000万元。这反映出密云县景区品牌不突出,规模较小,创收能力较低。

在北京市生态涵养区中,密云县旅游收入总量排在延庆、怀柔之后居第三位。"十一五"期间,密云旅游收入平均增速14.0%,仅快于延庆的9.9%,居生态涵养区第四位;接待游人平均增速8.8%,低于平谷、延庆居第三位。"十一五"期间生态涵养区旅游收入及增长情况分别如表1和图1所示。

表1 "十一五"生态涵养区旅游收入情况

单位:亿元

	2005年	2006年	2007年	2008年	2009年	2010年	年均增速
门头沟	2.5	3.0	3.2	4.0	4.7	5.5	16.6%
怀柔	8.6	10.6	11.7	13.1	14.1	17.4	15.0%
密云	6.7	7.8	8.9	9.4	10.6	13.0	14.0%
平谷	3.4	4.2	5.1	5.6	6.6	8.2	19.4%
延庆	11.4	13.1	14.9	14.3	16.5	18.3	9.9%

数据来源:《北京市旅游统计年鉴》

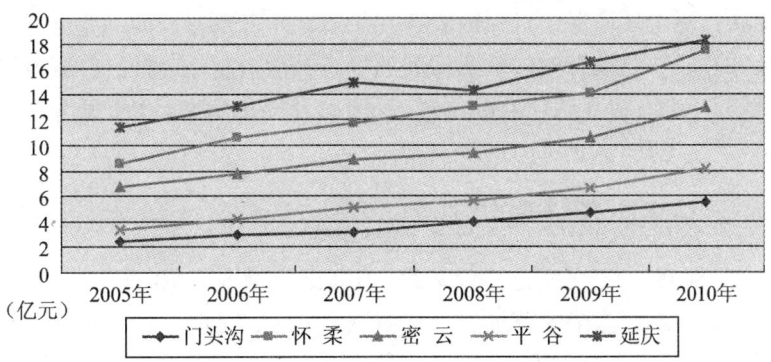

图1 "十一五"期间生态涵养区旅游收入增长情况

2. 住宿业收入比重过大,产品结构急需升级

住宿业在密云县旅游收入中始终占据首位,占到三成以上。住宿业作为旅游业的支柱,经历了规模从小到大,管理水平从低到高的过程。目前,密云县星级饭店达到24家,分布在以县城为中心的8个乡镇,以瑞海姆、雾灵山、云湖度假村等为龙头的星级住宿单位日臻完善,接待能力逐步增强。星级酒店的收入占到全县住宿业法人单位的五成。

住宿业的发展一方面反映出密云旅游业较快的发展速度,但另一方面也反映出密云旅游产业结构不合理的现状。宾馆饭店目前的经营项目没有向多元化拓展,没能普遍形成融住宿、餐饮、会展、保健、洗浴、美容、休闲娱乐等为一体的综合性服务产品。除旅游住宿业需要升级之外,还应调整旅游产品结构,发展旅游新型业态,通过营销宣传加大山野观光、农业休闲、民俗体验等绿色旅游参与度,开发科学化、现代化、国际化的旅游产品。

3. 绿色旅游产品体系单调,旅游产业链尚未形成

"十一五"期间,密云绿色休闲旅游产业取得长足的进步,但绿色旅游产品与国内外优秀生态旅游地相比呈现出"散、小、弱、差"的特征。旅游六要素都相对较弱,各要素发展不平衡,且尚未形成绿色产业链。绿色生态休闲旅游产业的竞争取决于产业整体的竞争力和产业链的整体优化。优异的生态环境是密云县旅游发展的基本优势,但当前密云旅游产业基本以生态观光为主,绿色旅游产品体系非常不完善,休闲度假、会议会展、运动拓展等高端绿色旅游业态发育不足,生态环境优势尚没有转化为旅游综合竞争力。同时,由于缺乏综合带动性强的旅游项目,使得旅游产业链条短,旅游相关产业发育不足,进而导致旅游经济效益不足。

4. 旅游发展受刚性约束,存在诸多不协调环节

密云是首都最为重要的水源涵养地,也已经获得国家生态县的称号,生态是第一旅游资源,但是脆弱优美的生态环境又对旅游开发建设以及旅游活动构成很大限制。作为首都饮用水重要水源地,密云大部分土地属于保护区和非建设用地,旅游设施建设用地被局限在有限的区域之内,在一定程度上影响了接待设施布局的合理性,并制约旅游产业的发展。从现有的旅游发展情况来看,还存在与生态环境不相协调的环节,旅游发展目标与环境保护目标两者存在矛盾性。开发建设的一些旅游项目不符合生态涵养区的规定,还没有构建旅游发展的生态补偿机制,旅游发展的经济导向严重,生态环境目标还没有提高到应有的位置,景区以及周边生态环境、民俗村生态环境也有待进一步优化提升。

四、密云县生态环境现状

"十一五"期间,密云县生态建设取得丰硕成果,2008年10月,密云顺利创建为国家生态县,同时被确定为全国首批生态文明试点地区,生态环境质量名列全市前列,节能降耗工作连续三年在全市排名第一,并且成功荣获国家卫生县城、国家园林城市等称号。全县17个镇全部被评为国家环境优美乡镇,311个村成为市级文明生态村,达到全县行政村总数的93.1%。当前的生态环境现状是绿色旅游综合配套改革试验区建设的资源基础和出发点,在未来绿色旅游综合配套改革试验区建设过程中,以保障、维护和促进现有的生态环境修复、优化、美化为前提。

(一)水资源质量概况

密云县水域面积197.3平方公里,占全县总面积8.8%。境内有两条河流水系——潮白河水系和蓟运河水系,有大型水库一座(密云水库)、中型水库三座(沙厂水库、遥桥峪水库、半城子水库)、小型水库21座。2010年末,密云县水资源总量为3.86亿立方米,其中地表水资源量为2.73亿立方米,地下水资源量为1.91亿立方米。密云县平均水资源可利用总量为0.95亿立方米(包括密云水库供水0.57亿立方米)。其中地表水资源可利用量为1.11亿立方米,多年平均地下水可开采量为0.93亿立方米。"十一五"期间,密云县水环境质量总体良好,主要河流和密云水库水体质量长期保持国家地表水二级以上标准,地下水水质总体稳定,满足GB/T14848—93《地下水环境质量标准》规定的三类标准,符合功能区水质要求。按照地下水水质综合评价方法,密云县地下水F值为0.79,水质优良。密云县出入境水质、主要河流、地下水水质评价情况分别如表2、表3和表4所示。

表2 密云县入出境水质评价表

水域名称	代表站点	规划类别	地表水水质评价类别		
			年平均	丰水期	枯水期
潮河入境	古北口	Ⅱ	Ⅲ Ⅲ	Ⅲ Ⅲ	Ⅲ Ⅲ
	辛庄桥	Ⅱ	Ⅱ Ⅱ	Ⅱ Ⅱ	Ⅱ Ⅱ
白河入境	大关桥	Ⅱ	Ⅱ Ⅱ	Ⅱ Ⅱ	Ⅱ Ⅱ
	四合堂	Ⅱ	Ⅱ Ⅱ	Ⅱ Ⅱ	Ⅱ Ⅱ
密云水库出境	水库	Ⅱ	Ⅲ Ⅲ	Ⅲ Ⅲ	Ⅱ Ⅲ

资料来源:《密云县"十二五"时期水资源节约利用和保护规划》

表3 密云县主要河流水质评价表

水域名称	代表站点	规划类别	地表水水质评价类别					
			年平均		丰水期		枯水期	
牤牛河	半城子水库	II	II	II	II	II	III	II
安达木河	遥桥峪水库	II	II	II	II	II	II	II
红门川河	沙厂水库	II	II	II	II	II	II	II
白马关河	石佛桥	II	II	II	II	II	II	II
放马峪沟	放马峪	II	II	I	I	I	II	II
清水河	墙子路	II	II	II	II	II	II	II

资料来源：《密云县"十二五"时期水资源节约利用和保护规划》

表4 密云县地下水水质评价表

乡镇	监测井点	水质类别				水质级别
		II	III	IV	V	
穆家峪镇	华云公司		√			良好
	水务站		√			良好
太师屯镇	供水站		√			良好
	葡萄园		√			良好
高岭镇	供水站		√			良好
不老屯镇	天文台		√			良好
	黄土坎村		√			良好
冯家峪镇	石佛养路队		√			良好
石城镇	石城寄宿小学		√			良好
溪翁庄镇	密云水库管理处		√			良好
	安全部密云绿化基地		√			良好
密云镇	沙河		√			良好
合计			12			
占总井数的百分比			100%			

资料来源：《密云县"十二五"时期水资源节约利用和保护规划》

(二)大气环境质量概况

"十一五"期间,密云县节能降耗工作取得显著成效。2010年全县能源消耗总量为93.33万吨标准煤,其中煤炭消费总量为65.63万吨,天然气消费量为1289.63万立方米。GDP能耗为0.66吨标准煤/万元。根据污染源普查统计结果,2010年,密云县二氧化硫排放量为2850.89吨,其中,工业排放1863.89吨,生活排放987吨。氮氧化物排放量为3294.82吨,其中,工业排放670.82吨,生活排放284吨,机动车排放2340吨。农业COD排放量为12 319吨,氨氮排放为495吨。"十一五"期间,密云县实现了空气质量达到二级和好于二级的天数占全年的比重达到75%以上的规划目标。其中2006年和2007年为75.3%,2008年为82.2%,2009年为86.6%,2010年为81.1%。

(三)声环境质量概况

"十一五"期间,县域经济蓬勃发展、人民群众文化娱乐生活不断丰富,车流量逐年增加,随之而来的噪声污染压力也在持续加大,但通过各部门严格管理、联合执法,噪声污染水平仍保持了稳中有降的态势。密云县有效网格数115个,覆盖面积13.29平方公里,占密云县城建成区面积16.3平方公里的81.5%。2010年监测结果显示,密云县区域环境噪声平均值为53.70dB(A)。密云县城建成区主要交通干线10条,总长度24.4公里,分为28条路段。2010年监测结果显示,交通噪声公里计权值为67.90dB(A),平均车流量为1241辆/小时。二类区域、三类区域噪声达标率均为100%,一类区域达标率为85.3%。

(四)固体废弃物概况

"十一五"期间,密云县固体废弃物产生量逐年增加,但通过完善配套设施、加强监督管理,仍实现了控制目标。按照城镇地区每人每天产生0.8~1.2千克生活垃圾,农村地区每人每天0.6~1.0千克估算,密云县全县生活垃圾每天产生434.1吨,全年为15.84万吨。2010年,生活垃圾无害化处理率为87.86%。2010年,密云县工业固体废弃物产生量为505.3万吨,工业固体废物综合利用量为121.6万吨,综合利用率为24.1%,工业固体废物处置量为383.7万吨,工业固体废弃物的排放量为0。

(五)园林环境质量概况

密云县野生植物较多,已知的有110科、394属、772种。全县已知的野生动物有11纲、131科。珍稀濒危野生动物资源主要有21种,分属国家一、二级和北京市一、二级,有"北京郊野动物园"之称。"十一五"期间,园林生态建设工作成果喜人。截至2010年,全县林木覆盖率达到69.83%,城市绿化覆盖率达到52.6%,人均公共绿地面积12.8平方米。2010年,全县生物丰度指数为88.55,植被覆盖指数为83.85,水网密度指数15.06,土地退化指数9.58,环境质量指数99.01。生态环境质量指数(EQI)74.86,生态质量在远郊区县中位居前列。

(六)农村环境质量概况

密云县现有环境优美乡镇 17 个,文明生态村 311 个,建立有机食品基地面积 5200 公顷,建立绿色食品基地面积 4333 公顷,建立无公害食品基地面积 887 公顷,已命名国家有机食品生产基地 46 个,农业病虫害防治率为 85%~95%,林业病虫害防治率为 95%,畜禽养殖场粪便综合利用率为 100%,农村卫生厕所普及率 94%,农村生活清洁能源所占比例为 55%,林木绿化覆盖率为 64.03%,耕地面积 24.8 万亩。花生、蔬菜等产生地膜经处理后,总量约为 350 吨~450 吨。根据 2010 年污染源普查动态更新结果,密云县农业 COD 排放量基数为 12319 吨,氨氮排放基数为 495 吨。

五、绿色旅游综合配套改革试验区的基本内涵

(一)建设思路

紧紧把握北京建设世界一流旅游城市以及密云建设"绿色国际休闲之都"的契机,以全面实施生态涵养发展区工作方略为引领,坚持"发展是第一要务、保水是第一责任、生态是第一资源"的建设理念,全面实施绿色旅游发展战略,努力推动旅游经营管理体制机制创新,将旅游发展对生态环境的负面影响降到最低限度,构建有利于促进水源保护和生态环境优化的政策保障体系,实现旅游发展的经济效益、环境效益和社会效益的协调统一,使绿色旅游产业成为生态友好产业示范区建设的核心内容,促进"三个走在前列"战略目标的实现,将密云建设成为绿色旅游促进生态环境保护和引领发展的全国示范模范县。

(二)发展定位

北京绿色旅游综合配套改革试验区。充分发挥密云县作为生态涵养发展区,生态环境优异,但是同时又生态环境脆弱,兼顾生态涵养和经济社会发展双重任务的职能定位,积极探索,先行试验,努力摸索出一条既促进水源保护同时又保障旅游经济发展的新模式。

全国绿色休闲产业发展示范区。深入贯彻落实绿色旅游的发展理念,构建绿色旅游产品体系,实施绿色行业认证,推动旅游服务单位的节能减排,创新实施旅游开发的生态补偿机制,确保旅游产业发展成为名副其实的生态友好型产业,努力发挥在全国的榜样示范作用。

绿色国际休闲之都。坚持生态立县,环境优先,在保护中发展,在发展中保护,通过绿色旅游发展带动资源节约型和环境友好型社会建设,探索人与自然和谐相处的文明发展之路,努力将密云县建设成为具有国际影响力的生态型旅游目的地。

(三)建设模式

密云县绿色旅游综合配套改革试验区建设模式由理念层、战略层、目标层、对策层以及政策层构成,整体建设框架如图 2 所示。

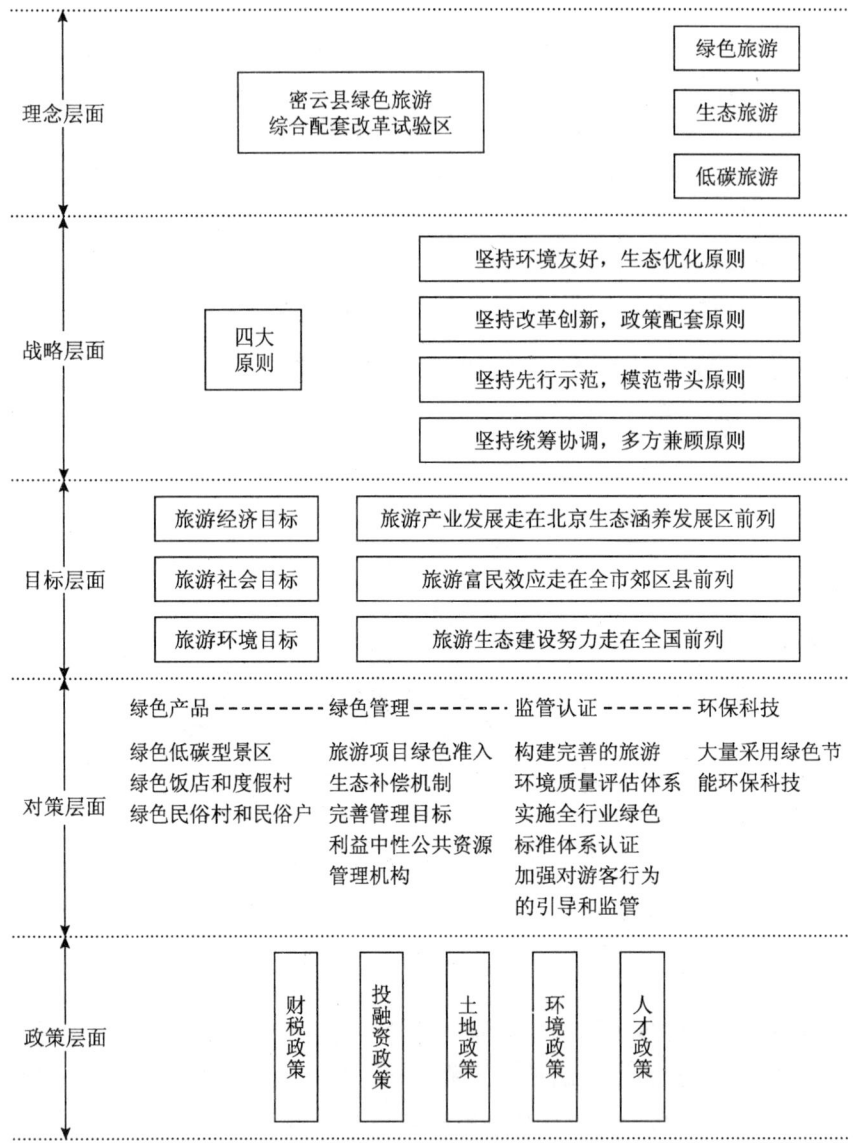

图2 密云县绿色旅游综合配套改革试验区总体建设框架

(四)建设原则

1. 坚持环境友好,生态优化原则

所谓环境友好、生态优化原则是指,深入贯彻落实绿色旅游的发展理念,努力消除旅游发展可能对生态环境造成的多方面负面影响,将旅游开发和旅游活动的不良影响限制在可控的范围之内,充分发挥旅游业作为生态友好型产业的性质,构建旅游产业发展的生态补偿机制,充分展现"生态是第一旅游资源"的理念,约束旅游产业发展的唯经济利益导向程度,切实保障促进水源保护和生态环境优化成为旅游发展的基本目

标和前提性目标。

2. 坚持改革创新，政策配套原则

所谓改革创新、政策配套原则是指，为了保障绿色旅游理念的有效落实，创新旅游经营管理体制，改革不适应绿色旅游发展的机制或环节，构建有利于通过发展旅游业促进水源保护和生态环境优化的政策保障体系，通过"创新、改革、配套"三个维度的建设，确保绿色旅游综合配套改革试验区的建设落到实处，走出一条符合密云县生态涵养发展区实际情况的生态友好型产业发展路径。

3. 坚持先行示范，模范带头原则

所谓先行示范、模范带头原则是指，紧紧把握北京市政府针对密云建设"国际绿色休闲旅游产业综合示范区"的定位，积极探索大力发展绿色旅游促进水源保护的有效模式或路径，力争做到"三个示范"，将旅游景区建设成为绿色生态示范型景区，将旅游企业建设成为绿色环保型企业，将旅游行业监管建设成为绿色管理的典范，积极助推密云国家生态县的建设，建设成为在北京乃至全国实现旅游经济效益、环境效益和社会效益统筹协调的典范。

4. 坚持统筹协调，多方兼顾原则

所谓统筹协调、多方兼顾原则是指，在绿色旅游综合配套改革试验区的建设过程中，坚持"发展是第一要务，保水是第一责任，生态是第一资源"的理念，前提是促进生态环境保护，核心是加快旅游经济发展，根本是产生旅游富民效应，统筹协调生态环境保护、旅游经济发展和旅游社会效益，兼顾旅游企业、外来投资商、社区居民、村落村民等多方面的利益，调动各方面的积极性，共同致力于旅游经济发展和生态环境的维护。

（五）建设目标

将环境建设目标纳入密云县旅游业"十二五"规划，密云县绿色旅游综合配套改革试验区建设的目标体系包括旅游经济目标、旅游社会目标、旅游环境目标三大目标体系。

1. 旅游经济目标——旅游产业发展走在北京生态涵养发展区前列

"十二五"期间，密云旅游产业规模不断扩大。2015年接待游客量达到1200万人次，旅游总收入达到30亿元，游客人均消费达到250元以上。"十二五"期末，实现旅游产业发展走在北京生态涵养发展区前列。

2. 旅游社会目标——旅游富民效益走在全市郊区县前列

到"十二五"期末，旅游发展为当地居民新增2.5万个就业岗位，旅游就业人数达到4万人，为1.3万个家庭增加年均家庭收入8亿元；乡村旅游收入达到6亿元，为提高乡村居民的收入水平和生活质量做出贡献。特别是充分发挥旅游业的富民效应，在增加民俗户家庭年收入方面走在全市郊区县前列。

3. 旅游环境目标——旅游生态建设努力走在全国前列

构建旅游发展的生态环境考核指标体系，并将生态环境建设目标纳入旅游发展的目标体系，成为旅游发展的重要参考依据，努力促进密云旅游生态建设走在全国前列。密云县绿色旅游综合配套改革试验区"十二五"期末旅游生态环境目标体系如表5所示。

表5 绿色旅游综合配套改革试验区旅游生态环境目标一览表

指标分类	规划指标	规划目标
水环境	旅游安全饮用水达标率	100%
	景观娱乐用水水质	与人体直接接触的景观、娱乐水体达到GB12941—91标准的A类
		国家重点风景游览区及那些与人体非直接接触的景观娱乐水体达到GB12941—91标准的B类
		一般景观用水水体达到GB12941—91标准的C类
	旅游城镇生活污水集中处理率	95%
	民俗村生活污水集中处理率	90%
	旅游经营单位再生水利用率	85%以上
	河道生态治理	303.7公里
	建设生态清洁小流域	31条
	水土流失治理程度	95%
大气环境	空气质量二级和好于二级的天数/全年天数	85%
	旅游景区环境空气质量	GB3095—1996的一类标准
	旅游经营单位室内空气质量	符合GB/T18883—2002
	星级饭店、度假村锅炉大气污染物排放	符合GB13271—2001
	旅游餐饮单位厨房安装油烟净化设备且油烟排放	符合GWPB5—2000
声环境	景区环境噪声平均值	<30dB(A)
	旅游交通噪声公里计权值	<50dB(A)
	饭店边界噪声	符合GB3096—93
固体废弃物	旅游经营单位生活垃圾无害化处理率	100%
	民俗村生活垃圾无害化处理率	90%
园林环境	全县林木覆盖率	69.83%
	城市绿化覆盖率	52.60%
	人均公共绿地面积	12.8m^2
节能减排	旅游产业单位GDP耗电量	降低20%
	旅游产业单位GDP耗水量	降低18%
	景区森林碳汇能力	提高20%
	民俗村清洁能源使用比例	80%以上
	民俗户节水器具普及率	95%以上
	设施农业高效节水达标率	100%

六、绿色旅游综合配套改革试验区的空间架构

区域的生态空间是否合理对于区域的可持续发展至关重要,景观生态学家 Forman 提出的"格局优化"理论认为,作为一个合理的区域生态安全格局,应该是几个大型的自然植被斑块作为物种生存和水源涵养所必需的自然栖息环境,有足够宽和一定数目的生态廊道用以保护水系和满足物种空间运动的需要,在区域内有分散分布的小型自然斑块和廊道,用以保证景观的异质性。有关生态安全格局优化的理论将为密云绿色旅游综合配套改革试验区的旅游空间格局优化提供理论依据。

(一)绿色旅游生态安全格局架构的原则

1. 与"生态涵养发展区"的空间架构相衔接的原则

根据《北京城市总体规划(2004—2020)》有关密云"生态涵养发展区"的定位,密云县域整体功能分区为:水库上游生态涵养发展区和水库下游城镇与产业发展区。水库上游重点任务是生态涵养,但发展仍然是中心任务,水库下游的重点是城镇建设和产业发展,但也要十分重视生态环境保护。

2. 与"生态友好型产业发展示范区"的产业布局相衔接的原则

密云县"十二五"规划纲要提出以环境友好型工业为主要支撑,以休闲旅游业为战略支柱,以总部经济为后发优势,以都市型现代农业为基础,以重大项目为带动的"两区、两带、一基地"的产业发展格局,其中"两区"是指经济开发区和非水源保护区中的产业园区,"两带"分别为潮河产业带和白河产业带,而"一基地"为密云总部基地。

3. 与密云县区域生态安全格局基本构架相衔接的原则

《密云县生态县建设规划(2005—2020)》依据生态安全格局优化理论,将密云县的区域生态安全格局确定为:五个大型植被控制区、一个大型湿地(密云水库)、四大路廊(101国道、京承高速公路、京承铁路、京通铁路)、两条水脉(潮、白两河及其主要支流)和若干重要节点。

(二)绿色旅游生态安全格局架构

根据生态安全格局优化理论以及旅游生态安全格局架构的原则,将密云县的绿色旅游生态安全格局总体划分为"两区、两脉、多带、系列重点镇"。所谓"两区"是指"密云县城绿色旅游产业综合配套区"和"环密云水库旅游开发控制区",所谓"两脉"是指"潮河绿色休闲产业发展脉"和"白河绿色休闲产业发展脉",所谓"多带"是指"多条绿色民俗休闲旅游发展带",而"系列重点镇"是指"多个特色绿色旅游产业集聚乡镇"。密云县绿色旅游生态安全格局如表6所示。

表6 密云县绿色旅游生态安全格局架构一览表

总体格局	功能分区	区域范围	功能定位	环保控制
两区	密云县城绿色旅游产业综合配套区	密云县城及生态商务区	国际型会议、会展、休闲度假中心，时尚文化展示、演艺中心；全县旅游综合服务中心	节能减排、绿色认证，构建绿色产业服务体系
	环密云水库旅游开发控制区	密云水库一级保护区	非建设区和非旅游区，禁止新建、改建、扩建除水利或者供水工程以外的工程项目	整理整顿密云水库周边滑雪场等高耗水项目，对已有的民俗旅游进行严格环保控制
两脉	潮河绿色休闲产业发展脉	以潮河和京承高速公路为主轴的潮河流域地区，包括穆家峪、巨各庄、大城子、北庄、太师屯、古北口、新城子、高岭8个镇	依托古北口沟域经济项目、龙湾水乡国际休闲旅游项目、港中旅房车小镇房车营地项目，加快古北口、雾灵山、白龙潭、金鼎湖等地区旅游资源开发，建设国际一流水平的高端休闲旅游区	上马的旅游项目实施严格的环评标准，旅游服务单位开展节能减排，绿色认证，旅游垃圾无害化处理
	白河绿色休闲产业发展脉	以云蒙风情大道为主轴的白河流域地区，主要包括溪翁庄、西田各庄、石城3个镇，辐射冯家峪、不老屯2个镇	加快云蒙山整体开发和溪翁庄—石城旅游集散地建设，建设山水风光型生态休闲旅游度假区	上马的旅游项目实施严格的环评标准，旅游服务单位开展节能减排，绿色认证，旅游垃圾无害化处理
多带	清水河休闲渔业产业带	清水河流域	休闲渔业小区集聚带，特色农产品加工	生态有机渔业、绿色农产品加工
	安达木河休闲果园产业带	安达木河流域	休闲果园集聚区，农业采摘、果品销售	绿色果品、菜蔬
	白马关河生态农业休闲产业带	白马关河流域	生态农业、都市农业休闲产业区	绿色有机农业
	河南寨—东邵渠—巨各庄现代科技农业园区	河南寨—东邵渠—巨各庄一线	依托张裕爱斐堡国际酒庄等红酒庄园项目，大力发展红酒庄园农业休闲项目以及现代都市农业休闲项目	绿色有机农业、特色绿色种植

续表

总体格局	功能分区	区域范围	功能定位	环保控制
系列重点镇	古北口镇	古北口镇	大力实施长城文化、古镇文化、都市农业文化功能区建设,全力保障古北口沟域经济项目建设,全力推进汤泉香谷沟域典范建设,全力推进文化创意产业名区建设,全力推进古镇风貌恢复建设	绿色开发沟峪,旅游服务项目节能减排、绿色认证
	石城镇	石城镇	结合周边黑龙潭、云蒙山、京都第一瀑、清凉谷等自然生态观光景区密集的区位优势,大力发展旅游综合服务接待,建设成为生态观光旅游区的辅助接待中心	旅游示范型景区,绿色示范型民俗村、民俗户
	溪翁庄镇	溪翁庄镇	围绕"密关路"和"环南线"等旅游交通枢纽,完善旅游服务设施,强化旅游集散功能。延伸渔文化链,拓展高品质休闲渔乐市场	上马旅游项目实施严格的环评,大力开展节能减排以及绿色认证
	穆家峪镇	穆家峪镇	围绕潮河和101国道打造高端红酒文化产业基地、渔趣垂钓园区;以九松山山地高尔夫俱乐部为引领,发展航空、马术、野外拓展等休闲运动产品;打造独具魅力的高端休闲、养生度假基地和中高端企业理想的总部田园会所,建成北京郊区生态高端休闲度假名镇	上马旅游项目实施严格的环评,大力开展节能减排以及绿色认证
	巨各庄镇	巨各庄镇	围绕蔡家洼休闲产业区、北京张裕爱斐堡国际酒庄、首云铁矿国家级矿山公园以及金鼎湖龙湾水乡国际休闲旅游项目开发,积极发展现代高效农业、观光工业旅游和大型国际商务休闲不夜城,打造"酒乡之路"葡萄酒庄产业带	绿色有机农业、大力开展节能减排以及绿色认证

七、绿色旅游综合配套改革试验区建设对策

(一)打造绿色旅游产品体系

1. 建设绿色低碳型景区

(1)编制景区环境建设规划。坚持规划先行的发展思路,积极推动编制全县、重要沟带、民俗村以及星级景区的环境建设专项规划,系统评估系列旅游区域环境建设的薄弱环节,对景区的生态环境特性、景观吸引力、景区环境承载能力进行科学评价,发现制约旅游景区环境的关键问题,科学制定系列旅游区域的环境建设战略思路、环境优化提升方案以及各项管理发展措施,落实旅游区环境建设的各项责任,以此来指导系列旅游区域环境优化提升及可持续发展。

(2)构建绿色交通游览体系。游客游览活动是旅游景区的主要碳排放源,建设绿色低碳型景区,需要努力构建一套低碳排放的游览体系,降低旅游活动中的碳排放量。大力推动生态停车场建设,禁止机动车进入景区,力争到"十二五"期末,密云县3A级及以上景区全部采用电瓶车、电瓶船等节能环保型交通工具,继续推动骑行基地的建设,借鉴杭州的经验,力争将自行车游览发展成为游客在旅游区域的主流游览方式。

(3)增强景区碳汇能力。碳汇是从空气中清除二氧化碳的过程、活动、机制。它主要是指森林吸收并储存二氧化碳的多少,或者说是森林吸收并储存二氧化碳的能力。加强密云县系列旅游景区植被保护和绿化建设的力度,将景区的林木覆盖率纳入景区经营管理的年度考核指标,实行旅游开发占补平衡政策,凡是旅游开发涉及占用林地的,占用单位需要同时负责栽种与占用林地数量和质量相当的林地。

(4)实施游客环境容量控制。所谓环境容量是指某一地区,在一定时间内,维持一定水准给旅游者使用,而不破坏环境和影响游客体验的利用强度。由旅游局负责测算全县风景名胜区、自然保护区、森林公园等自然生态型景区的游客环境容量上限,并将测算的游客环境容量上限成为指导相关景区游客进入的约束性指标。

(5)构建完善的景区环境监测监控体系。与环保部门紧密配合,将景区的环境监测监控纳入环保部门的重点监控对象。选取旅游环境的敏感性指标,建立完整的旅游景区环境预警指标体系,动态化监控环境生态指标、环境污染指标以及文物古迹变化指标等景区环境指标,收集相关的旅游环境信息。同时,建立完善旅游环境监控和预警管理组织,进行常规性征兆调查分析、拟订预警管理计划、开展风险和预警培训,及时提出景区的各种环境监测报告。

(6)建设一批示范型绿色景区。按照"先行示范、逐步推进"的原则,首先选取一批近期即将实施的重点旅游项目,按照绿色低碳型景区的要求进行建设,高标准建设成为示范型绿色低碳型景区,以探索绿色低碳型景区的建设经验,待旅游景区环境质量评估达到一级标准之后,再行推广,以为其他景区提供经验借鉴。在绿色示范型景区的建设过程中,北京市旅游委有选择地给予一定资金补助。近期选择的重点示范型绿色旅游项目如表7所示。

表7 重点建设的示范型绿色旅游项目一览表

序号	重点工程	项目主体	建设内容
1	"酒乡之路"项目一期建设	巨各庄镇政府	规划建设1万亩葡萄种植基地,着力引进各具特色的葡萄酒庄园,打造"酒香之路"葡萄精品产业带,促进葡萄酒产业生态旅游示范区建设,努力建设生态休闲示范小城镇,具有国际影响的主题休闲胜地
2	云蒙山风景名胜区开发	远大集团置业投资有限公司	总投资25亿元,以云蒙山地区的山水风光和原生态资源为条件,打造"山野风光观赏、山村风情体验、山地运动健身、山村养生度假"为特色的大型主题休闲度假区
3	华润希望小镇二期建设	穆家峪镇政府	结合沟域的自然人文景观,引进面向白领阶层的中高端旅游项目。打造特色空间和线路,将现有项目和规划项目以及整体自然环境背景融合为整体,通过实行多种形态的会员制度,把红酒庄园、高尔夫球场、高端会议休闲和居住项目串联起来,使之成为高端旅游精品线路及高端消费群体的聚集区
4	雾灵山—司马台沟域经济建设	古北口、新城子镇政府	围绕雾灵山、司马台、古北口三个旅游核心区开发,打造长城、古镇文化与山水文化相融合的高品质休闲度假产品,打造具有国际影响力的高端旅游度假区
5	转山子水库养生度假区综合开发	不老屯镇政府	项目包括居住养生区、文化休闲养生区、休闲游乐区、不老美食区、度假疗养区、运动养生区、生态养生区、生理美容养生区等功能区,是涉及古村改造、体验式生态旅游、度假酒店、山地房产休闲区等多种业态为一体的大型旅游项目
6	华润生态乐活城项目	生态商务区	总投资40亿元,建设集花园企业总部、山水会所、大型休闲游乐商业综合体、文化会展、商务臻品度假酒店于一体的生态乐活城,营造低碳、创意、活力的生态环境,吸引优质企业入驻,形成可持续发展的产业集群
7	蔡家洼林达英语城项目	巨各庄镇政府	总投资30亿元,建设欧洲建筑风格的英语城,打造中国首席英语主题文化生态体验之城
8	北大方正国际健康产业园项目	巨各庄镇政府	总投资39.58亿元,建设国际健康产业园、国际医疗产业园、国际健康养老社区、国际教育中心,打造中国第一养生旅游医疗圣地

2. 绿色饭店和绿色度假村

绿色饭店是国际住宿业和餐饮业的新型经营方式,是指那些为旅客提供的产品与服务既符合充分利用资源、保护生态环境的要求,又有益于顾客身体健康的酒店。绿色饭店要求饭店将环境管理融入饭店经营管理之中,以环境保护为出发点,调整饭店的发展战略、经营理念、管理模式、服务方式,实施清洁卫生,提供符合人体安全、健康要求的产品,并引导社会公众的节约和环境意识、改变传统的消费观念、倡导绿色消费。积极推动密云县绿色旅游饭店和绿色度假村建设,鼓励县域宾馆、饭店、度假村、疗养院、培训中心等住宿接待单位按照《绿色旅游饭店》(LB/T007—2006)的标准积极进行申报,对于申报成功的单位给予表彰和奖励。将绿色旅游饭店标准纳入饭店业的基本管理,使绿色饭店数量成为旅游局的一项考核指标。

3. 绿色民俗村和绿色民俗户

与密云县农委积极配合,积极推动乡村民俗旅游发展成为社会主义新农村建设的重要组成部分,不断提高乡村民俗旅游的富民效应,使民俗旅游收入成为农民增收和提高农业产业附加值的重要来源。与此同时,加大对民俗村村容村貌以及周边生态环境的整治力度,提高民俗村道路、路灯、公厕、垃圾转运、污水处理等基础设施的建设水平和数量,加大对民俗村垃圾、污水的集中处理力度,力争到"十二五"期末使民俗村的生活垃圾无害化处理率达到90%以上。实施民俗户房屋建筑以及服务的环境认证工程,不断提高民俗户的卫生服务质量。选择区位条件好,拥有一定历史底蕴的民俗村,借鉴怀柔区八宝堂村的整体改造经验,选择石塘路村、司马台村、遥桥峪村等,进行创意性规划设计,规划建设一批历史风貌浓厚、生态环境优异的示范性民俗村。

(二)构建绿色行业管理体系

1. 实施旅游项目的绿色准入制度

加大旅游项目的招商引资力度,同时,引入旅游项目的绿色准入机制,提高绿色准入门槛。对于在生态涵养发展区建设的住宿餐饮、休闲度假、运动拓展、疗养康健等经营类旅游项目,首先,需要对旅游项目的选址进行严格控制,需要避开生态环境脆弱地区;其次,需要进行环境评价,如果可能会对环境造成不良影响的,相关的项目建设必须同时包括针对负面影响的完善应对措施;最后,对项目规划以及项目建设的理念进行评估,确保规划理念先进,建设理念与生态环境相协调,同时采用节能减排技术,包括有效处理旅游垃圾以及旅游消费污水排放的措施。

2. 构建旅游经营的生态补偿机制

生态补偿机制是以保护生态环境、促进人与自然和谐为目的,综合运用行政和市场手段,调整生态环境保护和建设相关各方之间利益关系的环境经济政策。按照"谁受益谁付费,谁破坏谁补偿"的原则构建旅游经营的生态补偿机制。确保自然保护区、风景名胜区、森林公园、文物保护单位等事业管理型景区将门票收入的一定比例用于生态环境的修复和优化。联合环保部门,定期对县域旅游经营单位的经营活动进行环境影响评估,对于在经营期间对生态环境造成不良影响的,责令其及时进行恢复。

由北京市旅游委、密云县财政以及旅游经营单位共同出资,设置旅游生态补偿专项基金,专门用于密云县旅游开发和经营的生态补偿及修复支出。构建旅游经营的生态反哺机制,明确各旅游经营单位每年用于旅游生态环境优化支出占经营收入的比例,并对资金的使用效率进行监督。

3. 完善旅游行业的管理目标

积极完善密云县旅游局的旅游行业管理职能,改变过于偏重旅游经济目标的管理导向,将旅游环境目标纳入旅游行业管理的目标体系,联合环保、林业、水利、农委等旅游资源管理的相关职能部门,定期抽查旅游生态环境保护情况。在旅游局设置旅游环境监管科,配备相关的职能人员,专门负责旅游环境改造提升、旅游环境质量监控、旅游环境质量评估、旅游经营单位绿色认定等方面的工作。同时,构建旅游生态环境的长效管护机制,避免旅游环境监管流于一时或者是流于形式。

4. 构建利益中性的公共资源管理机构

对于区域自然或文化遗产类以公共资源为主的景区,需要按照相关资源主管部门的要求成立景区管委会。改革现有公共资源类景区的经营管理体制,使其能够成为保持利益中性,以自然或文化遗产保护为主要目标并且具有独立地位的机构。剥离景区管委会的经营职能,采取特许经营的方式授权企业成为营利性旅游项目的经营主体。而旅游项目的经营企业需要向景区管委会定期缴纳特许经营费。景区管委会以公共资源的可持续发展和生态环境优化为主要管理责任,同时负责监督授权旅游项目经营企业的日常经营活动,如果经营企业出现破坏生态环境的问题,景区管委会需要承担监管不力的责任。

(三)构建完善的旅游环境质量评估体系

构架完善的旅游景区环境质量评估管理体系,首先,在密云县旅游局新设环境监管科,专门负责组织对景区环境生态质量的评估工作;其次,由环境监管科牵头,联合环保、国土、水利、林业、农委等职能部门领导以及环保、旅游方面的专家,组建密云县旅游环境质量评估委员会,定期或者是采取重点抽查、不定期暗访的形式对旅游景区的环境质量进行评估检查;最后,设置《密云县旅游景区环境质量评估表》(参见附件一),根据旅游景区环境质量评估的得分将旅游景区划分为四个等级:一级、二级、三级、四级。密云县旅游景区环境质量评估包括十个方面,共计1000分,共分为10个一级项目,61个二级项目,158个三级项目。其中一级景区环境质量需达到950分,二级景区环境质量需达到850分,三级景区环境质量需达到750分,四级景区环境质量需达到600分。

(四)大量采用绿色节能环保科技

积极采用现代绿色节能环保科技,提高生态环境监控以及旅游环境修复、保护水平。比如在资源调查、生态环境动态检测方面,可以采用"3S"技术(即利用RS技术采集旅游资源信息,利用GPS技术进行实时三维定位,确定各类旅游资源信息的空间地位,利用GIS技术对各类旅游资源信息进行分析处理,形成完整的地理信息管理系统),再结合实地检验,将大大提高旅游资源调查的质量以及生态环境监控的实时性,具有省时、省力、快速、信息丰富、形象客观和可重复观测等优点。在旅游项目建设方面,引入绿色建筑标准,可以大量采用节能环保建筑材料,进行低碳化的设计,以提高建筑物的节能降耗能力。

(五)实施全行业绿色标准体系认证

为了提高密云县旅游发展的国际化水平,建设"绿色国际休闲之都",需要积极推动与国际接轨的行业绿色标准认证。为了提高旅游行业可持续发展能力,世界旅行旅游理事会(WTTC)在20世纪90年代初开始倡导在旅游行业推行"ISO14000"系列标准和"绿色环球21"认证。ISO14000是国际标准化组织(ISO)继ISO9000标准之后推出的又一个管理标准体系,用于规范企业及社会团体等组织的环境行为,支持全球的环境保护工作。而"绿色环球21"标准体系是目前全球旅行旅游业唯一公认的可持续旅游标准体系。当今,"ISO14000"、"绿色环球21"已经成为国际公认的旅游行业环境质量可持续管理的认证标牌,是地区旅游业走向国际市场的敲门砖。因此,应积极推动密云县旅游经营单位开展"ISO14000"和"绿色环球21"的认证工作,助推旅游产业的国际化水平。

(六)加强对游客行为的引导和监督

采用多种方式加强对游客行为的引导和监督,制定景区游客行为规则和标准。在景区售票处发放景区旅游行为指南,告诫游客哪些是禁止行为,哪些是不文明行为。在游客中心播放景区文明行为和禁止行为的小短片或者利用大型电子显示屏播出游览须知及文明宣传短片,唤醒游客的环境保护责任意识。在旅游集散中心、旅游景区内设置一些人性化的、十分温馨的提示牌,引导旅游者注意保护旅游景区内的环境,比如不要乱扔垃圾、乱刻乱画等。此外,积极开展环保宣传和低碳旅游教育,培养旅游者的环境保护意识,引导旅游者的旅游消费行为和消费习惯。同时,提高对破坏旅游景区环境行为的惩罚力度,对在自然生态景区乱扔垃圾、攀折花木等不文明行为者实行批评教育和经济处罚。

八、绿色旅游综合配套改革试验区配套政策

(一)建设有针对性的财税扶持引导政策

加大财税资金对于旅游环境建设的扶持引导力度,目前,密云县政府每年拿出财政收入的10%作为生态县建设专项引导资金,争取将旅游环境建设资金在生态县建设专项引导资金中专门列支。北京市旅游委应该加大对密云县生态环境建设的支持力度,将密云县旅游环境建设资金和北京市旅游委扶持资金共同组成旅游生态补偿专项基金,专门用于旅游生态环境整治以及补偿由于旅游开发建设以及旅游活动造成的负面影响。出台鼓励外来投资商投资绿色旅游建设项目的财税政策,经过环境评价,所确定的旅游开发项目确实属于绿色生态型项目的,在基础设施建设方面给予一定的财政补贴。与农委密切配合,积极争取北京市农委有关村庄环境整治以及社会主义新

农村建设资金的专项扶持资金,重点用于优化民俗村环境及完善基础设施建设。

(二)构建有所指向的投融资管理制度

对于经营性旅游投资项目,需要投资方明确生态环境维护的投资额度。对于环境效益好的重大旅游投资项目,密云县政府在融资环节需要给予积极协助,简化融资手续,降低融资成本。与密云县县域的贷款机构紧密合作,积极推动贷款机构开设旅游小额贷款业务,或者是搭建统一的旅游小额贷款平台。重点扶持中小景区、民俗村、民俗户生态环境整治优化以及特色旅游餐馆、经济型旅游住宿、绿色旅游餐饮、绿色旅游商品等方面建设的小额资金扶持力度,繁荣绿色旅游产业经济。由密云县财政以及北京市旅游委共同出资设置密云县绿色旅游产业促进资金,重点投向景区生态环境治理、基础设施建设、污水垃圾处理等方面。

做好旅游投融资的监管工作,联合财政局、投资促进局等职能部门构建旅游投融资的监管机制,对于县域重点旅游项目投资以及申请使用绿色旅游产业促进资金、旅游生态补偿专项基金的项目,严格执行投资问效、追踪管理。对资金的来源、申请、使用进行严格的审核,对资金的使用过程进行全程监督,对资金使用效率进行审核与检查,对资金使用失误进行责任追究。

(三)出台有助于绿色旅游开发的土地政策

旅游项目开发要占用农村集体土地的,严格执行国家或北京市有关土地征用的规定。积极推动民俗村开展农村集体经济产权改革①的试点工作,以"资产变股权、农民当股东"为基本方向,以发育社区股份合作制为主要形式,大力推进密云县的民俗村进行改革试点。通过将农村的土地、林木等生产要素以股份的形式组织起来,规范集体经济组织经营,大力推进将分散的农村土地资源向绿色旅游经营转移,促进农村劳动力向旅游产业转移,充分发挥旅游业的富民效应。创新有利于发展乡村绿色旅游的农村土地流转机制,鼓励民俗村成立旅游专业合作社,在此基础上,采用"公司+农户+合作社"的形式,农户以土地资源入股,实现土地资源流转并统一经营管理,农户定期收取土地租金以及分享土地资源入股收益。合作社参与旅游项目的经营管理,旅游项目经营收入根据要素共享进行分成。探索农村宅基地开展旅游项目经营的机制,逐步推动外来投资者利用宅基地经营旅游项目的合理保障化。

(四)出台促进旅游环境优化的奖励政策

构建有效促进旅游环境优化保护的激励机制,鼓励旅游经营单位申报"绿色旅游饭店"、"ISO14000"、"绿色环球21"等体系标准的认证,由旅游局牵头,由财政局、环保局配合,及时出台奖励办法,对于获得认证资格的旅游经营单位给予表彰和资金奖励。实施旅游环境质量定期评估制度,对于在评估中获得一级、二级或者进步较快的

---

① 近些年在北京郊区县开展的农村集体经济产权改革的主要形式为:在清产核资(资产评估)、搞清家底,并界定集体经济组织成员身份的基础上,在处理历史遗留问题、适当留出社会保障资金的前提下,将集体净资产分为集体股和社员个人股。集体股仍为社员共有。社员个人股根据社员的土地承包权和对集体经济的贡献等落实到每个社员名下,属于社员个人所有。

景区管委会、民俗村村委会给予表彰和奖励。将园林绿化和景区碳汇指标纳入景区管委会和旅游经营单位的年度经营管理指标,每年规定各类景区的碳汇指标,对于超额完成碳汇指标的,给予资金奖励。充分借助农业绿色补贴机制,联合农委,对于县域绿色农业、生态养殖等绿色生态农产品生产经营单位给予绿色补贴。

(五)出台绿色旅游人才引进政策

为了建设"绿色国际休闲之都",需要建立高层次绿色旅游经营管理人才的引进机制和鼓励政策。为旅游局新设的旅游环境监管科配备精通环境管理的高层次人才。聘请旅游环境咨询顾问,定期为旅游环境建设出谋划策。定期邀请环境专家对密云县旅游行政管理部门、旅游行业部门、民俗户进行有关旅游环境建设的辅导和培训,提高旅游行业从业人员的环保意识和环境治理能力。出台高层次绿色旅游经营管理人才的引进政策,每年公布引进高层次人才的名单,制定对于相关人才在住房、子女教育、社会保障方面所给予的明确优惠和扶助标准,确保高层次绿色旅游经营管理人才能够在密云安居乐业。

附件 密云县旅游景区环境质量评估表

一级项目	二级项目	三级项目	一级项目分数	二级项目分数	三级项目分数
1.景区环境管理体系			48		
	1.1 景区环境建设管理规划			16	
	1.2 景区环境建设管理手册			16	
	1.3 景区环境督导小组			16	
2.低碳景区指标			132		
	2.1 景区能源指标			16	
		2.1.1 新型清洁能源供应系统			4
		2.1.2 节水指标			4
		2.1.3 节能指标			4
		2.1.4 新型清洁能源利用比例			4
	2.2 景区建筑等环保材料指标			16	
	2.3 景区资源循环利用指标			8	
		2.3.1 垃圾回收利用			4
		2.3.2 废旧电池回收			4
	2.4 景区低碳交通			16	

续表

一级项目	二级项目	三级项目	一级项目分数	二级项目分数	三级项目分数
2.低碳景区指标		2.4.1 控制机动车政策			4
		2.4.2 电瓶车、自行车等绿色交通			4
		2.4.3 生态停车场比例			6
	2.5 景区低碳旅游项目			12	
	2.6 景区碳汇指标			32	
		2.6.1 景区森林碳汇指标			12
		2.6.2 景区绿化率			10
		2.6.3 景区植被景观种类			10
	2.7 景区碳排放指标			16	
		2.7.1 旅游区主要污染物排放量			16
	2.8 游客行为引导			16	
		2.8.1 旅游景区低碳旅游手册			4
		2.8.2 低碳旅游行为奖励措施			4
		2.8.3 游客文明行为引导标志牌			4
		2.8.4 游客文明行为宣传和教育			4
3.景区生态环保建设			144		
	3.1 景区生态环境保护投入			16	
		3.1.1 景区生态环境保护专项投入			8
		3.1.2 景区生态环境保护投入占景区门票收入比例			8
	3.2 生态环境保护制度和人员			16	
	3.3 景区内部设置分类保护区			10	
	3.4 景区自然景观保护措施			16	
	3.5 景区文物古迹保护措施			16	
	3.6 景区水资源保护			22	

续表

一级项目	二级项目	三级项目	一级项目分数	二级项目分数	三级项目分数
3.景区生态环保建设		3.6.1 地面水环境质量达到 GB3838 一级标准			8
		3.6.2 专门的排污、排水系统			6
		3.6.3 污水排放达到 GB8978 标准			8
	3.7 空气资源保护			16	
		3.7.1 空气质量达 GB3095—1996 一级标准			16
	3.8 噪声污染			16	
		3.8.1 噪声质量达到 GB3096—1993 的一类标准			10
		3.8.2 无线无噪音讲解器服务			6
	3.9 放射防护标准			16	
		3.9.1 放射防护标准符合 GBJ8—74 中规定的有关标准			16
4.景区环境卫生			84		
	4.1 景区环境卫生管理体系			16	
		4.1.1 景区卫生管理制度			8
		4.1.2 专职卫生责任员			8
	4.2 景区场地卫生环境			16	
		4.2.1 景区室内外场所清洁,无污水、污物			4
		4.2.2 景区室内外场所气味清新,无异味			4
		4.2.3 无乱建、乱堆、乱放现象			4
		4.2.4 内部建筑物和各种设施无剥落、无污垢			4

续表

一级项目	二级项目	三级项目	一级项目分数	二级项目分数	三级项目分数
4. 景区环境卫生	4.3 景区垃圾卫生			16	
		4.3.1 卫生清洁设备完好保持率100%			4
		4.3.2 由专人负责清扫			4
		4.3.3 清扫及时,日产日清			4
		4.3.4 垃圾集中分类处理			4
	4.4 景区垃圾箱			20	
		4.4.1 垃圾箱数量充足			4
		4.4.2 垃圾箱分类设置			4
		4.4.3 垃圾箱布局合理			4
		4.4.4 垃圾箱造型美观,与景观环境相协调			4
		4.4.5 垃圾箱用生态环保材料制作			4
	4.5 景区吸烟区管理			16	
		4.5.1 划分吸烟区与非吸烟区			8
		4.5.2 严格控烟,有处罚措施			8
5. 景区厕所环境			128		
	5.1 景区厕所设备齐全、洁净及完好保持率达90%			16	
		5.1.1 盥洗设施			4
		5.1.2 独立便器			2
		5.1.3 卫生纸			2
		5.1.4 皂液			2
		5.1.5 面镜			2
		5.1.6 干手设备			2

续表

一级项目	二级项目	三级项目	一级项目分数	二级项目分数	三级项目分数
5.景区厕所环境		5.1.7 烟缸			2
	5.2 厕所布局			8	
		5.2.1 位置相对隐蔽,不影响环境			8
	5.3 厕所数量			12	
		5.3.1 总量占旺季日均游客接待量的比率达到千分之五以上			8
		5.3.2 女厕面积大于男厕面积			4
	5.4 厕所标志			16	
		5.4.1 图形规范标准			4
		5.4.2 中英文标志			4
		5.4.3 设计与环境协调			4
		5.4.4 材料环保低碳			4
	5.5 厕所建筑			16	
		5.5.1 厕所外观、色彩、造型与景观环境协调,并具有自身的文化特性			4
		5.5.2 防风化、防腐蚀、无污染环保节能材料			4
		5.5.3 周边需要有绿地、花坛设施			4
		5.5.4 生态厕所比例			4
	5.6 厕所特殊设施环境			16	
		5.6.1 残疾人专用厕卫设施			4
		5.6.2 老年人专用厕卫设施			4
		5.6.3 厕所无障碍设施			4
		5.6.4 母婴及儿童服务设施			4

续表

一级项目	二级项目	三级项目	一级项目分数	二级项目分数	三级项目分数
5.景区厕所环境	5.7 厕所内部环境			28	
		5.7.1 厕所内部环境卫生良好			7
		5.7.2 有除臭措施,无异味			5
		5.7.3 环境美化,室内美好			6
		5.7.4 专职保洁员			5
		5.7.5 粪便处理有直排污水管道或环保型粪便处理办法			5
	5.8 三星级厕所比例90%			16	
6.景区游览服务环境			132		
	6.1 游客服务中心环境			20	
		6.1.1 体量适度,建筑选址不破坏景观			4
		6.1.2 建筑材料环保			4
		6.1.3 建筑造型、色调、材料等与景区环境协调			4
		6.1.4 服务中心设施完善			4
		6.1.5 无障碍设施完备			4
	6.2 旅游标志标牌系统			20	
		6.2.1 中英文语言规范			2
		6.2.2 交通指示牌完善			2
		6.2.3 景区导览标志完善			2
		6.2.4 标志材料环保、节能、科技含量高、视觉美、易维护、易更新			2
		6.2.5 标志利用地貌、水体、气候等自然地理要素设计			2
		6.2.6 标志外观、图案、颜色和风格与景区类型、特色、环境协调一致			2

续表

一级项目	二级项目	三级项目	一级项目分数	二级项目分数	三级项目分数
6.景区游览服务环境		6.2.7 标志形体尺寸大小符合景区环境和视觉效果			2
		6.2.8 标志标牌日常环境管理良好,及时清洁、维护更新,无脱落			2
		6.2.9 临时标志标牌及时清除			2
		6.2.10 商业服务设施标牌与环境协调,不过分突出			2
	6.3 游览及讲解环境			16	
		6.3.1 生态或仿生态游步道			4
		6.3.2 门票材质环保,与环境协调			4
		6.3.3 无线无噪音讲解系统			4
		6.3.4 多语种自动导游机服务			4
	6.4 无障碍环境			16	
		6.4.1 无障碍的坡道等设施			4
		6.4.2 残障人士、老年人、婴儿等特殊人群游览的轮椅、拐杖、婴儿车等辅助器械			4
		6.4.3 无障碍旅游线路			4
		6.4.4 特殊人群门票优惠			4
	6.5 景区休憩设施			16	
		6.5.1 休憩设施数量足			3
		6.5.2 休憩设施造型与景观环境、氛围和特色的协调性			3
		6.5.3 休憩设施设计符合人体的身体结构			3
		6.5.4 布局合理,与周边功能区有缓冲或隔离			3

续表

一级项目	二级项目	三级项目	一级项目分数	二级项目分数	三级项目分数
6.景区游览服务环境		6.5.5 休憩设施日常的维修和管理,保持设施的使用完好率			4
	6.6 餐饮服务			16	
		6.6.1 就餐环境良好			4
		6.6.2 食品卫生、厨具卫生符合国家规定			4
		6.6.3 景区餐饮食品安全监管措施			4
		6.6.4 禁止使用不可降解的、对环境造成污染的一次性餐饮具			4
	6.7 景区购物环境			16	
		6.7.1 购物场所不破坏主要景观			4
		6.7.2 购物场所建筑造型、色彩、材质与景观环境相协调			4
		6.7.3 环境整洁,秩序良好,无围追兜售、强卖强买现象			4
		6.7.4 购物标志不影响景区环境			4
	6.8 景区娱乐活动			12	
		6.8.1 景区娱乐活动与景区特色环境一致			4
		6.8.2 娱乐活动临建设施不得破坏景区环境和景观特色			4
		6.8.3 娱乐活动有保护景区景观、植被、环境不受破坏和污染的措施			4

续表

一级项目	二级项目	三级项目	一级项目分数	二级项目分数	三级项目分数
7.景区安全环境			96		
	7.1 景区安全管理体系			16	
		7.1.1 专职安全管理机构			6
		7.1.2 一定数量的专职安保人员			5
		7.1.3 安全游览管理制度			5
	7.2 紧急应急救援体系			16	
		7.2.1 旅游安全警示机制			6
		7.2.2 景区安全应急救援预案			5
		7.2.3 应急救援演练			5
	7.3 景区安全监控体系			16	
		7.3.1 视频监控系统			6
		7.3.2 景区监控中心			5
		7.3.3 报警呼救系统			5
	7.4 景区安全设备			16	
		7.4.1 野外景区的应急救援太阳能辅助定位灯杆			4
		7.4.2 消防防火等设施器材			4
		7.4.3 危险地带安全防护设施			4
		7.4.4 数量充足且有效的照明设备			4
	7.5 旅游安全提示牌			16	
		7.5.1 安全防护栏网			5
		7.5.2 警示忠告和安全提示牌			6
		7.5.3 景区界线提示牌			5
	7.6 景区安全信息发布制度			16	

续表

一级项目	二级项目	三级项目	一级项目分数	二级项目分数	三级项目分数
8.景区信息化环境			56		
	8.1 景区网站网页信息			16	
	8.2 景区移动信息服务			16	
		8.2.1 景区信息手机发布			8
		8.2.2 景区信息无限耳机发布			8
	8.3 景区电子信息服务			16	
		8.3.1 电子门禁系统			4
		8.3.2 电子售票系统			4
		8.3.3 森林防火监控网络系统			4
		8.3.4 LED 显示屏系统			4
	8.4 景区电子导览系统			8	
		8.4.1 触摸屏式电子导游图			4
		8.4.2 电子解说发声系统			4
9.景区外部环境			100		
	9.1 旅游景区与周边环境设有隔离带或缓冲区			16	
	9.2 周边违章建筑管理			16	
	9.3 周边建筑在体量、形式、风格、颜色、建筑密度方面与景区环境协调			16	
	9.4 景区周边交通环境、停车秩序状况			16	
	9.5 景区周边秩序			20	
		9.5.1 治安秩序			10
		9.5.2 市场秩序良好,无兜售等不良市场行为			10
	9.6 景区与周边社区居民合作共赢的发展机制			16	

续表

一级项目	二级项目	三级项目	一级项目分数	二级项目分数	三级项目分数
10. 景区环境承载力管理			80		
	10.1 景区环境承载力确定			16	
		10.1.1 景区游览资源承载力			8
		10.1.2 景区服务设施承载力			8
	10.2 景区环境承载力协调			24	
		10.2.1 设置每日游客最高限量			8
		10.2.2 景区游客疏导			8
		10.2.3 网络订票和调节票价			8
	10.3 旅游景区承载力监管信息系统				
		10.3.1 自然环境生态指标		24	8
		10.3.2 环境污染指标			8
		10.3.3 游客容量指标			8
	10.4 景区环境信息发布			16	
		10.4.1 景区环境监测报告			8
		10.4.2 手机等移动通信设施发布			8

通州区京郊旅游发展报告

刘 宇 刘 敏 吴泰岳 谭家伦 刘建国

一、引言

(一)编制目的

为全面落实 2011 年 12 月 9 日北京市京郊旅游发展大会及 2012 年 1 月 5 日通州区京郊旅游发展大会的战略部署,立足通州区建设国际化新城和通州文化旅游区的定位,推动通州区京郊旅游的发展,通州区旅游局于 2012 年 3 月委托北京联合大学旅游学院编制《通州区京郊旅游发展报告》。

(二)概念界定

"京郊旅游"是 2011 年 12 月 9 日召开的北京市京郊旅游发展大会上首次提出的概念。根据北京市旅游委、市农委、市水务局、市园林绿化局、市农业局等五部门联合发布的《关于加快推进京郊旅游发展的指导意见》,对于京郊旅游的概念、发展战略及行动计划有如下理解:

京郊旅游的概念:京郊旅游是北京市休闲农业与乡村旅游发展的新理念,是将休闲农业与乡村旅游提档升级相结合的一种新业态,是实现统筹城乡一体发展、调整郊区产业结构、培育郊区经济增长点的重要突破口。与京郊旅游相似的概念有观光休闲农业、观光农业、乡村旅游。休闲农业是指利用田园景观、自然生态及环境资源,结合农林渔牧生产、农业经营活动、农村文化及农家生活,以提供民众休闲、增进民众对农业及农村生活体验为目的的农业经营。观光农业是农业和旅游业相结合的一项交叉性产业。利用农业景观和农村空间为基础,以吸引游客前来观赏、游览、品尝、休闲、体验、购物的一种新型农业经营形态。乡村民俗旅游是在乡村范围内以特色乡村地域或特定民族的传统风俗为资源,而加以保护、开发的旅游产品。它赖以存在的基础是乡村民俗,而且是以地方性或民族性为标志的民情风俗。

京郊旅游的发展战略:"三个提升,两个促进,一个突破"。京郊旅游从满足人民群众的一般观光游需求向满足休闲度假游需求提升,从旅游产业分散开发向整合资源、统筹开发提升,从简单追求旅游人次向大力提高人均消费能力提升;京郊旅游成为促进农村一、二、三产业融合发展的龙头产业,成为促进农民就业增收和满足居民休闲需求的民生产业;京郊旅游成为突破资源整合障碍,在首都功能分区和区县功能定位框架内实现融合发展的、生态友好型的绿色产业。

京郊旅游的行动计划:"六个一"。建立一套联动机制;坚持探索一条产业融合发展的道路;打造一套京郊旅游产品体系;完善一批旅游配套设施;出台一批支持政策;

培养一支专业人才队伍。

(三) 主要内容

本调研报告在对通州区京郊旅游资源进行系统调研基础上,研究并借鉴世界城市的乡村旅游发展经验,总结通州区京郊旅游发展的优势及问题,贯穿通州区京郊旅游融合发展的一条主线,坚持"生态"和"文化"两大理念,提出"产业融合"、"形象整合"、"空间契合"和"治理配合"的"四合"实施策略,科学调整通州旅游产业结构,优化通州旅游空间格局,全面实现旅游产业的经济、社会及环境综合效益,最终实现将通州区建设成为北京京郊旅游第一区、国际一流水平的休闲度假旅游目的地的战略目标。《通州区京郊旅游调研及发展报告》分为以下六个部分:现状问题、竞争分析、国际经验、发展战略、实施策略、行动计划。

二、现状及问题

(一) 产业状况

1. 产业体系基本形成

通州区京郊旅游发展与北京市京郊旅游发展同步,历经二十几年的时间,经历了自我产生、数量扩张、规范发展和品质提升四个阶段,初步形成了较为完善的京郊旅游产业体系。截至 2011 年底,通州区共有国家级休闲农业与乡村旅游示范点 1 个,占北京市的 25%,市级民俗旅游村 3 个,占北京市的 0.01%(北京市共 207 个),市级民俗户 100 家,占北京市的 0.01%(北京市共 9970 家),休闲农庄 4 个,采摘篱园 2 个,观光农业示范园 7 个,万亩滨河森林公园 1 个,采摘果园 400 余家,花卉园区 8 个,品牌节庆活动 3 个。截至 2011 年底,通州区民俗旅游接待游人 265.5 万人次,民俗旅游综合收入 31 401.3 万元,年均分别增长 16.3% 和 48.4%。目前,通州区京郊旅游基本形成了"吃住行游购娱"六大旅游要素齐全,大中小型旅游企业兼具的较为完善的产业体系,京郊旅游产业规模、产业结构、产业绩效有了显著的提升和发展。

2. 初步形成产业集聚

通州区京郊旅游初步形成了功能和特色较为明确的休闲农业集聚园区,包括以永乐店镇食用菌科技文化园、金篮子生态种植观光园联成会所为核心的永乐店镇食用菌养生文化集聚园区,以西集镇樱桃采摘园为核心的西集镇滨河长廊旅游观光度假园区,以金福艺农、金盛强等高科技农业园区为核心的台湖镇创意农业园区,以布拉格农场、北京金台庄农业科技园为核心的漷县镇休闲观光旅游产业园区等。

目前京郊旅游集聚园区正在围绕着"六带整合"的发展目标,全面配合"北运河沿线乡镇及森林公园段形成滨水城市休闲产业带,潮白河沿线形成生态度假景观带,萧太后河沿线结合通州文化旅游区及张家湾古镇的打造形成现代时尚与传统文化结合的娱乐休闲带,通惠河沿线结合新城建设形成商务休闲群带,运潮减河结合新城核心区建设形成高端商务会展酒店群带,温榆河沿线形成休憩度假带"的建设,实现休闲园区与滨水休闲带的空间聚合。

3. 品牌建设初见成效

通州区京郊旅游已经推出了"通州大樱桃"、"张家湾葡萄"、"宋庄京梨"等系列果品品牌,并成功申报"金福艺农番茄联合国"为国家级全国休闲农业与乡村旅游星级示范企业(园区)(四星级)。通州区旅游发展正在整体打造品牌工程,如宋庄文化创意产业集聚区所整合的"中国·宋庄"品牌、张家湾漕运古镇融商业、宾馆、娱乐、休闲、旅游集散等吃住行游购娱为一体的"水乡古镇"品牌,以建设"世界一流主题公园、展现北京旅游新亮点、打造北京旅游新引擎"为发展目标的"通州文化旅游区"品牌,以及全区正在全力打造的符合现代化国际新城发展需求的"艺术旅游都市"和"文化创意产业新区"品牌。京郊旅游正在成为通州区"高端城市商业、旅游观光、休闲度假、品质居住为一体"的发展定位中又一张独特的品牌。

4. 公共服务不断完善

随着新城建设及京郊旅游产业的发展,通州区京郊旅游公共服务建设不断加快,并不断提升公共服务水平。目前,已经开始逐步对于旅游公共服务设施相对简陋的重点京郊旅游产业园区进行旅游化改造,尤其是对于永乐店镇食用菌科技文化园、西集镇滨河长廊旅游观光度假园、漷县镇休闲观光旅游产业园、台湖镇创意农业园、大运河森林公园等园区,正在整合相关部门并聚合政策与资金资源,尽快加大园区的旅游公共服务设施建设工作。

加强对各乡镇主管旅游的相关人员进行旅游产业发展定位及政策培训,加强对各旅游企事业单位相关人员的接待服务技能培训,提升通州区京郊旅游的服务品质和档次。还引进了如"乙十六商务会所"等专业化的旅游管理公司,通过品牌连锁经营等形式与通州区休闲农业园区合作,吸收先进的管理服务水平和经验,提升了通州区京郊旅游服务单位的服务水平。

5. 环境整治效果显著

旅游环境不但是旅游者获得高品质旅游体验的重要支撑,其本身也构成了旅游吸引物资源。通州区作为城市的"副中心",人口资源环境压力较大,区域可持续发展面临诸多约束。生态环境压力加大,人口资源环境协调发展任务艰巨。通州区在京郊旅游发展中一直坚持保护性开发、环境治理与旅游开发相结合,实施万亩滨河森林公园、北运河流域和潮白河流域治理与开发等重大工程,取得了良好的生态效应。

6. 政策推进走在前列

通州区在落实北京京郊旅游产业大会精神,推动通州区京郊旅游发展方面走在了前列。2011年12月9日北京京郊旅游产业大会召开后,2012年1月5日,通州区就组织召开了通州区京郊旅游产业大会,会上区旅游局李金玺局长就《通州区关于贯彻落实〈加快推进京郊旅游发展的指导意见〉的实施意见》做了解读,并结合通州区的实际情况,从产业布局、功能区建设、水域治理、旅游公共服务设施建设、品牌培育、宣传推介等方面就如何落实《关于加快推进京郊旅游发展的指导意见》做了说明。2月15日,通州区旅游局会同区农委、区水务局、区园林绿化局、区农业局联合制定了《通州区关于贯彻落实〈加快推进京郊旅游发展的指导意见〉的实施意见》。

(二) 企业状况

表1 通州区京郊旅游资源信息表 (共计:80家单位)

乡镇	序号	单位	经营特色	占地面积(亩)	具体位置	主要种植品种	级别	旅游吸引物	旅游接待设施
张家湾1	1	北京天地和庄园	农村文化体验(农村古建筑、农产品展示、假日农夫、绿地认义)、主题婚庆	100	大北关村北	蔬菜、杏、高科技绿色农副产品	2007年北京汽车自驾游精品线路评选出的定点单位	观光采摘、古今农艺文化展演、手工艺农事体验、农村古建筑、特色餐饮、洗浴、婚纱摄影	餐饮、住宿、会议、娱乐
	2	北京瑞正园草莓种植休闲园	绿色农场(有机蔬果B2C在线商城、假日农夫)、青少年与儿童休闲活动体验(马木、露营)	2000	小耕垡村西	草莓、樱桃、西瓜、火龙果、时令蔬菜		观光采摘、垂钓、汽车露营地、马术俱乐部、婚纱摄影、少儿科普、农务农体验	餐饮、住宿、会议、娱乐
	3	北京葡萄大观园	葡萄主题观光休闲农场(生态农业科普、观光采摘)	200	大北关村	维多利亚、里扎马特、美人指、意大利、红地球、巨玫瑰、贵妃玫瑰、红双味、秋黑、醉金香等	北京市级农业示范园	观光采摘、世界各国名优葡萄品种展示、农业科普	餐饮、住宿、会议
	4	北京华源发苗木花卉交易市场	花卉苗木观赏、展示	1341	陆辛庄村西南	苗木达1500多个品种,200个生花卉,100余种地被植物		花卉苗木观赏、游乐设施、户外休闲活动体验	餐饮、娱乐

续表

乡镇	序号	单位	经营特色	占地面积(亩)	具体位置	主要种植品种	级别	旅游吸引物	旅游接待设施
张家湾1	5	运河湾生态园	主题婚庆、垂钓体验	18	张家湾镇张凤路15号			主题婚宴、垂钓	餐饮、住宿、会议
	6	北京世纪环美采摘园	观光采摘、青少年实习科普基地	500	北义阁村	樱桃、葡萄、枣、杏、绿色蔬菜		观光采摘、垂钓、青少年实习与科普体验	餐饮、住宿、会议
	7	北京海元兴观光采摘园	葡萄观光采摘	63	张家湾镇瓜厂村南			观光采摘、农家饭	餐饮
	8	皇木厂民俗旅游村	观光采摘(葡萄)、运河文化、民俗接待		张家湾镇皇木厂村	葡萄品种以及梨枣、食补药用芽菜	市级民俗旅游村,8户民俗接待户,"2007北京最美的乡村"	观光采摘、运河文化、民俗旅游	餐饮、住宿
	9	大运河果树专业合作社	观光采摘	207	北京市通州区上店村	樱桃、香白杏、桃、苹果、梨			

179

续表

乡镇	序号	单位	经营特色	占地面积（亩）	具体位置	主要种植品种	级别	旅游吸引物	旅游接待设施
1 张家湾	10	大运河森林公园	滨水休闲、户外野营、文化娱乐	10700	以京杭大运河为主线，北起六环路漷通桥，南至武窑桥		通州特有的、北京市唯一的一所运河生态天然大氧吧	一河、两岸、六大景区、十八景点	
	11	佑民观	宗教朝觐、观光		里二泗村		京东道教第一观	临河牌楼、关帝殿、罗汉殿等	
2 于家务	1	第五季富饶（北京）生态农业园有限公司	台湾农业观光、休闲农场、热带风情体验（蔬果、植物）	1100	大耕垡村村委会北100米	热带水果	北京最大的集立体特色台湾农业风情文化博览园	观光采摘、花卉苗木观赏、欧式草坪婚典、椰林休闲餐饮广场、热带雨林观赏钓、健身活动	餐饮、住宿、会议、娱乐
	2	北京观光南瓜园	集南瓜观光、休闲娱乐、科普文化、餐饮宴会于一身的综合生态观光园	500	西马房村北	300个品种的南瓜	北京市乡村旅游特色业态、北京市市级农业示范园	观光采摘、花卉苗木观赏、务农体验、乒乓球室、KTV、台球室、棋牌室等	餐饮、住宿、娱乐

续表

乡镇	序号	单位	经营特色	占地面积(亩)	具体位置	主要种植品种	级别	旅游吸引物	旅游接待设施
于家务	3	融风寨天泉垂钓谷	垂钓为主题的绿色休闲度假场	100	于家务乡前伏村	杏、李子、西梅、枣、海棠		赏荷花、垂钓、农村体验采摘	餐饮、住宿、会议、娱乐
西集	1	泊浒乐园	学龄前儿童农事体验型乡村亲子乐园	4.5	于辛庄村168号	荷花、杏、李子、西梅、梨、枣、海棠		观光采摘、定型包装食品、服装、儿童玩具	餐饮、娱乐
西集	2	北京西集镇果品示范基地	观光采摘	220	于辛庄村西	大樱桃、苹果、桃、梨		观光采摘、垂钓	餐饮、住宿
西集	3	北京爱特绿奥农场	观光采摘	45	尹家河村西南	西红柿、黄瓜		观光采摘、垂钓	餐饮
西集	4	东润鑫艺源	观光采摘	200	安辛庄村北	杏、李子、梨、桃			餐饮
西集	5	开心农庄	观光采摘	30	辛集村运河南岸	樱桃、苹果、梨、杏等		观光采摘	餐饮
西集	6	明太阳农场采摘园	观光采摘(樱桃)	1200	沙古堆村北	日云梨、韩国梨和欧洲巴梨	北京市市级农业示范园	观光采摘、农家美食、南美烤肉、健身活动	餐饮、住宿

续表

乡镇	序号	单位	经营特色	占地面积(亩)	具体位置	主要种植品种	级别	旅游吸引物	旅游接待设施
西集	7	老张农庄	观光采摘	240	郎西村西	草莓、西瓜、甜瓜、红薯、花生			餐饮、住宿
	8	红樱桃园艺场	观光采摘	120	沙古堆村南	樱桃			
	9	运潮庄园	观光采摘、休闲农业	160	曹庄村北	苹果、蔬菜		采摘、露营、烧烤	餐饮、住宿、娱乐
漷县	1	北京布拉格农场	熏衣草主题文化园	550		上百个香草品种、熏衣草		艺术创作、花卉景观、香草体验	餐饮、住宿、会议、娱乐
	2	摩登家庭农场	台湾主题文化休闲农场(体验农耕生活、休闲活动体验)	120	纪各庄村委会南500米	蔬菜、瓜果		烤肉、海鲜、露营、采摘、游泳、住宿、采摘、乒乓球、羽毛球、台球、瑜伽等各种娱乐活动、手绘T恤	餐饮、住宿、娱乐
	3	满汉同福家庄园	观光采摘	65	王楼村西			观光采摘、垂钓体验、真人CS	

续表

乡镇	序号	单位	经营特色	占地面积（亩）	具体位置	主要种植品种	级别	旅游吸引物	旅游接待设施
潞县	4	北京市澳香园种植基地	观光采摘	180	潞县镇潞县村	葡萄、桃、杏	2001年农业部无公害果品认证，2005年北京市"优秀标准化种植基地"	观光采摘、垂钓体验	餐饮
	5	北京潞县顺通园艺场	观光采摘	150	翟各庄村	梨枣、冬枣、蛤蟆枣、大白玲			
	6	北京吉鼎力达观光采摘园	绿色农场、花卉苗木观赏、观光农业、生态农业科普	1200	北堤寺村	室为观光叶植物蕨类和竹芋类为主	华北地区最大的蕨类生产基地之一、北京市级农业示范园	观光采摘、花卉苗木观赏、农务农体验、农业科普知识、欧式乡间别墅	餐饮、住宿
	7	北京鸿潞渔场	垂钓主题观光园	25	后地村			垂钓	餐饮
	8	洪山垂钓中心	垂钓主题观光园	30	梁家务村			垂钓	餐饮
	9	运河水岸庄园	集餐饮、休闲、娱乐于一身的墨西哥风情休闲庄园		榆林庄闸东	花卉		以生态农业、休闲垂钓为特色	餐饮、住宿、娱乐

续表

乡镇	序号	单位	经营特色	占地面积(亩)	具体位置	主要种植品种	级别	旅游吸引物	旅游接待设施
5 永乐店	1	通州区食用菌科技园	绿色农场(有机食用菌、蔬菜、瓜果)、花卉苗木观赏	460	孔兴路东侧,坚村北口	各种菌类、蔬菜、瓜果	第18届国际食用菌大会	观光采摘、食用菌生产工艺、菌食自制体验	餐饮
5 永乐店	2	桑瑞生态庄园	绿色农场、盆栽、田桑宴		永乐店镇半截河村东	桑葚、蔬菜、瓜果	京都第一盆景园	观光采摘、桑蚕文化体验、生态餐厅、盆栽观赏	餐饮
5 永乐店	3	北京市金篮子生态种植观光园	大型绿色生态产业园(温室种植、林间养殖、观光采摘、假日农夫)	1300	坚村	特色反季果蔬芝麻菜、蝶瓜、紫背天葵、甜瓜、西瓜、樱桃、桑葚、草莓等	北京市乡村旅游特色业态、北京市市级农业示范园	观光采摘、台球、乒乓球、跑马场、KTV、务农体验	餐饮、住宿、会议、娱乐
6 台湖	1	北京金福茄番农业合作国休闲农业园	观光采摘、花卉苗木观赏	3000	胡家堡村东100米	西红柿、黄瓜等	北京市市级农业示范园,农业部四星级示范园。获得无公害认证、西红柿、西瓜产品获得有机认证。"京郊新品种新技术展示基地"	观光采摘、花卉苗木观赏、务农体验	餐饮、住宿、会议、娱乐
6 台湖	2	红樱旅游观光园	主题观光园	126亩	台湖村	樱桃	各种品种樱桃	樱桃采摘	

续表

乡镇	序号	单位	经营特色	占地面积(亩)	具体位置	主要种植品种	级别	旅游吸引物	旅游接待设施
台湖	3	金盛强世界花卉创意园	花卉苗木观赏的观光农场	200	前营村	各种花卉、稻田蟹		观光采摘、花卉苗木观赏、真人CS、小动物养殖、生态餐厅	餐饮、住宿、会议
	4	台湖第五生产队采摘园	绿色生态观光园	12 000平方米	台湖村	葡萄、桃、新世纪梨、李子、草莓	北京市级农业示范园	观光采摘	
	5	牛仔汽车影院	汽车数字影院	20 000平方米	创业园路8号			影院、美食小吃	餐饮、娱乐
	6	大运河翰林民俗博物馆	文物观光、文化博览	近十亩	高古庄村		通州区第一家民营博物馆	文物观光、鉴赏	
	7	台湖国画院	文化体验	建筑面积9000平方米	台湖镇政府大街10号			国画交易、国画培训、学术交流、艺术观光	
潞城	1	北京禾田春色农业发展有限公司	集餐饮、住宿、大中型会议、采摘等于一身的综合生态园酒店	100	武兴路18号				餐饮、住宿、会议

续表

乡镇	序号	单位	经营特色	占地面积(亩)	具体位置	主要种植品种	级别	旅游吸引物	旅游接待设施
潞城	2	国际都市农业科技园(北京中农富通园艺有限公司)	果蔬采摘、花卉种植	1000	贾后疃村西300米	果蔬、花卉		农业考察接待、农业技术培训	
	3	开新农场(北京安君洲农业观光园)	观光采摘、主题会议	200	贾后疃村西300米	蔬菜、瓜果		观光采摘、独栋木屋小楼、农家火炕、烧烤体验	餐饮、住宿、会议
	4	大营民俗旅游度假村	观光采摘、主题会议	80	大营村	蔬菜、瓜果	市级民俗旅游村,53户民俗接待户,2010北京最美乡村	观光采摘、娱乐中心、文化广场、露天舞池	餐饮、住宿、会议、娱乐
	5	北京郑家生态农业园	绿色农场、观光采摘	530	小东各庄村南1000米	樱桃、桃、杏、梨、苹果、葡萄、李子、枣		有机蔬果、观光采摘	餐饮、住宿
	6	北京京东大运河农产品配送中心	果实采摘、垂钓	5500	小营村			生态农业旅游、都市农业	
7									

续表

乡镇	序号	单位	经营特色	占地面积(亩)	具体位置	主要种植品种	级别	旅游吸引物	旅游接待设施
潞城镇	7	乐活庄园	观光采摘、假日农夫体验	316	前榆村南	蔬菜、瓜果		观光采摘、垂钓、农家饭、养殖、务农体验	餐饮、住宿、会议
	8	北京莎日娜蒙古风情农业生态观光园	蒙古风情体验园	300	小甘棠村8号	烤全羊及蒙古美食、垂钓、会议		蒙古文化体验、蒙古美食餐饮、垂钓、骑马、射箭、购物	餐饮、住宿、娱乐
	9	北京田园华鑫农庄	采摘观光、家畜养殖	60	大东各庄村北	梨树、樱桃		农艺体验、采摘	餐饮、娱乐、会议
	10	潞城镇武疃村委员会	葡萄采摘、花卉种植	300	武疃村	葡萄、花卉	北京市郊区文明生态村、通州新农村建设的典范		
	11	北京市杨金玲种植园	观光采摘（樱桃）	6	黎辛庄村内森林公园	樱桃			
	12	北京武銮松江果园	观光采摘（樱桃、水蜜桃）	50	五甾村	樱桃、水蜜桃			

续表

乡镇	序号	单位	经营特色	占地面积（亩）	具体位置	主要种植品种	级别	旅游吸引物	旅游接待设施
潞城	13	大明一笑园生态农业（北京）有限公司	生态农业科普、观光采摘	80	兴各庄村委会东100米	蔬菜、瓜果		观光采摘	餐饮
	14	北京快乐源农庄	观光采摘、主题婚宴	300	东堡村北200米	蔬菜、瓜果	北京市乡村旅游特色业态	观光采摘、垂钓、农家饭、养殖、KTV、真人CS	餐饮、住宿、会议
	15	大运河水梦园	观光采摘、蒙古风情体验、运河文化	1100	潞城镇七级村	蔬菜、瓜果		观光采摘、垂钓、蒙古风情、林间木屋、水上娱乐活动、运河文化、儿童游戏区	餐饮、会议
	16	209国际户外运动俱乐部	融餐饮、会议、运动、拓展训练、休闲娱乐为一体的场所		谢家楼231号			拓展训练、休闲娱乐	餐饮、会议
	17	大运河俱乐部	高尔夫运动		胡各庄林场			18洞高尔夫	

续表

乡镇	序号	单位	经营特色	占地面积(亩)	具体位置	主要种植品种	级别	旅游吸引物	旅游接待设施
宋庄	1	北京大运祥和科技有限公司	绿色农场(生态农业科普、新品种蔬菜研发)、酿酒文化体验	400	小邓各庄村委会北50米	蔬菜、瓜果		新品种蔬菜、农业科普知识、多品种葡萄展示、酿酒体验、观光采摘	餐饮
	2	北京今日恒鑫农业有限公司	绿色农场(有机草莓与蔬菜采摘)	140	宋庄平家疃村南	草莓、蔬菜、瓜果		观光采摘	
	3	金宏帝生态园(北京金宏帝怡园农业开发有限公司)	现代农业园,热带风情体验(人造温泉海滩风、热带植物)	1100	北寺村北口	蔬菜、瓜果		人造海滩、花卉景观、绿色生态餐厅、采摘、特禽散养区	餐饮、住宿、会议、娱乐
	4	梨香观光采摘园	一棵梨树结多种梨是梨香缘观光采摘园的最大特色(观光果园)	300	宋庄镇翟里村	梨、桃、李子、葡萄	2006年至2008年,宋庄镇三届梨园采摘节都在这里举行	观光采摘	
	5	CKC国际宠物公园	融纯种犬繁育、训练、美容、寄养等功能为一体的宠物公园	10万平方米	宋庄镇大邓各庄村			宠物观光	

续表

乡镇	序号	单位	经营特色	占地面积(亩)	具体位置	主要种植品种	级别	旅游吸引物	旅游接待设施
宋庄 8	6	大邓各庄民俗旅游村	宠物犬交流园地(养殖、美容、医疗、训导、竞赛、交易),京城第一处以宠物为主题的市级民俗旅游村		宋庄镇大邓各庄村		市级民俗旅游村,20户民俗接待户,国内最大的宠物犬俱乐部	30余种世界名犬、垂钓、健身等娱乐休闲活动	餐饮
	7	通州区果园	观光采摘	60	宋庄镇双埠头村	桃、蔬菜、瓜果		观光采摘	餐饮、住宿、会议
	8	宋庄艺术集聚区	文化艺术观光、体验		小堡村		大型美术馆14家,画廊88家	宋庄美术馆、原创艺术博览中心、东区艺术中心、上上美术馆等10多个展馆	餐饮
	9	运河苑温泉度假村	集商务、康体、度假于一身的四星级酒店	33 000平米	白庙村		四星级酒店	温泉养生	餐饮、住宿、会议
	10	新港赛车场	卡丁车运动	16万平米	白庙村			卡丁车运动	
	11	伯爵园高尔夫俱乐部	高尔夫休闲运动					27洞高尔夫	

续表

乡镇	序号	单位	经营特色	占地面积（亩）	具体位置	主要种植品种	级别	旅游吸引物	旅游接待设施
9 通州城区	1	通州博物馆	文物观光	建筑面积936平方米	通州区西大街9号			馆藏珍贵文物164件	
	2	三庙一塔景区	宗教朝觐、观光	12 000平米	通州区大成街1号		国内唯一的三教合一建筑群	文庙、佑胜教寺、紫清宫及燃灯佛舍利塔	
	3	运河源（生态）温泉酒店	商务会议、温泉养生、餐饮住宿		运河西大街172号		三星级酒店	特色SPA项目	餐饮、住宿、会议
	4	运河公园	生态旅游、运河文化体验	368万平方米	通州东大桥东		国家AAA景区	运河文化广场、大运河、仿古船	餐饮、娱乐
	5	金沙国际马术俱乐部	集马术、餐饮、洗浴、垂钓、健身等于一体的俱乐部		通州区月亮河滨路1号			马术休闲运动	餐饮、住宿、娱乐
	6	月亮河高尔夫俱乐部		10万平米	通州区月亮河滨路1号		京城最大的无网式高尔夫练习场	高尔夫运动	

续表

乡镇	序号	单位	经营特色	占地面积(亩)	具体位置	主要种植品种	级别	旅游吸引物	旅游接待设施
梨园镇	1	梨园主题公园	休闲、文化、娱乐、观赏	75 731平米	八通轻轨临河里站南侧	公园内种植乔木2387株,花灌木27 287株		戏楼、书鼓场、中心广场、京剧标志物雕塑、云光湖等景点	
	2	北京韩美林艺术馆		近万平米	九棵树东路68号		国家AAA景区	以陶艺、雕塑、书法与绘画为主	
	3	隆鹤国际温泉酒店	商务会议、温泉养生、餐饮住宿		云景东路55号			特色温泉SPA	餐饮、住宿、会议
马驹桥镇	1	松海垂钓园	特色垂钓运动		大松垡村南			竞标垂钓、路亚垂钓、休闲垂钓	餐饮
10									
11									

(三)存在问题

《北京市城市总体规划(2004—2020)》提出了北京建设世界城市的战略目标,其中,世界一流旅游城市是世界城市建设的重要构成。按照北京市建设中国特色世界城市和国际一流旅游城市的要求,通州区京郊旅游发展还存着资源整合不足、布局不合理、专业人才匮乏、服务不够规范,以及基础设施不配套,公共服务体系不完善等问题。这些问题可以从产业层面、企业层面及政府管理层面进行分析。

1. 产业层面

(1)经济总量偏小,对旅游产业贡献度不高

通州区京郊旅游近年来获得了快速发展,但其经济收入、接待人数、盈利率等主要经济指标与其他旅游业态相比仍存在差距,表现为业态初期阶段的特征,对通州区旅游产业的贡献度不高。这与要使京郊旅游成为促进农村一、二、三产业融合发展的龙头产业,成为促进农民就业增收和满足居民休闲需求的民生产业的产业定位不符,也与京郊旅游要成为发展新型消费业态和扩大内需的重要支柱产业的定位不符。

(2)产业结构低端,总体经营水平低下

通州区京郊旅游的营业收入中,与农业、采摘等相关的第一产业收入仍占主导,餐饮、住宿、娱乐等与旅游活动相关的服务业收入有待进一步提高。通州区大部分京郊旅游经营企业利润率不高,人均消费水平不高。比较而言,北京市休闲农业发展最好的当属朝阳区,2010年统计数据表明,北京市观光休闲农业总收入每100元中有82元来自朝阳,接待人次占到四成,其中朝阳区非农经营收入占八成。其中住宿收入比重最高,占总收入的28.7%,餐饮收入次之,占到了23.6%。相比朝阳区休闲农业,通州区大部分休闲农业园区的主要收入来源仍是采摘收入。

(3)经营业态单一,同质竞争严重

通州区京郊旅游形成了如金富艺农、泊浒采摘园、第五季采摘园等特色园区,但大部分休闲农业园,仍存在果品种植单一、项目设置雷同、旅游活动千篇一律等问题。京郊旅游产品开发仍处于初级阶段,旅游产品的低水平复制,不但因为缺乏创新与特色,使旅游消费者感到乏味和无趣,而且还使得通州区京郊旅游企业面临严重的同质竞争。

(4)文化挖掘不足,与通州"文化旅游区"定位不符

目前,通州区明确了"现代文化旅游"发展定位,并形成了运河文化游、艺术体验游、生态休闲游三大主题。而通州区京郊旅游产品的文化内涵挖掘不深,尚未体现出通州区"运河文化"和"创意艺术文化"的本底特征。通州区京郊旅游产品开发与农事文化、乡村文化及民俗文化结合不够紧密,未能与乡村的生产、生活、生态、环境景观、地域风情、节庆民俗、乡间野趣等内部和周边资源有效整合和对其加以深度利用,未能与森林文化、节庆文化、北京民俗、历史地理等有机结合在一起。

(5)缺乏科技内涵,与通州"国际新城"定位不符

通州城市建设明确定位为"现代化国际新城",要致力于发挥新城建设的辐射带动作用,对京郊旅游的发展产生影响和带动作用。目前,高附加值、高科技、高知识含量的现代京郊旅游产业体系及服务业结构尚未形成,产业结构仍需优化调整,资源集约利用程度不高,农业生产缺乏高科技指引,经营理念缺乏国际化,旅游管理缺乏现代技术手段,旅游服务缺乏国际化水准。通州区京郊旅游开发与经营总体呈现出低技术含量及初级产品结构特征,缺乏国际化内涵与理念,与通州区"国际新城"的发展定位不符。

2. 企业层面

(1)企业经营点小面散,经济效益差

通州区休闲农业经营大部分由果园或采摘园转型,仍以家庭承包或个体企业为主。本次调研发现,计入统计的通州区休闲农业园区为79家,其中占地面积在1000亩以上的仅为9家,而200亩以下面积的园区占到了88.61%。即使是200亩以上面积的园区,大部分也是种植园区或是采摘园区,旅游吸引物单薄,旅游接待设施薄弱。因此,通州休闲农业园区呈现出分散经营、各自为政、势单力薄的特征。由于开发无序和组织化程度不高,导致了通州区京郊旅游企业接待档次低、技术含量差、接待设施点小面散,难以形成规模和提升品质,培养整体竞争力。

(2)缺少京郊旅游业集团,尚未形成京郊旅游集聚区

通州区京郊旅游目前形成了一些较具规模的休闲园区。如台湖镇的金富艺农园区,张家湾镇的瑞正园园区、永乐店的金篮子园区等。但总体来看,能够形成规模化收益的园区数量不多,即使是规模较大园区,大部分企业为民营企业,尚未形成现代企业制度和现代化服务管理理念,如通过引入连锁等经营业态来推进规模化经营。仍以朝阳区为例,朝阳区的蟹岛是朝阳区最大的观光休闲农业园区之一,蟹岛带动了金盏地区观光休闲农业园区的发展,该企业全年观光休闲农业收入基本可占全区休闲农业总收入的80%,并且通过蟹岛度假村发展的空间外部性效应,集聚了众多相似的或差异性的乡村旅游企业,成为朝阳区乃至北京市观光农业发展最为成熟的地区。尽管蟹岛发展至今也存在各种各样的问题,但其规模效应和示范效应在北京地区仍是可圈可点的。

(3)京郊旅游企业经营困难多,市场化程度不够

既往的北京乡村旅游调研中,曾经对北京京郊旅游经营企业面临的问题进行过深入调研。按照被调查的乡村旅游企业可能遇到的各种困难的强弱状况给予赋分,发现乡村旅游企业的经营困难主要集中在以下几个方面,排在前五位的分别是融资、缺乏市场信息、企业营销、其他企业的竞争及市场定位。如图所示。

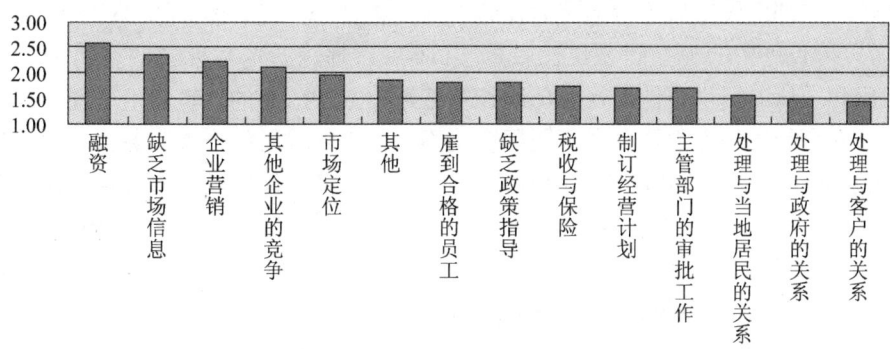

图1 北京乡村旅游经营企业发展中的问题

乡村旅游企业融资问题突出。通州区京郊旅游经营仍以家庭或承包的民营企业为主,小型的旅游企业势单力薄,京郊乡村旅游经营农户,由于资金、意识、经验等方面的限制,很难找到足够的资金支持其扩大规模和提升档次,融资成为京郊旅游企业经营中的最大问题。

缺乏市场信息,难以把握需求最新趋势。调研中发现,通州区大部分京郊旅游没有面向市场的营销或销售部门,由于经营和管理水平所限,既没有意识也没有途径去搜集旅游市场信息,研究旅游需求趋势。因此,大部分京郊旅游企业仍停留在资源产品导向、盲目开发跟风阶段,这直接导致了重复经营、业态单一的问题。为了扭转这一现状,既需要京郊旅游企业在市场竞争压力下提升经营水平,更需要政府从提供公共服务角度,为京郊旅游经营者对接旅游市场搭建便捷的和现代化的信息平台。

企业促销乏力。大部分京郊旅游企业的市场开发和营销处于初级阶段,商业运作、营销手段、品牌策划都比较落后。大多数的京郊旅游企业发展方式粗放,尚未形成有效的经营管理机制,专业训练不足。京郊旅游产品与周边的旅游资源尚未联动互动,从而尚未接轨旅游市场,纳入到主流产品和线路中。

3. 公共管理层面

(1) 京郊旅游基础设施薄弱

通州区京郊旅游发展中的村庄污水和垃圾处理设施、停车场和公共厕所等基础设施较为薄弱。这不但是通州区京郊旅游发展中的问题,也是北京市京郊旅游总体发展中的问题。数据显示,北京郊区的乡村民俗旅游村平均垃圾和污水处理率仅为59.36%,平均每个民俗村只有0.75个停车场。目前,旅游基础设施建设相对滞后于旅游吸引物建设,加快旅游基础设施建设不但是京郊旅游发展的需要,也是建设北京世界一流现代化国际新城的任务要求。

(2) 京郊旅游服务设施不足

通州区京郊旅游的服务设施,如旅游信息标志系统和游客服务中心等,配套严重不足。具有旅游集散中心作用的游客服务中心,在大部分的民俗旅游村还未建立起来,部分通往郊区民俗旅游村的交通设施不够完善,旅游信息标志系统缺乏。另外,京郊旅游接待设施中的卫生问题也比较严重,不少京郊旅游住宿设施的客房卫生条件差,厨房和厕所的卫生条件与行业标准相差甚远。京郊旅游的环境卫生、食品卫生、消防防疫、安全管理等方面均存在不同程度的隐患。京郊旅游的公共服务也相对滞后于现代旅游者高标准多样化的需求,相对薄弱的公共服务功能制约了未来京郊旅游业的发展。

(3)区域治理职能亟待转型

面向京郊旅游发展的政府职能转变有待进一步加快,涉及京郊旅游管理的旅游部门、农业部门、林业部门、环保部门、文化部门及发改委等仍需继续统筹发展机制,协商管理体制,解决多头管理问题,提高管理水平,实现管理绩效。

三、竞争分析

(一)通州经济在北京十区县中的比较

1. 经济总体

对比北京十区县2011年GDP指标,通州区地区生产总值位列顺义、昌平与房山之后,位居北京十区县中的第四位(见表2)。

表2 北京十区(县)经济发展情况比较(2011)

区(县)	GDP数据(亿元)	第三产业	
		总量(亿元)	所占比重%
通州	344.8	162.5	47.13
延庆	67.7	40.1	59.23
房山	371.5	119.3	32.11
怀柔	148.0	51.6	34.86
昌平	399.9	198.0	49.51
平谷	117.9	50.5	42.83
密云	141.5	61.1	43.18
顺义	867.9	472.2	54.41
门头沟	86.4	40.6	46.99
大兴	311.9	177.1	56.78

数据来源:《北京区域统计年鉴2011》

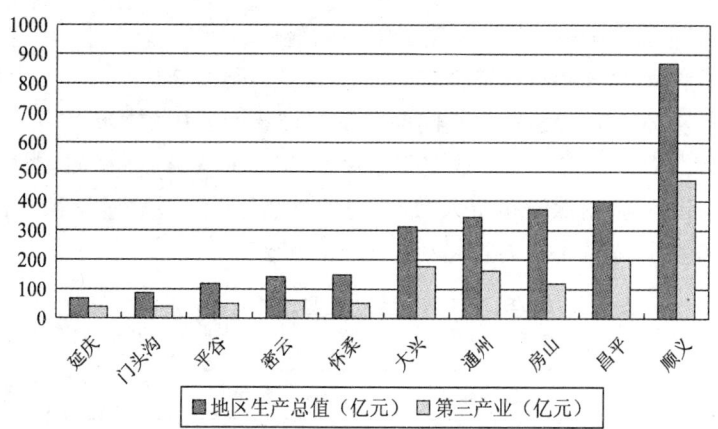

图2　2010年北京十区(县)GDP指标情况

2.第三产业

近年来,通州区通过不断调整产业结构,大力发展现代服务业等第三产业,因此,第三产业比重不断上升。第三产业比重高于房山、怀柔、平谷、密云和门头沟(见图3),位列北京十区县中第五位。

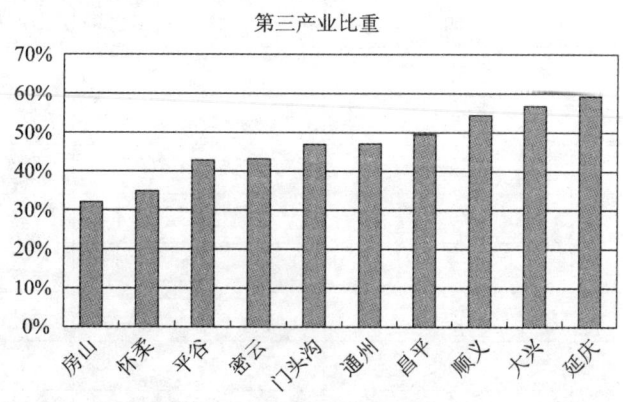

图3　2010年北京十区(县)服务业指标情况

(二)通州旅游总量在北京十区县中的比较

1.旅游产业总值

2011年,通州区旅游产业总体发展状况良好,旅游综合收入210 365万元,同比增长17.8%,接待人数251万人次,同比增长11.3%。旅游综合收入增速位列全市第五(见表3)。

通州区现代化国际新城建设步伐的加快,给旅游产业带来巨大的发展空间。2011年,旅游产业七大领域综合收入均呈两位数增长。其中乡村旅游业发展迅猛,实现收入11 098万元,比上年同期增长34.4%;旅游商业主导作用显著,实现收入102 930万元,比重占全部旅游产业的48.9%,比上年同期增长16.0%;住宿业、旅游餐饮等其他领域发展较为平稳,增长幅度除旅游交通外,增幅均达到15%以上。区内旅游单位累计接待旅游人数251万人次,比上年同期增长11.3%。其中旅游区点接待游客142万人次,同比增长18.6%,占旅游产业接待游客总量的56.6%;乡村旅游是通州区旅游接待的主要承载体,乡村旅游接待人数67万人次,比上年同期增长4.2%,比重达到26.7%;对旅游接待人数平稳增长起到一定的积极作用。

表3 2010年、2011年北京市区县旅游业综合收入情况

单位:亿元

	2011年	2010年	增长%
区县合计	2377.4	2034.8	16.8
东城	514.5	425.3	21.0
西城	335.2	292.4	14.6
朝阳	643.6	554	16.2
丰台	127.1	109.3	16.3
石景山	31.3	26.7	17.1
海淀	369.4	323.2	14.3
门头沟	14.6	10.4	41.0
房山	32.7	27.5	18.8
通州	21	17.9	17.8
顺义	40.7	35.3	15.4
昌平	77.9	68.2	14.1
大兴	37.6	32.3	16.4
怀柔	36.6	31.7	15.3
平谷	21.2	18.1	17.1
密云	32.2	26.7	20.3
延庆	41.9	35.7	17.5

2. 收入结构分析

从旅游营业收入构成上看,北京16区县也存在差异(见表4)。仅就通州而言,仍以旅游商业为主,占旅游总营业收入的近50%,为49.69%;位居第二位的是住宿业,所占比例为15.19%;位居第三位的是旅游餐饮,占总营业收入的14.21%。相比之下,乡村旅游、旅游景点、旅游交通和旅行社的比例较低。其中的旅游景点、乡村旅游收入占总收入的比重最低,分别为4.07%和4.62%。

表4 2010年北京市16区县旅游营业收入构成情况

区县		东城	西城	朝阳	丰台	石景山	海淀	门头沟	房山
营业收入（万元）		4 252 974.43	2 924 476.44	5 539 628.21	1 093 223.91	267 059.30	3 232 207.82	103 886.75	275 075.25
住宿业	营业收入	680 765.60	526 826.97	1 137 592.65	156 102.99	34 971.80	751 974.03	24 191.16	29 989.89
	占总营业收入比重	16.01	18.01	20.54	14.28	13.10	23.27	23.29	10.90
旅游区点	营业收入	216 741.07	161 050.55	234 515.78	29 333.09	25 557.24	163 173.68	15 434.14	18 462.00
	占总营业收入比重	5.10	5.51	4.23	2.68	9.57	5.05	14.86	6.71
旅行社	营业收入	1 086 450.90	250 665.28	1 696 610.50	39 421.40	4 426.73	199 078.27	5 813.87	5113.87
	占总营业收入比重	25.55	8.57	30.63	3.61	1.66	6.16	5.60	1.86
旅游餐饮	营业收入	416 658.13	293 707.79	361 987.94	120 114.20	11 415.43	339 711.17	12 242.65	29 516.80
	占总营业收入比重	9.80	10.04	6.53	10.99	4.27	10.51	11.78	10.73
旅游商业	营业收入	1 584 507.19	1 447 730.65	1 916 229.94	687 782.19	151 511.22	154 5721.10	33 885.63	131 300.59
	占总营业收入比重	37.26	49.50	34.59	62.91	56.73	47.82	32.62	47.73
旅游交通	营业收入	267 851.54	244 495.20	158 792.9	58 455.44	39 148.89	226 962.28	10 238.86	33 918.70
	占总营业收入比重	6.30	8.36	2.87	5.35	14.66	7.02	9.86	12.33
乡村旅游	营业收入	0.00	0.00	33 898.50	2014.60	28.00	5587.30	7888.70	26 773.40
	占总营业收入比重	0.00	0.00	0.61	0.18	0.01	0.17	7.59	9.73

续表

区县		通州	顺义	昌平	大兴	怀柔	平谷	密云	延庆
营业收入(万元)		178 652.83	352 534.39	682 447.23	323 372.20	317 176.87	181 081.40	267 262.88	356 556.72
住宿业	营业收入	27 133.21	119 564.02	199 732.43	59 423.52	58 996.93	22 118.61	44 906.51	27 411.75
	占总营业收入比重	15.19	33.92	29.27	18.38	18.60	12.21	16.80	7.69
旅游区点	营业收入	7 278.82	15 892.71	96 556.69	7 111.80	54 430.86	13 366.71	18 049.43	105 875.68
	占总营业收入比重	4.07	4.51	14.15	2.20	17.16	7.38	6.75	29.69
旅行社	营业收入	12 169.68	17 633.56	2807.29	9580.14	5272.29	2076.66	1750.22	5940.92
	占总营业收入比重	6.81	5.00	0.41	2.96	1.66	1.15	0.65	1.67
旅游餐饮	营业收入	25 390.12	26 414.76	59 472.33	39 036.40	33 109.24	19 993.88	39 732.22	63 380.86
	占总营业收入比重	14.21	7.49	8.71	12.07	10.44	11.04	14.87	17.78
旅游商业	营业收入	88 764.96	143 686.58	239 104.01	169 210.03	96 431.19	58 911.90	100 051.77	75 938.11
	占总营业收入比重	49.69	40.76	35.04	52.33	30.40	32.53	37.44	21.30
旅游交通	营业收入	9 658.34	15 562.45	54 525.37	20 341.31	42 686.76	32 457.94	32 006.83	62 897.19
	占总营业收入比重	5.41	4.41	7.99	6.29	13.46	17.92	11.98	17.64
乡村旅游	营业收入	8257.70	13 780.30	30 249.10	18 669.00	26 249.60	32 155.70	30 765.90	15 112.20
	占总营业收入比重	4.62	3.91	4.43	5.77	8.28	17.76	11.51	4.24

3. 旅游消费

从人均旅游消费上看,通州区人均旅游消费很高,在北京市16区县中排名第4位,达到了839.8元(见图4)。其中朝阳区的人均旅游消费最高,达到了1641.1元;其次是顺义区,人均旅游消费也超过了千元。

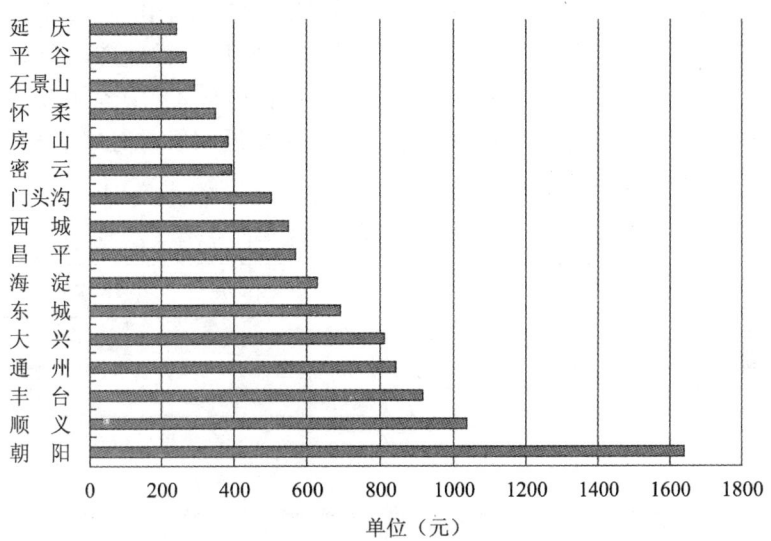

图4 2011年北京市16区县旅游人均消费情况

4. 乡村旅游消费

通州区乡村旅游增速显著,成为通州区旅游产业高速增长的新动力。尽管通州区人均旅游消费较高,但是数据表明通州区的乡村游人均消费所占比例并不高,乡村游人均消费仅占人均旅游消费的19.83个百分点(见表5)。可见,通州区乡村旅游收益结构亟待改善和提升。

表5 北京市16区县旅游消费情况(2011)

区 县	东城	西城	朝阳	丰台	石景山	海淀	门头沟	房山
人均旅游消费(元)	688.6	548.8	1641.1	910.6	290.2	625.3	500.1	383.0
乡村游人均消费(元)	0.0	0.0	332.6	19.1	60.7	151.7	106.0	75.6
乡村游人均消费占比(%)	0.0	0.0	20.3	2.1	20.9	24.3	21.2	19.7
区 县	通州	顺义	昌平	大兴	怀柔	平谷	密云	延庆
人均旅游消费(元)	839.8	1033.3	568.7	806.3	349.4	265.5	395.1	241.2
乡村游人均消费(元)	166.5	149.0	137.5	78.5	70.1	55.8	74.7	51.8
乡村游人均消费占比(%)	19.83	14.42	24.19	9.73	20.07	21.03	18.89	21.49

(三)通州旅游产业要素比较分析

1. 旅游区点

如表6、图5所示,通州区旅游点区点不占优势,但观光休闲农业资源比较发达。全国休闲农业示范点全北京共有五家,其中通州区的北京金福艺农西红柿联合国为其中之一;北京观光农业65家示范园里,通州区共有7家,占全市的10.7%,包括吉鼎立达采摘园、金篮子生态园、观光南瓜园、台湖第五生产队农村生产社会实践园、大运河水梦园、北京葡香苑园艺场、禾阳农庄等。而目前在通州区内具有游客接待能力,且正在经营的休闲、观光农场共有80家。这些都显示出通州区具有高度的休闲旅游价值,尤其是区位的优势更成为了吸引北京地区广大民众前来的关键因素。

表6 北京市十区(县)A级旅游区统计

区县	5A级	4A级	3A级	2A级	1A级	合计
通州区	0	0	3	0	0	3
昌平区	1	7	4	2	2	16
大兴区	0	1	4	2	0	7
房山区	0	5	7	5	2	19
怀柔区	1	3	7	3	0	14
门头沟	0	2	5	4	1	12
密云县	0	4	6	7	0	17
平谷区	0	5	1	2	2	10
顺义区	0	1	4	2	0	7
延庆县	1	3	11	3	6	24
合计	3	31	52	30	13	129

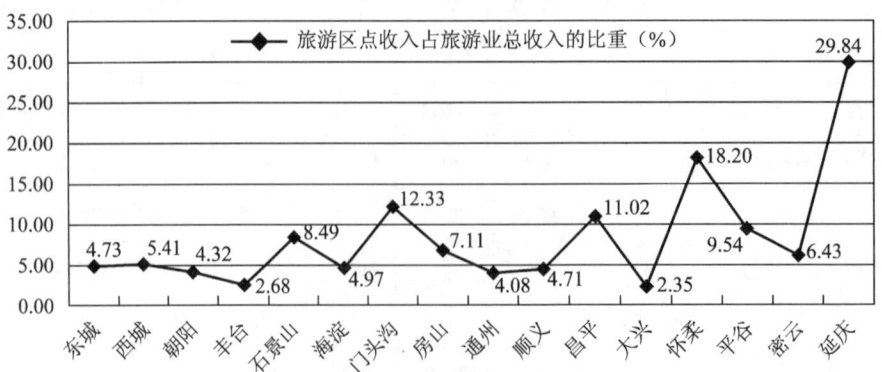

图5 2011年北京市16区县旅游区点收入占旅游业总收入的比重

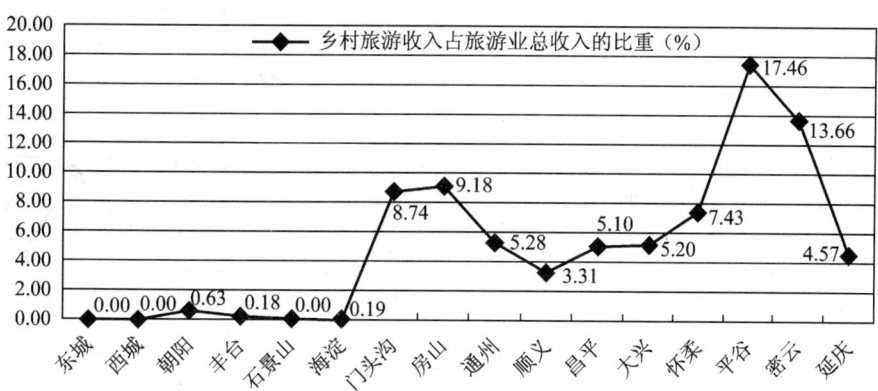

图6 2011年北京市16区县乡村旅游收入占旅游业总收入的比重

2. 旅游酒店

通州区现在有20余家酒店。其中,四星级酒店包括月亮河温泉度假酒店、亚太花园酒店、运河苑度假村;三星级酒店包括东方宾馆、运河源酒店、联城古运河酒店、正运通酒店、红旗宾馆、金鼎宾馆、北发大酒店、太阳花酒店、如家连锁酒店、北京通州八里桥店,以及速8酒店等。数据也表明,由于通州区接待能力的不足,接待人数与门头沟和平谷基本持平,明显低于其他区县(图7)。通州区京郊旅游发展应该加大住宿设施的建设,让更多的人不仅来通州旅游,而且要留得住这些人,由此拉动其他方面的消费。

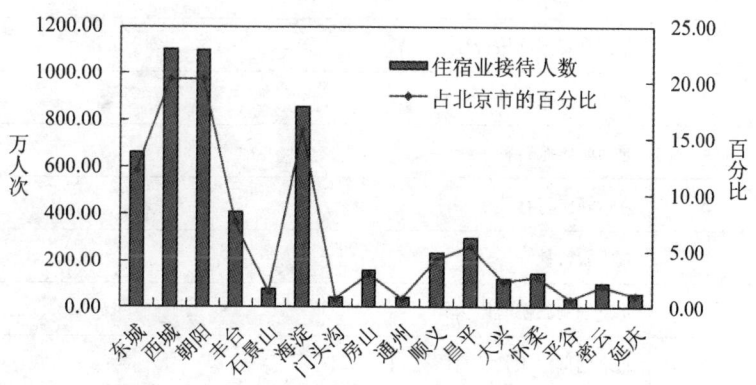

图7 北京市16区县住宿业接待人数及占北京市总接待人数的比重

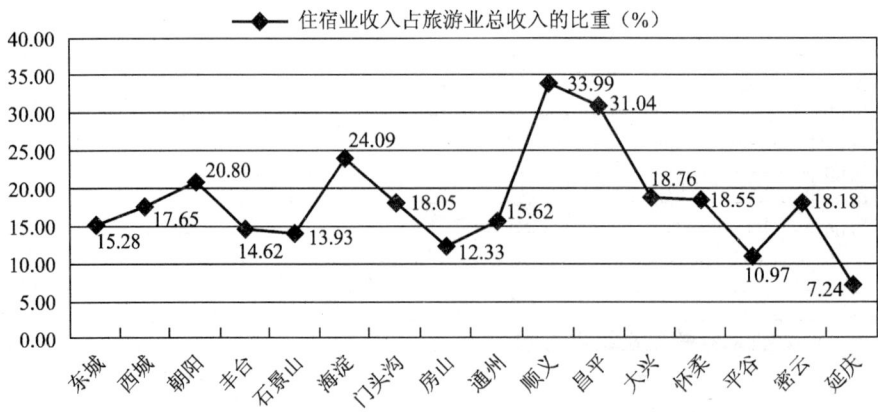

图 8　2011 年北京市 16 区县住宿业收入占旅游业总收入的比重

3. 旅行社

通州区现有旅行社 30 多家,其中法人社 9 家,旅行社门市 23 家,旅行社分社 5 家(见表 7)。现有旅行社基本可以满足通州的旅游发展。但是,调查了解到,目前通州的旅行社经营以往外地带团为主,而接待外来游客则很少。

表 7　通州区旅行社情况

类别	序号	单位名称
旅行社法人社 9 家	1	北京市欢乐旅行社
	2	北京永安国际旅行社
	3	北京日月旅行社
	4	通州顺风旅行社
	5	万达峰旅行社
	6	大宋旅行社
	7	北京华丽旅游有限公司
	8	北京创世纪旅行社有限公司
	9	北京市国兴旅行社
旅行社门市 23 家	1	北京富莱茵国际旅行社有限公司通州门市
	2	北京乐游假日旅行社有限公司通州门市
	3	北京新大都国际旅行社有限公司通州门市
	4	中商国际旅行社有限公司通州门市

续表

类别	序号	单位名称
旅行社门市23家	5	北京顺隆假期旅行社有限责任公司通州门市
	6	北京春秋国际旅行社通州门市
	7	环境国际旅行社有限公司北京通州营业部
	8	北京源丰通旅行社有限公司通州门市
	9	北京源丰通旅行社有限公司西塔营业部
	10	中国山水旅行社北京通州新华门市部
	11	北京中广国际旅行社有限责任公司通州门市部
	12	北京永安国际旅行社有限公司玉桥门市部
	13	北京永安国际旅行社有限公司梨园门市部
	14	易游天下国际旅行社（北京）有限公司通州梨园云景东路门市部
	15	易游天下国际旅行社（北京）有限公司通州九棵树门市部
	16	易游天下国际旅行社（北京）有限公司通州果园门市部
	17	易游天下国际旅行社（北京）有限公司通州马驹桥门市部
	18	易游天下国际旅行社（北京）有限公司通州运河大街门市部
	19	中青旅控股股份有限公司北京市通州门市部
	20	北京蓝色假日国际旅行社有限公司通州果园营业部
	21	北京蓝色假日国际旅行社有限公司通州北苑营业部
	22	北京蓝色假日国际旅行社有限公司通州潞城营业部
	23	中国妇女旅行社北京通州营业部
旅行社分社5家	1	敦煌飞扬旅行社有限责任公司北京分社
	2	中国铁道旅行社北京通州分社
	3	上海思渊旅行社有限公司北京分社
	4	三亚盛达国际旅行社有限公司北京分社
	5	北京天马国际旅行社通州门市

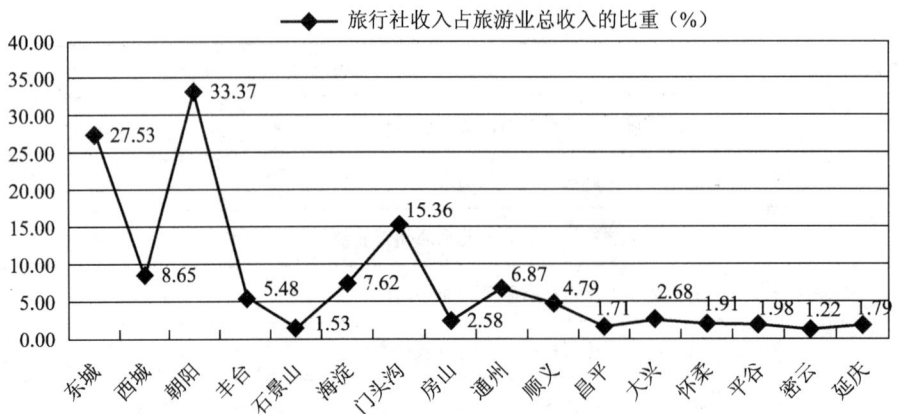

图9　2011年北京市16区县旅行社收入占旅游业总收入的比重

4. 餐饮、购物及交通等

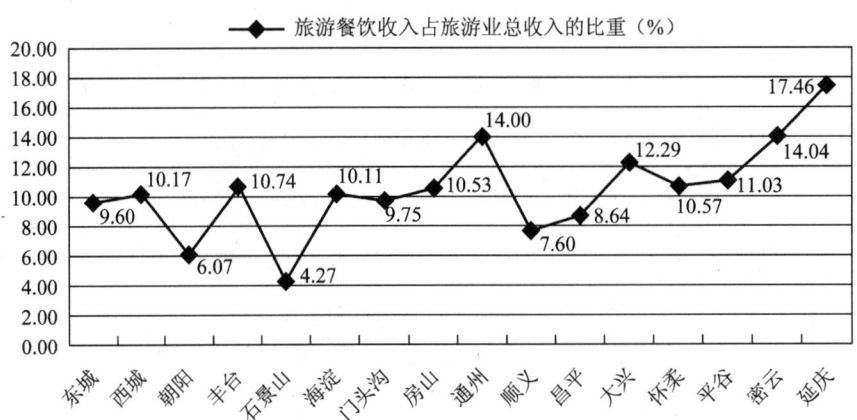

图10　2011年北京市16区县旅游餐饮收入占旅游业总收入的比重

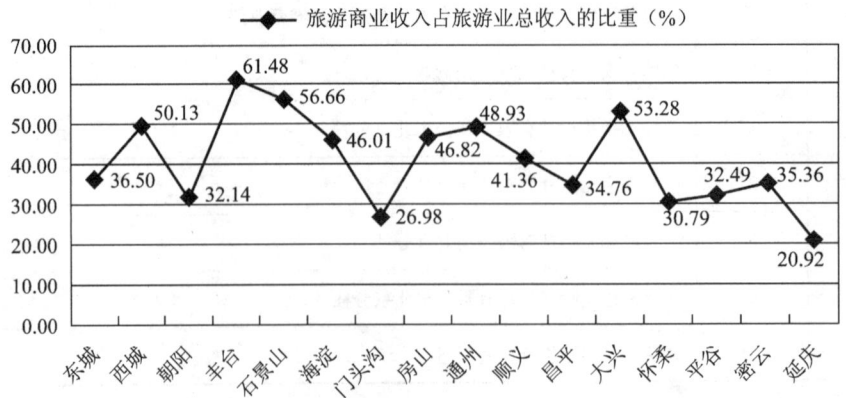

图11　2011年北京市16区县旅游商业收入占旅游业总收入的比重

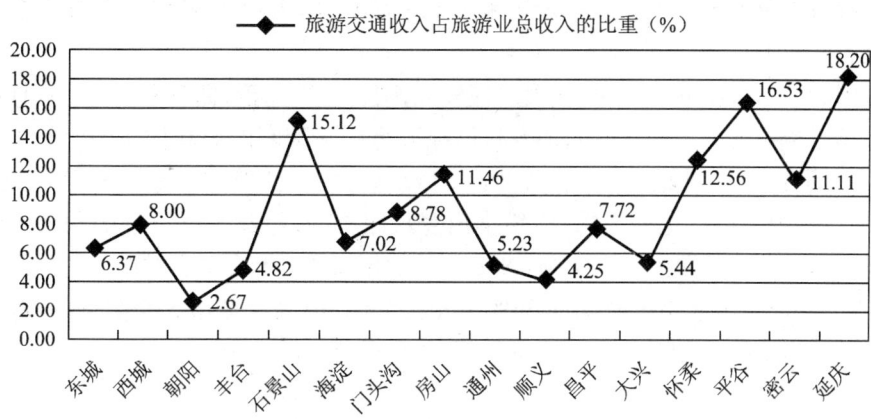

图12　2011年北京市16区县旅游交通收入占旅游业总收入的比重

由分析可见,通州区京郊旅游业无论是在旅游资源的开发方面,还是在游客数量、接待能力、旅游收入方面都有了一定的发展。但也存在着认知度不高、基础设施薄弱、资源整合不够、管理跟不上等问题。要解决这些问题,使京郊旅游业有更好、更快的发展,很大程度上需要政府对其自身在通州区京郊旅游业发展中的角色进行准确的定位。因此,必须坚持政府主导发展战略,同时充分发挥市场机制的作用,通过对京郊旅游资源进行合理规划、深度开发,形成京郊旅游业特色品牌。

四、国际经验

(一)国外乡村旅游发展模式

1. 欧洲的乡村农庄

(1)历史悠久,已成规模

16世纪中叶至18世纪,英国上流社会及随后中产阶级发起的遍游欧洲大陆的教育旅行引发了大众对乡村环境的兴趣。19世纪30年代,欧洲开始了乡村旅游。1865年意大利成立了"农业与旅游全国协会",专门介绍城市居民到农村去体味农业野趣。二战后西班牙等一些国家对农场、庄园进行规划和建设,提供徒步旅游、骑马、滑翔、登山、漂流、参加农事活动等多种休闲项目,并举办各种形式的务农学校、自然学习班、培训班。

意大利是世界上旅游业最发达的国家之一,各级旅游部门利用所在区域的文化遗产和自然条件吸引了大批欧美、亚洲及其他地区的旅游者。意大利的农业与旅游全国协会,专门介绍城市居民到农村去体验农村生活,与农民同吃、同住、同劳作,或在农场中搭起帐篷野营,或住宿于农民家中。旅游者骑马、钓鱼、参与农活,借此暂时离开繁华、喧闹、紧张的城市,在安静、清新的环境中生活一段时间,食用新鲜的粮食、蔬菜、水果,购置新鲜的农副产品。20世纪70年代乡村旅游进一步普及,20世纪80年代逐渐发展,到90年代已成燎原之势。至2002年,意大利大约有1.15万家专门从事"绿色农业旅游"的经营企业,当年夏季就招来了 120 万本国旅游者和 20 万外国游客前来休闲度假。

法国的乡村旅游起步很早,发展规模较大,销售网络完善,拥有系统的行业标准和规范及相对成熟的管理模式。目前乡村已经成为法国家庭度假和休闲旅游的主要目的地。20 世纪 70 年代的时候,法国兴起了城市居民兴建"第二住宅",开辟人工菜园的活动,各地农民适应这一需求,纷纷推出乡村旅游,并组建了全国性的联合经营组织。据法国全国统计及经济研究所(NSEE)的数据,2005 年法国乡村旅游的出游人数达到 560 万人次,出游率占全国的 34%。相比滨海、山区和城市 3 个类型的旅游地,乡村旅游一直保持着相对稳定的市场份额,并且季节性波动很小。

(2)产品繁多,业态丰富

意大利农业旅游区的管理者们利用乡村特有的丰富自然资源,将乡村变成具有教育、游憩、文化等多种功能的生活空间,以满足现代人对休闲生活的各种需求。这种"绿色农业旅游"的经营类型多种多样,经营者增加了一系列具有文化教育和休闲娱乐功能的设施,使乡村成为一个"寓教于农"的"生态教育农业园"。意大利中部和南部的乡村旅游景区中,70% 以上都配有运动与休闲器械,供那些喜欢健身运动的游客使用;55% 的景区为游客提供外语服务,为外国游客解决语言不通的困难;50% 以上的景区提供包括领养家庭宠物在内的多种服务项目。

法国乡村旅游项目主要有 9 个大项:农场客栈、点心农场、农产品农场、骑马农场、教学农村、探索农场、狩猎农场、暂住农场和露营农场。在住宿方面有乡村别墅、露营地、乡村酒店、城堡驿站、途中驿站、青年旅馆等形式,可以满足不同层次的需求。

(3)具有行业组织与统一营销

欧洲的农庄发展至现在,已经具有专门的欧洲农庄组织 EuroGites(European Federation of Farm and Village Tourism)。它是一个提供真正的乡村度假体验的机构,其成员来自 28 个国家的 35 个专业团体的超过 10 万个机构。每个成员机构能够提供 B&B(Breakfast and Bed)或者在私人住宅和农场,家庭经营小乡村酒店和宾馆的半自助生活,或者是家庭自制的饭菜,或运动性旅游(active tourism)。所有的农村、农场的标准都在欧洲旅游的 EuroGites 质量标签下。EuroGites 有专门的表示系统和网站,并为预订提供相应的服务。

表 8　EuroGites 成员协会一览表

国　家	名　称	网址链接
奥地利	农家生活体验旅馆	www.farmholidays.com
比利时	瓦罗尼地区农庄	www.gitesdewallonie.be
	弗拉芒地区(VZW)的旅游农庄	www.plattelandstoerisme.be
	瓦罗尼田园主页	www.accueilchampetre.be

续表

国家	名称	网址链接
保加利亚	BAAT——保加利亚替代性旅游协会	www.baatbg.org
克罗地亚	Ruralis——伊斯特里亚乡村旅游协会村庄（俄语）	www.ruralis.hr
塞浦路斯	塞浦路斯农业旅游公司	www.agrotourism.com.cy
捷克共和国	农村旅游联盟	www.svazvt.cz
法国	法国农舍国家联盟	www.gites-de-france.com
格鲁吉亚	爱尔卡纳（Elkana）	www.ruraltourism.ge
希腊	希腊客栈	www.guestinn.com
匈牙利	匈牙利农村与农业旅游	www.falusiturizmus.eu
意大利	萨拜娜之最	www.bestofsabina.it
拉脱维亚	拉脱维亚乡村旅游协会"乡村旅行社"	www.countryholidays.lv
立陶宛	立陶宛乡村旅游协会	www.countryside.lt
卢森堡	卢森堡大公园农村旅游促进协会	www.gites.lu
挪威	Norsk Bydgeturisme og Gardsmat	www.nbg-nett.no
波兰	波兰乡村旅游协会	www.agritourism.pl
葡萄牙	Privetur——葡萄牙移居旅游业协会	www.turismorural.pt
罗马尼亚	ANTREC——农村生态文化国家协会	www.antrec.ro
塞尔维亚	CenORT——负责任可持续旅游发展中心	
斯洛伐克	斯洛伐克农村与农业旅游	www.agroturist.sk
斯洛文尼亚	斯洛文尼亚旅游农场协会	www.turisticnekmetije.si
西班牙	ASETUR（西班牙农村旅游协会）	www.ecoturismorural.com
	RAAR——安达卢西亚农村旅游发展协会	www.raar.es
瑞士	农家度假协会	www.bauernhof-ferien.ch
	rural tourism.ch	www.rural-tourism.ch
乌克兰	克里米亚农村绿色旅游发展促进联盟	www.eurogites.org
联合王国	联合王国农家住宿	www.farmstayuk.co.uk

2. 日本的休闲农园

日本的乡村旅游发展较早。2002年,日本有超过1.13亿人次(相当于日本总人口)参加了各种乡村旅游。乡村旅游占据了日本国内旅游市场50%的份额。乡村旅游成为了最受日本国民欢迎的旅游服务业。

20世纪60年代,日本政府采取一系列措施提高农业的机械化、集群化水平;与此同时,农村地区的兼业化程度普遍提高,许多农民兼营蔬菜、水果和花卉等,也有些农场转向经营园艺和畜牧水产业。在市场需求的驱动下,城市近郊的观光果园、休闲农场等简易型乡村旅游形式应运而生并迅速发展起来。20世纪70年代,日本农村地区开始出现相对规模化、专业化的"农村观光"经营场所,例如专业农庄、农家果园等,大量城市居民开始到乡村度假。20世纪80年代,日本兴起利用民间资本进行乡村度假村、农村旅游建设的热潮。因此,大量可容纳500~1000人的大型休闲度假村相继建成,提供了乡村旅游的良好设施。进入21世纪,乡村旅游呈现多元化、精品化、社会化、专业化的特点,经营范围广泛,经营成效显著,成为日本重要的旅游产品。

日本乡村旅游已有时令果园、休闲农场、民俗农家、儿童农场、老年农场等形式,满足各个层次人群的需求。其中乡村度假是一类重要的旅游产品。依托于丰富的温泉资源开展的温泉旅游成为日本乡村旅游的成功模式。日本从北到南有2600多座温泉,75 000多家温泉旅馆。温泉娱乐、温泉餐饮、温泉购物、温泉疗养等形式多样。舒适的气候、便捷的交通、文明的环境、清洁的住宿、一流的餐饮和方便的通信,已成为温泉旅游度假地最为显著的经营特色。

3. 台湾的民宿

台湾乡村旅游的民宿发展得较好。20世纪70年代,在南部垦丁一带由于景区观光接待住宿不够,出现农家提供简易住宿空间。20世纪90年代起,随着有关部门推动发展休闲农业计划以及当时行政部门开始推动在山村辅导设置民宿计划,许多农村或原住民部落陆续出现民宿。那时民宿的发展形态,只是提供最基本的住宿空间而已,就住宿的产品层级而言,只算是基本产品。2001年12月台湾有关部门公布实施《民宿管理办法》后,台湾地区的民宿数量增加极快。根据2001年发布实施的《民宿管理办法》,民宿是指屋主利用自有房舍或农舍空间,提供旅游者住宿,并且是非都市土地及风景特定区内,必须由屋主自行经营,房间数也不得超过5间,特色民宿则在5~15间,未来每个县市的管理部门通过《民宿管理办法》的辅导,相信民宿可以提供广大民众乡野体验的机会,可以解决假日饭店不足的问题,也可以给予风格独特、合法经营的民宿,一个具有示范、公信的标志,以供游客参考。目前台湾新形态的度假民宿,有别于早期单纯提供过夜的民房或是中国内地的农家乐,许多乡村民宿已经走上精致与特色路线,正因为每家民宿有其不同特色,所以民宿的类型,靠山、近海,民宿所提供的设备、服务、价格、交通路况甚至是民宿主人等,各有其趣。原则上,乡村民宿都是民宿主人的私人空间,只是主人把空间分享出来而已,如果只是纯粹去住民宿,而不借此机会多加认识民宿主人,严格上说来,只能说住过半个民宿而已。只有与主人互相认识成为好友,才会有较深的民宿体验。如今,民宿形同游人在风景区的家,其本身也是观光游憩的特色。除了提供洁净的住宿环境,还营造一种温馨的家园感觉,游人可和民宿主人共餐、话家常,必要时民宿主人还可提供在当地的旅游服务。

(二)世界城市郊区旅游发展模式

1. 世界城市的旅游圈层结构

由于世界城市人口达到一定规模,且外籍居民在其常住人口中必须占有一定比例,具有较大的旅游市场需求;同时世界城市既是本国较大区域内,同时又是国际性的或某一跨国区域的综合经济中心,或是贸易中心、金融中心,能够对本国和世界经济或某一跨国区域经济的发展起一定程度的控制作用或引导作用,因此世界城市具有一定的空间范围且具有一定的城市腹地,城市的旅游空间结构也呈现空间分异,形成不同的旅游圈层结构。

综合目前比较公认的世界城市伦敦、纽约和东京的情况,同时借鉴世界一流旅游城市巴黎的情况,基本上可以归纳出世界城市旅游圈层结构的4个圈层(见图13)。

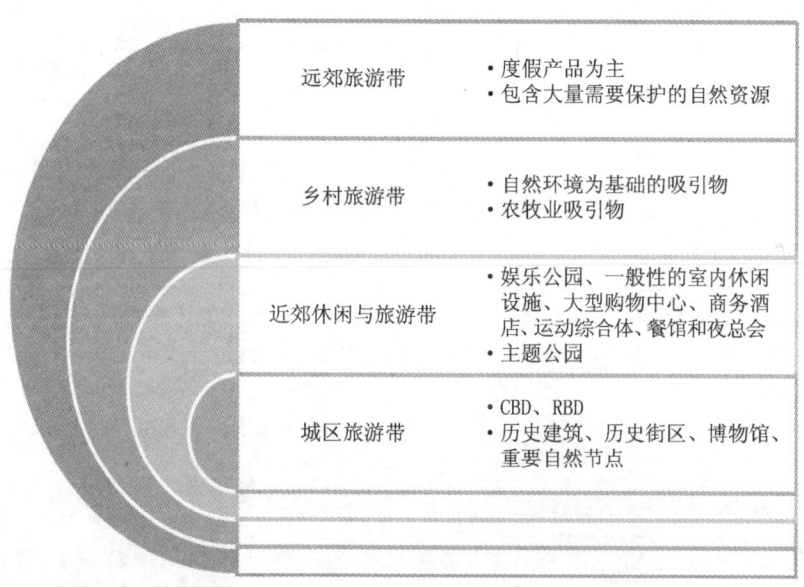

图13 世界城市的旅游圈层结构

(1)城区旅游带

这个带是体现都市旅游的最核心地带,主要的旅游吸引物有自然风景、CBD、RBD、餐馆、酒吧、节日和庆祝活动、音乐厅剧院画廊等文化艺术类场所、历史吸引物(历史景点和建筑等)、博物馆、体育竞技场、广场、塔和高层建筑、购物和会议及贸易中心、酒店和汽车旅馆群、少数民族街区、公园和开放的空间(绿化廊道等)、动物园。有吸引力的自然风景地常是旅游节点(中心点),像海滩、港口、河流、突出的山、悬崖。滨水区往往和城市的商业史有关系并且可以成为旅游区。一些港口在其商业功能减弱后却成为了旅游目的地,如巴尔的摩的内港、波士顿港。河流和城区的旅游形象关系密切,如塞纳河上的巴黎、密西西比河上的新奥尔良。许多城市有几个历史节点,他们是基于宫殿、花园以及为纪念皇室、战役、重大历史事件而建的纪念物。

表9 北京与世界城市的城市旅游吸引物比较一览表

城市	民俗、民族吸引物	地域景观吸引物	都市观光吸引物	文化娱乐吸引物	购物美食吸引物
伦敦	白金汉宫、西敏寺、大本钟和议会大厦、唐宁街首相府	塔桥及泰晤士河、格林威治山、海德公园	伦敦眼、特拉法加广场、牛津广场、匹卡德利广场	大英博物馆、舰队街、伦敦动物园、皇家植物园、蜡像博物馆	庞德街、牛津街、丽晶街、伯灵顿市场街、皇家市场街、格林威治市集
纽约	自由女神像、华尔街、世贸广场遗址、联合国大厦	中央公园、布鲁克林大桥及环岛游	新时代华纳中心、洛克菲勒中心、时代广场	百老汇歌剧院、哥伦布广场、圣派翠哥教堂、大都会艺术博物馆	第五大道、唐人街、华尔街、百老汇和外百老汇
东京	皇宫、东京塔、雷门、浅草寺、伊那里参道、枝神灶	上野公园、小笠原群岛筑地市场、新宿御苑	丸之内、涩谷、原宿、新宿、六本木	上野公园、博物馆、六本木、金阁寺、台场、两国	银座、新宿、涩谷、池袋、浅草、浅田、秋叶原
巴黎	巴黎圣母院、圣心大教堂、卢浮宫、圣母显灵圣牌教堂、凯旋门、圣礼拜堂	塞纳河、圣路易岛、斯德岛	埃菲尔铁塔、科学和工业城、凯旋门、蒙帕纳斯大厦、迪斯尼乐园、协和广场、圣米歇尔广场、市政厅	蓬皮杜文化艺术中心、奥塞博物馆、布朗利博物馆、军事博物馆、国立自然史博物馆、阿拉伯文化中心、巴黎市立近代美术馆、罗丹美术馆、格雷万艺术馆(蜡像馆)、红磨坊、左岸咖啡	香榭丽舍大街、蒙田大道、老佛爷购物中心
北京	长城、故宫、天坛、钟鼓楼、历代帝王庙、孔庙、十三陵	香山、颐和园、龙庆峡、云蒙山、石花洞	天安门广场、CBD、奥林匹克公园、中央电视塔、中华世纪坛	798、国家大剧院、首都博物馆、国家博物馆、军事博物馆、三里屯、什刹海、蓝色港湾	王府井、动物园、大红门、西单、建国门

(2) 近郊休闲与旅游带

这个带的主要吸引物为工业与科技园区、机构、历史建筑与名胜、体育馆、酒店群、大型超市购物区、娱乐公园、水上运动地、野营地。近郊也是工业旅游和野营的良好场所,还是国外城市游客探亲访友的主导性区域。主题公园和休闲区如圣路易斯的六旗、阿纳海姆的迪斯尼岛等通常在郊区。极其成功的迪斯尼世界和爱普科特中心靠近奥兰多市,以充分利用低价土地,可充分发展酒店和其他旅游服务业,也可作为风景缓冲带。欧洲迪斯尼世界建于巴黎附近的郊区空地,日本迪斯尼建于东京郊区。体育竞技地带常位于两个位置:城市核心和郊区。

(3)乡村旅游带

这个带的主要吸引物为野营地、度假村、旅游服务中心、水上运动与度假地、历史与乡土建筑、特色街区、古镇、历史定居地、(村落)农场与牧场旅游。乡村旅游带是城市居民从事周末和日常休闲活动的地方,如野营、水上运动、骑马、钓鱼。湖边小屋和度假村多位于环城的乡村地带。环带内人口相对于城市和近郊较少,自然环境受工业的影响较小,因而具有更多的乡土气息。长期繁衍生息在这里的农牧民或渔民以农场、牧场为游客营造了浓厚的生活气息,使本区域充满了活力。以自然资源为基础的吸引物和以农牧场为基地的旅游活动成为本地带的特色。这里的休闲活动有野营、访问历史定居点、农场休闲、牧场度假、雪上运动、水体休闲,这里有设计较好的度假村、各种形态的水边度假地。此区域河流、湖泊、水库较多,水体旅游吸引力较大。一些大都市的北部山地很适合开发冬季运动。由于很多大都市人口的故乡在近郊和乡村,有的还保留着原来的房屋,亲戚朋友也有不少仍居住在这里,因此有不少本市游客常来此地。作为西方国家大都市居民"第二居所"的趋势也使这里成为深受游客青睐的地方。

(4)远郊旅游带

这个带的主要吸引物为国家或地方性公园、森林公园、野生动植物保护区、国家野营地,可以进行开车、打猎、钓鱼、爬山、野外体验、远足等活动。远郊区旅游带是为周末和有较长假期的游客提供的休假地。这里有河、湖、溪流、山组成的风景区。很多大型的国家公园和自然环境保护区位于此。野趣是这个区域的最大特征。这里空间辽阔、地形多样、空气清新、人迹罕至,很适合开展原始野营和其他户外活动,像爬山、野营、驾车、垂钓、打猎、远足、自然考察、野外体验都是流行的活动。度假村的发展很普遍,少有酒店和餐馆。这里的农村地区和小镇正在尝试通过旅游服务业获得经济利益。由于本区域的自然生态环境保存完整而原始,因此本地带含有大量需要保护的资源,特别需要精心的规划。

2. 主要城市的乡村旅游带开发情况

(1)东京周边乡村旅游

东京创建于1457年,古称江户。1868年明治维新后,明治天皇从京都迁都江户,改称东京。东京是日本最大的工业城市,也是日本的商业、金融中心,全国主要的公司都集中于此。距离东京10公里建有东京迪斯尼乐园。这是迪斯尼集团在美国之外建设的第一个迪斯尼乐园。迪士尼乐园集历史知识、童话故事、自然风光和现代科学于一体,寓知识于娱乐,力求各个年龄层次的人都能在此找到乐趣。距离东京80公里的富士山南麓是一片辽阔的高原牧场,绿草如茵,牛羊成群。夏季适于露营、游泳、钓鱼,冬季则是滑雪滑冰的好场所。每年的春季,樱花盛开,在繁花映衬下,远眺富士山,景色怡然。距离东京不远的伊豆是世界著名的温泉胜地,也被称作东京的后花园。伊豆到处是泉眼,有临海的设施一流的现代化豪华温泉旅馆,也有几百年历史的传统名店,更有那些典型的家庭经营的规模不大的普通日式小旅馆。温泉的服务非常周到,周围的乡村景观景色宜人。

(2)巴黎周边乡村旅游

作为浪漫之都,巴黎是世界性的旅游胜地。除了让人耳熟能详的都市繁华与法兰西风尚的极致浪漫,巴黎周边一些具宁静乡村特色的小镇同样让人心动。例如巴比松(Barbizon)被称作画布上的田园牧歌。巴比松位于巴黎南郊约50公里处,紧挨着枫丹白露森林。骑着自行车从枫丹白露出来,是一眼望不到边的沃野,风景如画。诞生在这里的巴比松画派是整个法兰西的骄傲。画派活跃于19世纪30—40年代,其中的佼佼者有卢梭、米勒等。如今的巴比松已是一个闻名世界的艺术小镇。再如熏衣草之都Sault,茂盛的熏衣草田,纯粹的紫在高高低低的田园里绽开。吕贝隆山区(Luberon)Sault修道院的花田是该区最著名的熏衣草观赏地,其不同颜色的熏衣草独具特色。枫丹白露森林是法国最美丽的森林之一,橡树、枥树、白桦等各种针叶树齐全,景致十分秀美,也是"枫丹白露"名称的缘起。走进"世界香水之都"格拉斯,到处有花,香气袭人。各个季节景致都引人入胜。

(3)伦敦周边乡村旅游

英国开发乡村旅游始于20世纪50年代,到20世纪90年代至今的不断研究和改进,已日趋成熟。英国东南乡村旅游集团(Tourism South East,TSE)成立于2003年,成为除英国伦敦以外的最大旅游公司,由东南部旅游总会(South Tourism Board)和东南英格兰旅游总会(South East England Tourist Board)合并而成。这个集团的成立标志着英国乡村旅游业结束了群雄逐鹿的局面和区域集团化兴起。这个集团的资金主要来源于东南英格兰发展协会(South East England Development Agency,SEEDA)。这也意味着他们的大多数投资来自于地方政府,具有明显的国有性质。TSE每年获得的投资高达700万英镑,成为以伦敦为核心的最大的乡村旅游集团。其开发的区域覆盖19 000平方公里。TSE每年收入为115亿英镑,并且提供相关工作225 000个,占该地区GDP的7%。伦敦周边的乡村旅游发展除了古堡、酒馆、农舍房屋的外部结构还保持着乡村风貌,里面的陈设已高度现代化,配有网络、传真机等设备,所以便于吸引外资,以至带动整个地区的发展。伦敦周边发展了丰富多样的乡村旅游产品,体育活动是其中重要的组成部分。TSE就推出了以水上旅游为主的乡村旅游产品。TSE的新旅游产品具有的一个主要特点是高度参与和体验性。

更为重要的是英国东南乡村旅游区不是简单的重复建设,而是各个景点又有各自的主题:如水上体育、古堡探险、酒馆文化等。以当地的旅游资源为基础,英国东南乡村旅游区的主题旅游是现今比较时尚的一种立足细分旅游市场的旅游方式;主题旅游的发展必须依赖与主题旅游产品相应的游客群体,通常都是以有比较专业的兴趣和爱好的旅游者作为成功的主题旅游的基础。以伦敦为核心,各景点距伦敦不超过1小时车程,伦敦与各景点都由高速公路连接。正是通过这些高速公路,把更远距离的村落联系在一起,组合成一个整体(见表10)。

表10　2003年伦敦周边各景点游客量

	英国居民			海外游客		
	游客人数/百万人	逗留天数/天	费用/百万英镑	游客人数/百万人	逗留天数/天	费用/百万英镑
Tourism south east	21.0	60.1	3001	3.6	28.4	1295
Berkshire	1.7	4.6	394	0.45	3.0	163
Buckinghamshire	1.2	3.3	140	0.27	2.0	85
East Sussex	3.4	9.6	434	0.50	5.0	223
Hampshire	3.7	9.4	543	0.52	4.3	173
Isle of Wight	0.9	4.6	170	0.06	0.4	15
Kent	3.3	9.5	368	0.67	4.4	207
Oxon	2.2	5.9	336	0.48	3.7	185
Surrey	2.2	6.9	261	0.59	3.4	163
West Sussex	2.4	6.4	355	0.29	2.2	83
England	121.3	371.9	20 560	21.1	180.9	10 417

(三)差距分析与总结

1. 空间：旅游圈层与乡村旅游带发育不足

相比伦敦等世界城市的旅游空间分布，北京的旅游圈层与乡村旅游带并未呈现明显的空间特征。据苏平等的调查显示(见图14)，北京的空间离散与分异程度并不是非常高。因此，市区的一些历史遗产、历史社区与乡村旅游、远郊度假等未形成明显的圈层状。未来需要进一步培育不同区位的产业形态与旅游地类型，促进空间形态的发育。

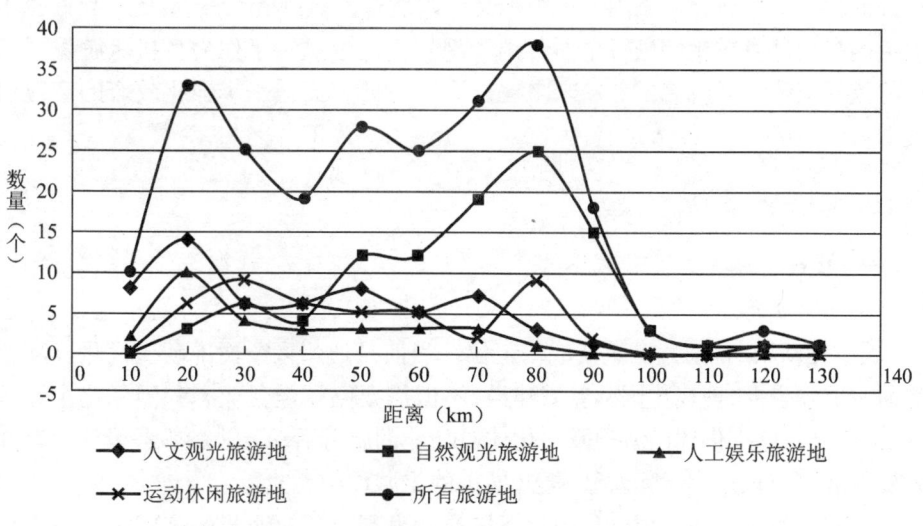

图14　北京不同类型旅游地的空间距离

2. 产品：产品多样化及体系待提升

综观国外的乡村旅游及重要城市周边乡村旅游的发展情况，可以发现国外的郊区乡村旅游已经从观光层面上升至体验参与层面，并且乡村度假占到乡村旅游的较大比例。此外，自然教育与学习也是乡村旅游产品的重要组成部分。目前北京的乡村旅游大多还停留在基本的观光、餐饮和采摘层面，在产品的丰富性及体系层次上还有待提升。

3. 设施与服务：设施建设服务水平亟待提升

无论是伦敦还是东京的乡村旅游，都能够提供较好的旅游服务。而且一些特色的旅游服务也成为吸引游客的因素之一。相比而言，北京的乡村旅游首先应该基本具备硬件设施，在此基础上提升服务水平也是建设的关键点，尤其在住宿设施、停车条件、厕所的清洁卫生、是否具有淋浴设施、当地人的友好度、餐饮的清洁程度、各景区商店的服务质量等方面还需要有较大的提升。

4. 营销：需有统一有公信力的平台及渠道

欧洲休闲农庄具有统一的专业认证和营销平台，并且提供具有公信力的网站提供各个成员机构的链接，接受网络预订。澳大利亚的乡村旅游也大多依托于网络预订，社区与政府进行统一营销。英国乡村旅游的分时度假交换系统和乡村俱乐部的广泛建立，保持了乡村旅游的长久生命力。北京的乡村旅游有待于建立具有公信力的统一平台，进行信息整合与营销。这样不仅能够树立乡村旅游的整体形象，便于游客决策和预订，也能够帮助乡村旅游从业小企业减少运营成本，使行业监管更加有效。

5. 政策支持与规划不足

无论是意大利，还是日本、中国台湾，其乡村旅游的发展都依赖于政府的大力支持与引导。成立于2003年的英国东南乡村旅游集团（Tourism South East，TSE）是以伦敦为核心的最大的乡村旅游集团。该组织具有政府背景，且基于各区域的差异性竞争优势对英国东南部乡村旅游进行全面营销和规划。这也显示了作为乡村旅游发展路径之一的政府引导或者政府主导。未来北京需要在此方面进一步强化政府的产业引导及规划。

五、发展战略

（一）战略依据

1. 国际新城是定位

"国际化新城"是通州区重要战略定位。当前是通州区全面推动现代化国际新城发展的重要建设期，现代化国际新城建设，不但需要高端经营业态和国际化企业组织入驻，也需要能够提供休闲游憩及文化体验功能的旅游活动及旅游服务设施。京郊旅游发展能够突出现代化国际新城，提升城市的旅游承载功能。

京郊旅游符合通州区现代化国际新城产业发展定位。通州区京郊旅游是现代休闲服务业的构成，旅游休闲产业是以"服务化、高端化、集约化、低碳化"为方向的高端产业,是深度融合整合一、二、三产优质资源的长链条产业,是符合通州新城功能定位和发展方向的新兴产业。发展京郊旅游要贯彻"提升一产二产、集聚做强三产、加快产业融合、突出发展高端产业"的思路,瞄准产业的高端领域、高端形态和高端业态,形成跨越式发展新格局。发展京郊旅游产业对于解决目前面临的资源约束、环境保护、就业压力、产业带动等问题,培育国际化新城产业新的经济增长点具有特殊意义。

京郊旅游还是外国人了解中国文化、加强国际交流的重要窗口。通过发展休闲、度假等形式的京郊旅游,可以提供一个认识通州现代化国际新城的机会。

2. 文化创意是本底

"文化旅游"是通州区旅游发展的本底基础。通州区"十二五规划"要求,要推动文化产业与旅游产业融合发展,积极发展文化旅游。通州京郊旅游发展要坚持文化创意理念,突出现代文化特色。要依据自然资源、农业资源和文化资源的特点,积极创造条件和政策环境,推动文化创意与生态旅游融合发展,努力打造融都市农业、生态旅游和文化创意产业集于一身的新产业体系。通州区京郊旅游与文化的结合可以有四点思路:

一是要与运河文化相结合。发挥通州多河富水的优势,推进滨水特色京郊旅游项目建设。"应充分利用水资源和丰厚的运河文化底蕴的优势",对张家湾古镇京郊旅游进行开发,将张家湾这一文化品牌通过古镇风貌的形式逐步发展为旅游观光、休闲度假、品质居住为一体的独特京郊旅游文化空间。

二是要与创意文化相结合。以宋庄文化创意产业集聚区为根基,在建设北京最大的文化创意产业集聚区过程中,将周边的休闲农业园区进行整合包装,将文化创意概念延伸至休闲园区,打造"文化创意产业休闲新区",突出原创艺术特色,举办创意文化活动,大力开发文化创意体验京郊旅游产品。

三是要与农事文化相结合。突出果蔬采摘、民俗风情等文化特色,开发多区域、多景区、多类型的都市农业旅游。加强对民间、民俗文化挖掘,支持民间、民俗文化加快发展,做好保护、传承、利用非物质文化遗产工作,培育一批京郊文化旅游产品。鼓励京郊旅游商品的创意设计和开发,提高产品档次,促进旅游商品的市场转化,提升市场占有率。

四是要与国际文化相结合。在通州区国际化新城建设的指引下,选择适合的休闲农业园区,利用异域风情和国际文化对其进行包装,既是一种国际化氛围的体现,也能借此提升园区的服务与管理水平。

3. 生态低碳是根基

旅游产业本身就具有环境友好型产业特征,保护生态环境与低碳开发方式是通州区京郊旅游可持续发展的前提。京郊旅游开发要以环境为中心,以减少对环境的伤害为重点,实现以低能耗、低污染、低排放为基础的旅游经济模式,强调保护环境而非享受环境。京郊旅游发展要打造生态旅游交通、生态旅游住宿、生态旅游餐饮、生态旅游购物、生态旅游娱乐、生态旅游环境等各要素的低碳化发展,来实现生态旅游体验质量的提升和生态旅游发展水平的进步。

通州区拥有大运河的滨水景观,京郊旅游发展更应该坚持"人本、绿色、低碳、和谐"的发展理念,突出滨水特色,瞄准世界标准,成为生态低碳宜旅游的典范。京郊旅游发展要生态优先,合理开发。要加强农业与农村生态环境建设与保护,开展合理的农业与产业的生态旅游规划。在保护性开发和可持续利用生态资源基础上,要引导各部门利用郊野公园、森林公园、风景名胜区、自然保护区、花果产业基地等存量资源开发旅游项目,拓展和丰富通州区的京郊旅游资源。

4. 休闲度假是方向

随着旅游市场日益细分化,传统的观光旅游已经越来越为市场所淘汰,而主题旅游、体验旅游、学习旅游则更加流行。旅游已经由传统走马观花式的观光旅游主导向在一地的停留时间相对较长,更加强调休闲、放松以增进身心健康为目的的休闲度假旅游方式转变,休闲度假旅游成为主导和时尚潮流。追求更为灵活多变的旅游方式、更多的新奇特异美、知识性、参与性和娱乐性、更加丰富多彩的旅游体验经历,是旅游市场需求的总趋向。

通州区京郊旅游的主要目标市场是京津冀的城市居民,随着闲暇时间的增多及可支配收入水平的提高,都市居民对休闲度假产生强劲的现实需求,高品质的观光旅游与休闲度假旅游的结合,成为新的热点,在观光休闲中度假,在度假休闲中观光,成为周末和黄金周等高峰出游阶段的主导旅游消费方式。复合型的旅游产品越来越受欢迎,引领新的复合型旅游消费时尚的是休闲度假旅游。

5. 信息技术是保障

旅游产业向现代服务业转型必须依靠技术进步。当今以IT技术、互联网技术、云计算、物联网技术为主导的信息技术革命,深刻改变了全球产业结构和生活形态。技术进步推进了旅游的发展,旅游发展也为现代信息技术成果的应用提供了广阔舞台。在通州区京郊旅游产品开发中,通过现代信息技术手段即现代农业技术、低碳环保型工业生产技术等可以创新旅游产品,提升旅游产品品质,如发展高科技的设施农业;在旅游资源保护中,现代科技是有效保护旅游资源的重要手段,如环境监测技术、现代浇灌技术、现代污水处理和回用技术等;在服务品质提升及经营管理上,现代信息技术是改进旅游的舒适度和迅捷度、提高旅游经营管理水平、优化旅游社会环境的重要手段;在宣传促销中,运用现代先进的科学技术,运用旅游地管理系统(DMS)可以将规划区的信息及时传送给游客、供应商及中间商。

6. 城乡统筹是目标

发展京郊旅游符合通州城乡一体化发展要求。推动城乡一体化发展是通州区统筹现代化国际新城建设与新农村建设的战略任务。当前通州区正在按照"双轮驱动、镇村统筹、突出重点、梯次推进、协调发展"的要求,全面推动城乡发展规划、产业布局、基础设施等"六个一体化"。京郊旅游作为通州区旅游产业发展的重要组成部分,贯穿农业的生产、生活、生态等多种功能,涉及农村发展规划、产业布局、基础设施等各个方面,对农业增收、农民致富、农村发展的贡献作用越来越明显,已经成为了农村经济发展中必不可少的组成部分。大力发展京郊旅游对进一步转变农业发展方式,优化农村经济结构,提高农民收入水平,加快城乡一体化进程具有特殊意义。

(二)战略目标

1. 产业目标

京郊旅游成为促进农村一、二、三产业融合发展的龙头产业,成为促进农民就业、增收和满足居民休闲需求的民生产业。

京郊旅游对农民增收的贡献率逐年提高,成为发展新型消费业态和扩大内需的重要支柱产业。一成以上农民依靠旅游产业增收,旅游业对通州地区生产总值贡献达到1个百分点。

三年期间,力争做到京郊旅游总收入、人均消费额、从业人员数量,年均增长10%以上;并促使通州地区京郊旅游人均旅游消费增长一倍。

2. 区域目标

京郊旅游第一区;

国际一流水平的休闲旅游目的地。

3. 环境及社会目标

环境目标:京郊旅游成为突破资源整合障碍,在首都功能分区和区县功能定位框架内实现融合发展的、生态友好型的绿色产业。

社区发展:京郊旅游业成为京郊转变发展方式的拉动力量,成为农业增收、农民致富、农村发展的重要引擎。

(三)总体战略

1. 观念转型——从门票经济到休闲经济

京郊旅游发展要从满足人民群众的一般"观光游"需求向满足"休闲度假游"需求提升。要突破门票经济的桎梏,形成满足"吃、住、行、游、购、娱"六要素的完善的旅游产业结构,形成综合性和复合型消费,向"休闲产业"要效益,而不是向"景区门票"要收益。同时,旅游统计指标也要相应转型,从简单追求旅游人次向提高人均消费能力提升。

2. 产业升级——从单一开发到融合集聚

京郊旅游的传统产业首先是农业,随着乡村产业结构的调整,开发京郊旅游业后乡村旅游地的产业结构发生了变化和调整,往往兼具农业、工业和服务业三大产业体系,而其中旅游业强大的综合性和联动性决定了它和其他产业之间存在着耦合共生的关系。乡村旅游地的农业产业系统(种植业系统、林业系统、渔业系统、牧业系统)及其延伸的工业系统(主要指农产品生产加工业、农产品贸易)与服务业系统(主要以乡村旅游业为龙头)三大产业之间可以进行有效的生态化对接,相互利用各产业的代谢物、废弃物和副产品,形成相互依存、密切联系、协同作用的耦合体。

因此,通州区京郊旅游发展,应强化产业间联合与协作,构建新型休闲农业产业联盟,形成生产标准化、经营集约化、服务规范化、功能多样化的现代休闲农业特色优势产业带和产业群。在此基础上,继续推进空间上的产业集聚,形成综合性的京郊旅游产业集聚区。

3. 职能转变——从行政管理到公共服务

旅游产业从本质上属于竞争性产业,市场机制应在旅游产业中得到充分运用,只有在市场失灵区域,才需要政府这只"看得见的手"的介入,如果政府这只手伸得过长,不但不会促进旅游业发展,还会适得其反。通州区京郊旅游的发展,也要处理好政府与市场的边界分工问题,明确哪些是政府应该做的,哪些是市场应该做的,更重要的是政府不可越界,把握好旅游公共管理及政策的边界。

从我国旅游公共管理改革的整体上来看,未来旅游公共部门的职能将主要转型为三个方面:一是公共服务职能,公益性景区建设、旅游基础设施建设、旅游公共服务供给改善及旅游促销等;二是产业促进职能,维护市场竞争秩序,给予私人企业以激励,推进旅游产权变革,推进规模化经营,实现产业效率;三是企业规制职能,对于旅游企业在旅游开发与经营中可能会出现的环境破坏、垄断定价、信息偏在、供给不足、质量不达标、旅游欺诈等负外部性行为进行约束,切实保障旅游公共利益。

4. 素质提升——从"本地化"到"国际化"

京郊旅游企业:要逐渐纳入国际服务标准,提升服务品质,加强竞争意识,积极参与旅游产业分工。各企业要从京郊旅游发展全局考虑,切实将本规划落到实处。遵循相关行业和政策的规定,提升服务业的质量,树立通州区京郊旅游业的良好形象。

社区居民:京郊旅游的社区居民,不管是居住于乡村还是城市区域,都应加强学习,提升素质,培养国际化新城居民的使命感与认同感,积极参与通州京郊旅游业的发展,塑造国际新城大都市居民的形象,建立通州区京郊旅游业飞速发展的信心,为通州区京郊旅游业发展出谋划策,创造和维护良好的行业发展环境。

通州区地处北京的郊区,是北京郊区旅游发展的重要区域。在"世界城市,国际新区"的定位下,通州区应在已有的基础上,借鉴国外城市郊区及乡村旅游发展的先进经验,科学调整通州旅游产业结构,优化通州旅游空间格局,全面实现旅游产业的经济、社会及环境综合效益,最终实现将通州区建设成为北京京郊旅游第一区、国际一流水平的休闲旅游目的地的战略目标。

六、实施策略

为了实现通州区京郊旅游发展的战略目标,应实施"产业融合、形象整合、空间契合、治理配合"的"四合"发展策略。

(一)产业融合

1. 旅游资源及产品协同

通州区目前已经培育发展了各类观光园、采摘园、休闲农庄、农业主题公园、民俗旅游村(户)达100多个。在此基础上,还需不断强化旅游资源的统筹开发利用,以

"调结构、强吸引、增效益"为主线,以"创新、整合、优化、提升"为方针,对旅游资源及产品进行开发的顶层设计。

(1)旅游产品的结构调整

根据旅游产品演化的普遍规律,第一代为大众观光旅游产品,第二代为大众休闲度假旅游产品,第三代为定制性的、小众高端特种旅游(见图15)。纵观国内外最具有吸引力的旅游目的地,其产品层次大多已经进入到第二代和第三代发展阶段。通州京郊旅游处于基本的起步阶段,旅游产品仍然停留在第一代旅游产品层面。在这个阶段,传统的观光旅游产品依然具有大众市场的优势,可以吸引大众市场,赢得一定的人气。尽管如此,着眼于通州京郊旅游的高起点和持续发展,通州京郊旅游发展必须不遗余力地迈向第二代和第三代旅游产品阶段,坚持由大众观光旅游向生活方式体验旅游的转变。

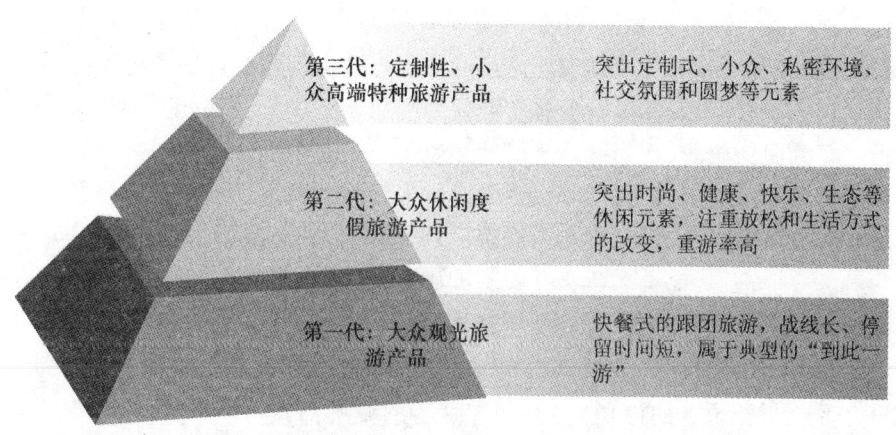

图15 旅游产品演化规律

①提升传统观光旅游产品。首先,已有的大量基本的农业园还应提升其旅游功能,至少能够有满足游客的基本观赏与采摘需求的功能。其次,对目前已有的观光园、采摘园、民俗户要加强管理,逐渐在游客餐饮、住宿等方面进行不同层次的引导,满足游客的需求。最后,由观光旅游产品向休闲度假等多元化发展和功能提升。传统观光旅游产品的核心价值是保量。

②大力开发运动休闲等新兴旅游产品。国外的乡村旅游产品中体育、运动和康体产品占据很大的份额。通州区针对目前市场的导向,积极开发运动休闲,如高尔夫、户外拓展、自行车、攀岩、山地越野、徒步旅游、探险旅游、散步旅游等相关产品,符合居民的康体和放松需求。这些大众休闲度假旅游产品,重游率高,消费层次较高。这类产品的核心价值是强吸引。

③积极发展会议旅游、自然学习新兴旅游产品。适应市场变化,引领市场消费导向。这类产品的核心价值是增效益。

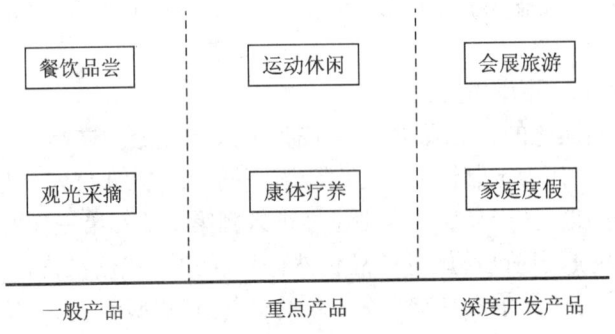

图 16　通州乡村旅游产品结构谱系图

（2）旅游产品的系统开发

依据通州的实际特点和发展目标，通州开发的乡村旅游产品分重点开发旅游产品、深度开发旅游产品和一般开发旅游产品。重点开发的旅游产品为运动休闲旅游产品和康体疗养旅游产品，深度开发旅游产品为会展旅游产品、家庭度假产品，一般开发的旅游产品为民俗旅游、观光农业旅游产品。

观光游览是目的地旅游产品的第一特性，也是基础特性。目前通州乡村旅游业的发展处于起步阶段。首先，发展城市居民的观光采摘与餐饮品尝产品，不仅可以稳固通州旅游的既成市场，而且还将为其他类型旅游产品的开发和市场拓展做好铺垫。其次，在基本的观光采摘和餐饮品尝产品基础上，通州应该进一步发展运动休闲和康体疗养项目，例如依托休闲农业园区的散步、骑自行车、拓展、高尔夫等类型运动项目。这部分产品将延长游客的停留时间，增加游客的旅游消费，提升人均旅游消费能力。最后，未来通州进一步开发的旅游产品是会展旅游与家庭乡村度假产品。总体上，通州乡村旅游一般产品主要针对大众市场，实现"保量"的目标；重点产品和深度开发产品力图扩展商务游客、家庭团体和高端消费市场，实现"求质"的目标。

2. 休闲及旅游业态创新

（1）以游客需求为导向，发展新型旅游业态

通州在推进乡村旅游产品的转型升级基础上还需要发展新的旅游业态，扩大优质资源储存量，打造通州京郊旅游特色品牌。以科技农业、设施农业、区域特色、生态环境为依托，加大对国际特色种植园、异国风情观赏园、国内外优良品种养殖园的引入培育；积极推进与国际旅游相适应的特色农业主题公园、乡村特色旅游小镇和运河湿地旅游区、潮白河郊野森林公园、凉水河湿地公园，以及民族风情旅游区的开发建设；不断推出休闲农庄、乡村酒店、采摘篱园、国际驿站、民族风苑等旅游新业态；引入现代化、国际化、专业化的管理机制，吸引国内外优质旅游资源、资金和项目，完善旅游设施服务，提升国际化接待水平，以乡村旅游的转型升级和高端化发展助力新城建设。同时，要进一步培育推出各类农业观光、农事体验、果蔬采摘、科技成果展示等项目，加快发展一批有特色、有代表性的乡村旅游新产品，加大农、副、特产品向深加工和旅游商

品的转化,实现旅游产品项目的开发与市场需求和农民增收致富互利共赢。随着新城和新农村建设,使通州的乡村旅游提升到更高水平,迈向更高层次。

(2)以乡村旅游发展为契机,促进产业融合

首先,实现乡村旅游与第一产业的融合创新。实现农业与旅游业的有机融合,打造以农业风光、农业体验、农业产出为依托,以都市周末休闲度假居民为主要市场群体的休闲都市农业,是实现农业提升性转入与旅游业延伸性发展的重要手段(见图17)。通州区可以进一步基于农产品的深加工开发高附加值的农产品,还可以基于游客需求进一步加强有机农产品的开发。

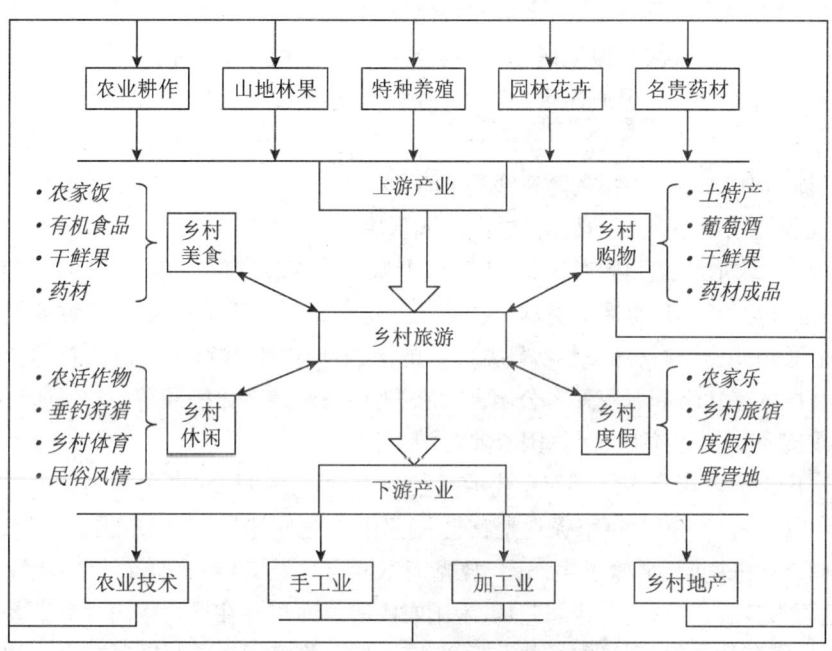

图17 乡村休闲旅游产业链条

其次,基于游客需求考虑休闲食品加工业开发和旅游商品的加工。休闲食品,即"吃着玩"的食品,是快速消费品的一类,是在人们闲暇、休息时所吃的食品。目前,我国休闲食品大致可分为八大类,即谷物膨化类、油炸果仁类、油炸薯类、油炸谷物类、非油炸果仁类、糖食类、肉禽鱼类、干制蔬果类。其中,糖果、蜜饯、膨化谷物类是休闲食品行业起步最早,也是发展最为成熟的品类,已经形成了强势的领导品牌梯队。通州可以利用已有的一些食品品牌,继续深化休闲食品的开发。此外,通

图18 休闲食品八大类产品

州区的旅游商品加工业也可以带动工业的发展,例如绿华盛义的手工香皂生产等。

最后,依托目标游客可以进一步发展有机蔬菜水果的物流配送等第三产业。

(二)形象整合

1. 确立京郊旅游的特色定位

(1)寻找比较优势

通州区京郊旅游具有先发优势,但仍未形成产业和空间上的明确定位,京郊旅游特色形象尚不突出。如表11、12所示,通过对北京十区县基本状况、经济指标、旅游定位等进行分析,对通州京郊旅游的比较优势有如下总结:

①山水资源匹配不突出,但水资源特色突出。

通州区位于近城区平原地区,缺乏组合性好的山水旅游资源,如怀柔、密云等区县就在这方面优势突出。但通州区拥有潮白河、大运河及减河等水文化资源,这成为其他区县不可比拟的竞争优势。伴随着近年来大运河等显著的环境治理效果,通州区"国际新城,都市水城"的特色越来越得到彰显。

②代表性景区不突出,但公益性滨水园区突出。

如表3-5所示,通州区有3家3A级以上旅游区,在北京市十区(县)的旅游景区排名中,不占有竞争优势,也缺乏像延庆县的八达岭长城、怀柔区的慕田峪长城等龙头旅游景区。但通州并非没有亮丽景观,日益成型的潮白河休闲旅游带、大运河森林公园游憩带等公益性的绿化带和城市郊野公园,已经成为市民及游客休闲及游憩的场所。

③观光型资源不突出,但休闲农业资源突出。

北京市拥有五家全国休闲农企业示范点,其中通州区的"北京金福艺农西红柿联合国"为其中之一。65家北京市级观光农业示范园中,通州区共有7家,占全市的10.7%,包括吉鼎立达采摘园、金篮子生态园、观光南瓜园、台湖第五生产队农村生产社会实践园、大运河水梦园、北京葡香苑园艺场、禾阳农庄等。而目前在通州区内具有游客接待能力,且正在经营的休闲、观光农场共有近80家。这些都显示出通州区具有高度的休闲旅游价值,尤其是区位的优势更成为了吸引北京地区广大民众前来的关键因素。

④经济基础较好,但服务业差距较大。

表11 北京十区(县)基本情况比较(2011)

区(县)	区(县)政府到北京市区距离	常住人口(万人)	面积(平方公里)	特色定位	特色描述	代表性景区
通州	紧邻北京CBD,西距国贸中心13km,北距首都机场16km,东距塘沽港100km	109.3	总面积907km²	运河、水城	大小河流13条,运河蜿蜒,势若游龙;潮白河碧波千顷,渔歌唱晚。三河三路两侧百米绿色通道,天然生态屏障	大运河森林公园

续表

区(县)	区(县)政府到北京市区距离	常住人口（万人）	面积（平方公里）	特色定位	特色描述	代表性景区
延庆	74km	28.8	总面积1993.75km²；山区面积72.8%，平原26.2%，水面1%	夏都、山城	国家生态县、中国最佳生态旅游县、中国十佳休闲旅游县、中国优秀旅游名县。三面环山一面临水	八达岭长城、海坨山
房山	22km	91.2	总面积2019km²；山区面积2/3	地质景观	山区、丘陵和平原各占三分之一，原来为矿山产业，现转型为地质旅游产业	房山世界地质公园
怀柔	50km	38.0	总面积2128.7km²；山区面积88.7%	山清水秀	有名称的山峰500座，海拔在1000米以上的24座，4级以上河流17条，山泉774处，占全北京水资源总量的1/5	慕田峪长城、不夜谷
昌平	32km；区南端距市区4km	102.1	总面积1352km²；山区半山区占59.2%	温泉闻名	地热资源丰富	居庸关长城、九华山庄
平谷	距市中心70km	42.7	总面积1075km²；山区面积59.7%	平原绿谷	"生态绿谷"，森林覆盖率62.7%，位居全市首位	京东大峡谷、石林峡
密云	距东直门65km	45.8	总面积2229.45km²	生态小镇	生态环境质量居全市各区县之首，空气质量优良，密云水库及上游水体质量在国家地表水二类标准以上	云蒙山、渔乐圈
顺义	距市区30km	73.2	总面积1021km²；平原面积95.7%	高端度假	近城区、京东第一大河潮白河贯穿地区中部	顺鑫度假村、顺义鲜花港

续表

区(县)	区(县)政府到北京市区距离	常住人口(万人)	面积(平方公里)	特色定位	特色描述	代表性景区
门头沟	距天安门广场25km;距苹果园地铁7km	28.0	总面积1455.06km²;山区面积98.5%	生态山谷	北京市唯一的纯山区,拥有国家级自然保护区、国家级森林公园,国家历史文化名村3处、北京市市级风景名胜区2处	百花山、妙峰山、爨底下
大兴	8km(离市区最近的远郊区)	115.9	总面积1030km²	西瓜节	永定河下游,沙地,大兴庞各庄西瓜节闻名	北京野生动物园、御林古桑园

资料来源:根据《北京区域统计年鉴2011》加工整理

根据2011年统计数据,通州区GDP指标在北京十区县中排名第4位,位于顺义、昌平及房山之后;通州区服务业指标在北京十区县中排名第5位,位于延庆、大兴、顺义和昌平之后。可见通州区经济基础良好,但服务业所占份额不够高,产业结构存在一定问题。

表12 北京十区(县)"十二五"规划中旅游业发展思路

区(县)	"十二五规划"对于旅游业的定位
通州	加快落实主题休闲旅游度假区建设规划,积极促进主题公园、派格5D秀和新乐城等综合文化休闲项目落地,融合中国传统文化、现代时尚元素和高新科技手段打造主题娱乐产业;依托运河文化品牌,挖掘传统文化资源,结合特色村镇和景观水系建设,开发文化景观旅游、健身娱乐、特色餐饮等休闲产业。
延庆	以全国旅游标准化示范县建设为契机,大力推进旅游休闲产业转型升级,实现从数量规模向质量效益转变,从传统观光旅游向高端休闲旅游转变,从单纯注重经济功能向更加注重发挥综合功能转变,带动三产快速增长。
房山	整体把房山定位为:首都高端制造业新区和现代生态休闲新城。现代生态休闲新城呈现雏形,是首都市民和国际国内游客休闲养生的重要选择,在首都城市发展新区中彰显独特魅力。
怀柔	构建以会议会展、影视文化、研发服务、休闲旅游和商贸物流为支撑的现代服务业体系,提高服务业发展水平。充分发挥特色资源优势和地处京郊的区位优势,加大旅游资源开发与整合力度,完善观光旅游产品,重点发展度假旅游、会展旅游、长城旅游、乡村旅游等优势产品,重点培育影视旅游、节庆旅游、体育旅游、生态旅游等特色产品,进一步优化旅游产品结构。

续表

区（县）	"十二五规划"对于旅游业的定位
昌平	按照建设"人文北京、科技北京、绿色北京"和中国特色世界城市的总体部署，以国际一流的标准，努力打造中关村核心区、城市化示范区、生态旅游区，形成科技教育发展新区域。
平谷	全区构建"一城三带十大功能区"的发展格局，"十大产业功能区"为中国乐谷文化创意产业园区、马坊物流基地、兴谷开发区、绿色能源产业基地、金海湖国家级旅游度假区及国际组织总部基地、丫髻山道教养生基地、轩辕山国际旅游度假区、大华山旅游集散特色镇、马昌营多元文化产业基地、峪口商务休闲总部基地。
密云	以密云生态涵养发展区工作方略为指导，以"三个走在前列"为奋斗目标，以建设"绿色国际休闲之都"为发展定位，以人为本，科学发展，建设生态富裕和谐新密云。以打造休闲旅游业为战略支柱，将密云建成生态友好型产业发展示范区。
顺义	整合工业旅游、红色旅游、观光旅游和体育休闲等资源，结合商务会展及重大活动，打造一批体现顺义生态特色、产业特色、文化特色的个性旅游精品。
门头沟	到2020年，形成以旅游文化休闲为主导的绿色生态产业体系，城市综合服务功能更加完备，生态环境质量明显提升。充分发挥生态环境资源丰富、历史文化积淀深厚、地理区位独特的三大优势，以发展旅游文化休闲产业为重点，全力打造集休闲旅游胜地、高端商务新区、山水宜居新城、首都生态屏障为一体的现代化生态新区。
大兴	在巩固大兴"绿海甜园，都市庭院"旅游品牌形象的基础上，大力发展生态体验、休闲度假、工业科技、商务会展、文化创意、时尚体育等高端旅游产品，持续提升旅游服务承载能力，展现"文化引领、创意带动、科技保障、体验丰富"的都市旅游品牌形象。

(2) 进行差异定位

基于资源本底及文化理念的通州区京郊旅游作为现代服务业的重要构成，差异化竞争尤其重要。通州区京郊旅游发展必须实事求是，扬长避短，不与生态资源条件好的区县拼"山水"、拼"景区"，而是突出"现代新城、都市水城"的特色，发挥区位条件和经济基础优势，顺应现代旅游需求的新趋势，比"便捷"、比"品质"、比"服务"、比"国际化"。基于此，通州区京郊旅游可以进行以下三个差异化定位：科技示范农业、文化创意园区、国际服务基地，以实现世界城市国际新城的建设目标。

(3) 凝练旅游口号

通州区可形成如下宣传推广口号：

——任你所选，京郊旅游在通州

——"游"你参与，京郊旅游在通州

2. 构建通州京郊旅游品牌

(1) 推广金福艺农模式，打造"北京名片"

北京市京郊旅游发展大会指出，今后将在北京市内打造"1+N""北京名片"建设工程。"1"是指在京承路沿线、飞机起降航线可视范围内，将分期分批建设万亩农业示范园区,结合国家农业科技城建设、国家级现代农业示范区建设等重点工程,建设一批先进技术集成、现代装备配套、基础设施完善的农业产业园区和农田景观区,打造京承路"北京第一张名片"。"N"是指通过培育首农西郊农场休闲农业园区、通州金福艺农、昌平草莓"一园两中心"、延庆四季花海、百里山水画廊、怀柔国际文化村、密云古北水镇等规模大、特色突出的综合休闲农业园与乡村旅游带,形成若干张"北京名片"。

因此,要抓住打造"北京名片"的契机,推广入选的"通州金福艺农"的模式,积极发展景观农业,改善乡村旅游环境,打造系列生态优良、环境优美、产品优质的现代休闲农业产业园,形成一批通州区京郊休闲农业特色点、精品线和高品位带。

(2) 构建特色京郊旅游品牌

深入挖掘各乡镇特色文化内涵,研究整理现有资源品牌状况,提炼资源品牌内涵,着力培育品牌节庆活动、品牌服务项目、品牌服务企业、品牌旅游商品等。积极参与国家及北京市各项评定和评选活动,持续推进旅游乡村(户)评定与创建,规范京郊旅游建设管理,扩大评定入围企业数量规模,重点打造具有各类代表性的品牌产品,形成区域品牌效应。

借鉴外国的一些经验,尤其是以伦敦为核心的乡村旅游集团——英国东南乡村旅游集团(Tourism South East,TSE)的模式,在未来整合通州乡村旅游资源,打造京郊旅游品牌,可以考虑成立通州京郊旅游集团,促进整个京郊旅游做大做强。以政府为主导,突破体制机制障碍,统一管理通州乡村旅游的经营与开发,依据不同的竞争性优势进行差异开发,协同创新,集中解决条块分割、权级交叉的问题。

3. 完善京郊旅游标志系统

(1) 通州京郊旅游标志系统尚不完善

旅游标志系统有两类:道路上的指示引导系统和各类旅游目的地(区县、乡镇、村、景区、景点,服务设施点、站、店等)的名称牌。目前通州区京郊旅游标志系统存在的主要问题有:

①现有旅游标志不成系统,不规范。目前大部分休闲农业园区的指引只有零星设置,或断续有指示牌,有的自行设置的指示牌与广告牌混杂,尺寸不一、色彩零乱,指示也不醒目;有的小景点指示牌压过大旅游区,误导司机或游客;有的路口标志杂乱无章,既影响市容观瞻,也使游客无所适从。

②现有道路标志不适应旅游业发展需要。目前城市道路标志由交通管理部门管理,郊区公路由路政部门管理。随着京郊旅游业的快速发展,大量自驾车进入郊区,现有的指示牌远不能满足出行需要,在道路标志中增加旅游目的地的指示引导牌势在必行。旅游管理部门应与市政、交通、路政等部门共同努力,将旅游引导指示系统纳入到全市道路标志系统之中进行规划建设。

③旅游目的地名称牌欠规范。调研中发现这一问题,如通州区果园就有三个名称,分别是通州区果园、桃花村度假村和桃花主题公园。不但旅游者会感觉困惑和混

淆,就是旅游行业管理机构也无从判别。

(2)形成完善的旅游标志和指引系统

应适应市民京郊旅游消费方式的变化,建立从城市到乡村、从客源地到旅游目的地的完整系统的旅游指示牌体系,方便游客直接无障碍到达旅游目的地。同时在全规划区按不同类型和等级建立与旅游业相关的、规范的名称牌体系(地名、景名、服务设施名)。

参照国家标准和道路标志标准,建立起人性化、国际化的基本信息和导向服务,规范公共符号系统。以简明、中英双语、多样的方式给游客提供人性化服务方面的信息。制定旅游产业名称牌规范。与京郊旅游业相关的名称牌包括:景区牌、景点牌、地名牌、村名牌,以及各类服务接待点牌等。

旅游标志体系的建设,涉及政府多个部门(如发改委、城市规划、市政市容、交通、公路、农委等),京郊旅游形象整合过程中,各相关部门应协同组织,相互配合,才能逐步实施。

4. 旅游形象推广

建立京郊旅游联合宣传推介机制。建立完善节假日宣传工作机制,五部门及各乡镇、旅游企业联动,整合旅游资源,通过多种方式进行宣传、推介。

实施京郊旅游专业化宣传营销。参与、举办各类京郊旅游展示、洽谈、营销活动,加大京郊旅游市场营销力度,促进京郊旅游景区、市级民俗村(户)在客源、信息、服务方面集成共享。制作京郊旅游宣传品,引导市民积极参与京郊旅游消费活动。

继续举办好各类节事节庆活动。传统节庆活动(樱桃采摘节、葡萄采摘节、宋庄梨园采摘节)推陈出新,利用2012年承接第18届国际食用菌大会的契机,不断培育新的具有区域代表性的主题文化品牌节庆活动。继续举办旅游商品大赛和旅游商品设计大赛,深入挖掘体现通州地域特色的各类旅游商品、纪念品。

积极发展旅游目的地营销系统。在旅游目的地系统(DIS)的基础上,对目的地营销功能和管理功能进行拓展,出现了从单纯的信息系统转向具有强大营销和管理功能的目的地营销系统(DMS)。它以目的地整体形象来参与全球旅游营销竞争,受益的不仅是某一类企业或者某个企业,而是区域内所有的旅游企业及旅游相关机构。

(三)空间契合

构筑有序的空间结构有利于通过对不同功能区的科学划分、大型基础设施等项目的合理选址以及重要旅游点的科学布局实现空间效益的最大化与乡村旅游线路的合理组织,从而提高通州京郊旅游的组织结构与组织效率,促进通州旅游的优质持续发展。根据通州区的区位优势、京郊旅游资源、重要交通线路进行如下空间组织。

1. 滨水休闲旅游带打造

根据通州旅游的空间结构和旅游吸引物的分布,重点打造潮白河与北运河为轴线的滨水休闲旅游带。

建设的理念:体验休闲环境,挖掘运河文化。

建设重点区域:

(1) 潮白河沿岸的滨水休闲旅游带

核心轴线:潮白河。

重点旅游景区(点):(安君洲)开新农场、快乐源休闲农庄、中农富通园艺种植园及潞城园艺示范区、国际户外运动俱乐部、郑佳生态采摘园、西集果品示范园、泊浒乐园。

主要依托资源:依托潮白河沿岸优美的水面及林业景观资源和已有的旅游景区将其打造为北京著名的旅游廊道。

重点开发旅游产品:家庭休闲、农场采摘、亲子旅游。

开发方向:目前着眼于提升已有旅游点的设施建设与服务水平,未来考虑增加运动产品,如宿营、林间娱乐项目等。在两河沿岸应最大限度地发挥水资源丰富的优势,发展以荷塘观光园和观赏鱼养殖地为代表的休闲观光农业及两岸的林带。在荷塘观赏鱼养殖地观光核心区周边,可以开发一系列服务行业,增加相关旅游观光的服务措施,进一步拓宽产业链条。同时可以深入挖掘潮白河历史与文化,将农业与教育、文化相结合,实现休闲农业和历史文化相结合的文化休闲观光带。以泊浒乐园为品牌旅游点,辐射周边,形成1~2天可供选择的多样化家庭亲子旅游线路包,未来着力开拓亲子旅游产品和家庭旅游产品。

(2) 北运河滨水休闲旅游带

核心轴线:北运河。

重点旅游景区(点):运河公园、大运河森林公园、布拉格农场、开心农场、吉鼎立达观光采摘园。

主要依托资源:依托北运河水面及沿岸周边的林业景观,深度挖掘运河文化。

重点开发旅游产品:休闲运动、农场采摘。

开发方向:利用北运河沿岸的景观资源,考虑增加旅游设施,提升旅游功能。继续增强北运河的水面休闲功能,未来增加沿河岸徒步旅游、自行车旅游、宿营、林间娱乐等项目,将运河沿岸建成以休闲运动与康体娱乐为主的具有文化底蕴的休闲带。依托吉鼎立达这个华北地区最大的蕨类生产基地之一,未来发展特色蕨类观光及购买旅游。

2. 休闲旅游集聚区构建(京郊旅游 MALL)

沿京哈、京沈、京津第二高速线路,沿线打造休闲旅游集聚区,重点打造以下集聚区:

(1) 于家务出口周边休闲旅游集聚区

核心轴线:京津高速。

重要旅游点:瑞正园、第五季台湾农业博览园、南瓜观光园、金篮子有机蔬菜生产基地、绿华盛义香皂DIY制作。

主要发展方向:未来在采摘的基础上,进一步延伸房车、有机农业体验、手工艺品与有机食品的 DIY 体验、婚庆旅游、会展旅游等产品。加快农业园区的旅游服务功能建设,加强整体宣传与营销。

(2)台湖休闲旅游集聚区

核心轴线:京哈高速。

重要旅游点:金福艺农采摘园、金强盛花卉休闲农庄。

其中北京金福艺农是集高效设施种植、观光采摘、科技示范、科普教育、生产、生活、生态于一身的现代大型都市生态农业园。该园始建于 2006 年,现有园区总占地面积约 3000 余亩,主要区域占地面积约 1000 亩,拥有日光温室 150 栋,春秋棚 70 栋,自动化连栋温室 10 000 平方米。2010 年,金福艺农在外郎营村新增园区 750 亩,规划发展艺术农业、军事农业、创意农业、生态农业和高端度假等产业。园区以五彩番茄、西甜瓜、水果黄瓜、彩色甜椒等名优特新瓜菜品种为主打产品,另有虚拟数字农业科普系统,利用三维技术、动态建模技术,以形象生动的计算机操作界面,将不同作物的生长过程以三维动画的形式模拟演示出来。

主要发展方向:利用农业高科技,开发更多有机蔬果、特色蔬果的采摘体验产品以及科普教育旅游产品。未来与图书、文化产业相结合,进一步实现台湖区域的旅游产业集聚。

(3)宋庄休闲产品集聚区

核心轴线:通燕高速。

重要旅游点:今日恒鑫、金红第怡园、运河苑温泉度假村。

其中,运河苑温泉度假村为四星级酒店,以温泉和会议为特色,从 2009 年以来度假村营业额以每年 30% 以上的速度增长,预计今年的营业额达到 8000 万元。

未来发展方向:与宋庄创意文化旅游相结合,未来开发会展、休闲养生、有机蔬果体验等旅游产品。突出文化与温泉的特色,进一步开拓田园之旅、艺术之旅与体验之旅的结合。通过宋庄画家村的影响力,充分进行借势营销,带动周边京郊旅游点的采摘及相关的消费。

3. 城乡统筹发展

在进行空间规划的同时,还要积极推进城乡统筹发展。在尊重乡村发展、尊重农民意愿、尊重发展规律的前提下,把挖掘农业自身潜力与工业反哺农业结合起来,把扩大农村就业与引导农村富余劳动力有序转移结合起来,把建设社会主义新农村与稳步推进城镇化结合起来,加快建立健全以工促农、以城带乡的政策体系和体制机制,形成城乡良性互动的发展格局。整合通州总体情况,首先考虑中心镇区发展景观农业。中心镇区应以景观功能强的花卉和参与性强的观光采摘农业为主。其次,在重点的绿地区域进行林间的活动与设计。再次,在已有的设施农业项目上,坚决走高端、精品路线,以高科技农业展示为目的,重点发展为大田服务的籽种培育、高档花卉、园艺苗木和高端蔬菜、水果,建成北京市高科技农业示范园。同时也可以吸引游客亲自参与采摘和体验,具有很好的观光效果和采摘功能。最后,充分利用水系进行休闲乡村旅游带的建设。

(四)治理配合

1. 建立新型旅游治理机构

以通州区旅游发展委员会(可简称通州区旅委)为主体,引入消费者、社区居民、学术机构、新闻媒体、民间社团及国际组织等相关利益集团,构成博弈框架结构,协调利益,相互约束和制衡,形成新型的公共治理结构。

(1)京郊旅游发展联席会议制度

加强联动发展,统筹协调相关工作。联席会议由区政府主管领导任召集人,各成员单位、相关部门参加,联席会加强与各部门、各乡镇之间的联动,定期分析解决京郊旅游发展中的相关问题。通州区旅委、区农委负责组织推进联席会议议定的各项事项,各有关部门、乡镇政府根据任务分工,相互配合,抓好落实。

对各个部门进行适度的权利集中,形成以旅游委为中心的京郊旅游管理机构体系,加强各部门之间的沟通和协调,共同促进京郊旅游发展。

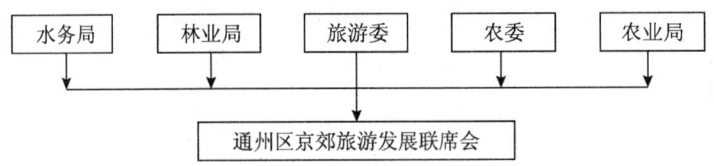

图19 京郊旅游发展联席会议制度

(2)旅游行政部门转型为旅游目的地管理组织(DMO)

旅游目的地管理组织(Destination on Management Organizations,DMOs)是负有管理旅游目的地或者负有营销旅游目的地责任的组织(WTO,2004)。DMO 在管理范围上,将从现有的旅游行业管理,仅涉及旅行社、酒店和部分景区点,扩大至整个旅游目的地;DMO 的管理对象,将从单一针对旅游企业,转变为面向旅游经营的各相关利益方,如旅游供应商、中间商、消费者及目的地社区居民,尤其重视游客管理和旅游区社区居民管理;旅游目的地管理组织的组织结构将发生根本变化,主要是通过建立协调型的旅游公共机构,来实现旅游行政管理组织协调职能的发挥。目前西方很多发达国家传统上的旅游行政主管部门转型为目的地管理组织(DMO),通过改革现有的旅游行政管理机构的框架,利用信息技术实现管理流程再造,树立目的地整体形象和整合营销,提供公共服务。

(3)发挥旅游行业协会重要作用

行业协会,作为同行业中生产同类产品的企业或相关组织出于维护共同利益而自愿组成的自律性和自我服务性组织,在规范行业自我管理行为,促进企业平等竞争,提高行业整体素质,维护行业整体利益方面起着关键性作用。政府把宏观调控和行业管理的有关政策通过行业协会作用于企业,更能够体现公平性和可操作性。同时,吸收环保组织、慈善组织、NGO 等第三部门多参与,在旅游公共管理中扮演更多的角色。

(4)借鉴外脑,成立京郊旅游决策高级专家组

利用规划编制组专家以及其他方面专家的技术力量,组建通州区京郊旅游发展高级专家组,对发展方向及重大项目进行实时咨询、决策,可以与通州区旅游协调领导小组并行。

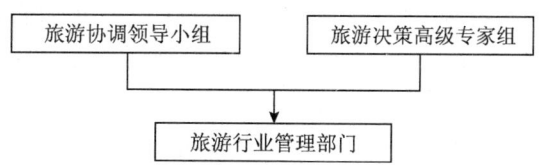

图 20　通州区京郊旅游决策专家组

(5)积极推动社区参与

借鉴国外及台湾乡村旅游发展经验,通过系统的规划、管理和社区活动,引导京郊旅游的农民及社区居民参与京郊旅游发展,培养旅游意识,通过社区参与发展京郊旅游。

2.完善京郊旅游公共服务体系

京郊旅游公共服务是京郊旅游作为一个旅游目的地为旅游者提供的综合服务。国际一流旅游城市,也是城市旅游公共服务体系最为完善的城市。这些旅游公共服务包括旅游公共交通、旅游集散中心、旅游解说及指示系统、旅游安全管理等。配合北京市建设世界一流旅游城市而兴建的旅游公共服务设施,大力发展京郊旅游公共服务体系。

(1)京郊旅游散客服务中心

通州京郊旅游的特点是与城市结合紧密,是城市旅游与乡村旅游相融合的一种形式。因此,京郊旅游集散中心的建设应该充分借力于依托城市的集散功能,利用城市本身是重要的旅游目的地,有着完善的基础设施和很高的服务水平的优势,利用城市与区域交通网络便利,通过旅游通道与京郊旅游园区构成游客一日游活动圈。

按照"要素相互配套、企业集中布局、产业集群发展、资源集约利用、功能集合构建"的总体要求,整合各部门已有政策和资源,大力打造和培育京郊旅游综合体。突出京郊旅游综合体的旅游功能,形成集商业、宾馆、展览、会议、娱乐、休闲、旅游集散等于一体,一站式服务的完备体系。

选择易于集散的重要节点,打造旅游消费集聚区和旅游演出集聚区,完善京郊旅游服务功能。散客服务体系是旅游目的地服务体系中最重要的组成部分,是一个系统工程。通过有效渠道,向 DIY 旅游者提供旅行前的旅游基本信息、旅游产品信息,帮助旅游者及时了解旅行中的公共环境信息。

(2)京郊旅游信息服务中心

京郊旅游公共信息服务系统包括旅游资讯服务、旅游解说服务和旅游网络信息服务 3 个方面,旅游行政部门通过旅游公共信息管理,为游客提供综合性的旅游公共信

息服务。京郊旅游信息服务的主要内容包括：

通州区京郊旅游咨询中心：免费旅游信息以及为海内外游客设置的旅游咨询服务点、台、亭与电话、网络、宣传卡等，形成了周密的旅游公共信息服务网络；

通州区京郊旅游假日热线，设置上班时间以外的电话信息系统；

通州区京郊旅游网站，旅游者可在居住地动态了解通州旅游信息；

通州区京郊旅游电子商务：基于网络的计算机预订系统，实现旅游者的及时和线上预订；

京郊旅游多语种解说系统，创造国际化的语言人文环境，深化2009年实施的"北京旅游语言无障碍工程"，完善道路导引系统、景区内标志及指引系统、国际通用标志，构建旅游综合性信息服务平台。

（3）京郊旅游安全服务体系

旅游安全服务包括旅游安全信息告知、旅游安全许可、旅游安全设施配备、旅游紧急救援等。旅游安全服务的总体理念是要从事后救援和补偿，转变为事前的预警机制、旅游跟踪体系等的建立。

京郊旅游安全信息告知，对存在安全隐患的景区，及时发布预警信息；

京郊旅游安全许可，对具有一定危险性的旅游活动，要求经营企业对旅游者进行风险告知，并对经营者进行安全许可认证；

旅游安全检查，对危险性游览项目及旅游游艺设备，建立例行检查制度；

旅游安全设施配备，要求旅游经营企业必须配备灭火器等旅游应急设施，建立野外应急救援太阳能辅助定位灯标，打造旅游安全屏障；

旅游紧急救援，游客旅游发生意外情况时，启动旅游救援系统，建立旅游应急救援机制；

旅游食品安全，依法对京郊旅游经营中的食品卫生安全进行管理，杜绝食品安全隐患；

旅游环境污染监控，对旅游区环境状况及相应企业造成的环境污染进行定期检查及监控，保证旅游环境安全。

（4）通州区京郊旅游"产、学、研"实训基地

健全和实施一套既与国际接轨，又比较适合区情的旅游教育培训制度和措施，使旅游人力供给在数量、结构和素质上适应通州京郊旅游发展和国际化新城建设的要求。

与北京联合大学旅游学院等教学科研机构建立战略合作关系，建立通州区京郊旅游人才培育基地，提升京郊旅游从业人员的整体素质。依托北京高校密集的教育资源优势与北京旅游业发达的产业优势，实施地方—高校—企业交流和实践项目，重点培养京郊旅游带头人，研究建立全区休闲旅游类人才评价体系和休闲旅游类优秀人才数据库。分期分批对休闲农业园区人员进行业务培训。每年相关部门联合采取多种形式组织京郊旅游产业研究和培训会，对区域及局部功能区旅游产业发展进行研究和规

划。对各乡镇主管领导、科室人员和相关企事业单位人员进行产业发展和业务知识培训,并要求相关管理部门对企业服务接待人员进行业务技能培训,并适时组织相关技能比赛,促进通州区京郊旅游产业科学发展和素质的提升。

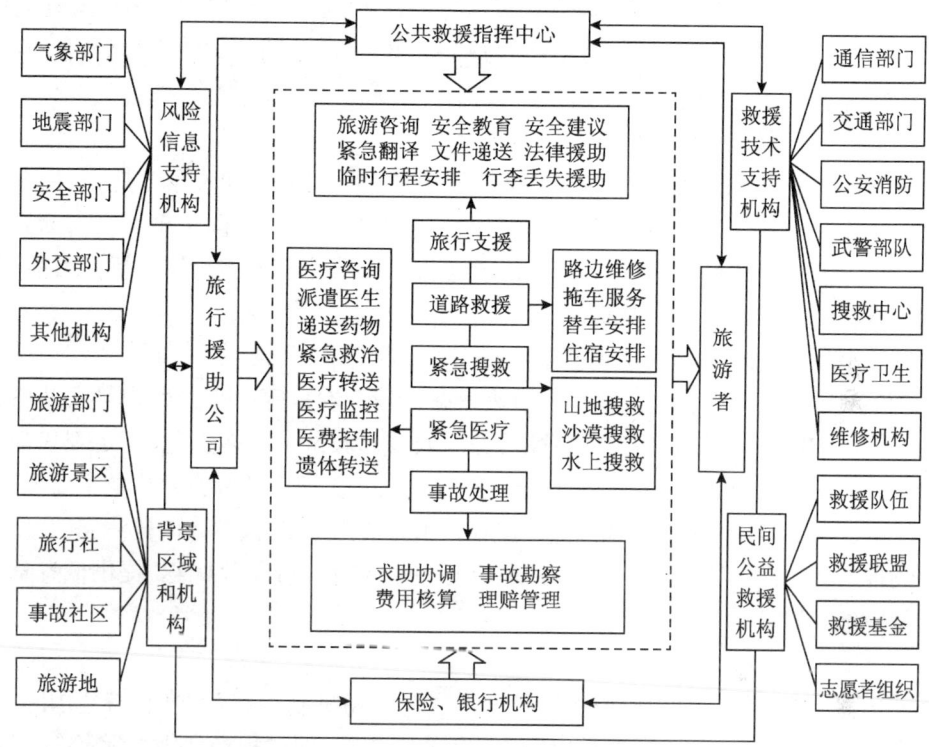

图21 京郊旅游公共救援体系

3. 制定旅游产业促进政策

(1) 编制《通州区京郊旅游产业规划》,全面推进京郊旅游产业融合

从产业融合的角度编制《通州区京郊旅游产业规划》,探索农业、林业、旅游业、休闲业等融合发展的运营机制及管理体制,全面指导通州区京郊旅游业的产业发展与空间布局,实现资源的优化配置。同时,从治理角度加强对京郊旅游产业的管理、引导和控制,制定京郊旅游产业发展的政策、方针及相关的法律、法规。

旅游活动或是产业基础上的附加值延伸,或是产业转型,或是产业链条中的终端,在宣传产品加工过程和产品相关知识的过程中,向游客推销了产品,激发和满足了游客购物需求;参与旅游活动的要素有些本来是产业中的重要环节,或是产业必需的投资品,开发成为旅游产品,延伸了产业链条,实现了产业的升值,降低了投资的风险,收益明显。

(2) 推进京郊旅游企业集团化,实现规模经济

改善京郊旅游点小面散的现状,培育大型龙头京郊旅游企业,实现规模经济。一

方面提升旅游企业要素的专业化经营能力,另一方面通过业务流程再造和产业融合,形成营销网络和服务体系,使旅游产业链的各细分要素具备一定的规模和网络布局,形成产业集群。通过集团化经营达到规模效益,通过集约化运作实现协同效应,并在京郊旅游产业中起到引导和示范作用。积极推广大型农庄和乡村度假酒店带动周边农户的发展模式,推广"公司＋社区＋农户"和"政府＋公司＋农户"等新型经营模式。选择若干家以"委托经营模式"和"管理顾问模式"进行试点。

(3)培育京郊旅游增长极,推动空间集聚

在京郊旅游集团化经营的基础上,继续发挥产业集群的空间集聚效应,利用知识溢出等外部性效应,在空间上打造农业、工业及服务业融合的空间集聚区。京郊旅游发展要充分依托所在乡镇的服务设施,形成通州区区域性京郊旅游增长极。目前,可初步形成潞城、台湖、永乐店镇三个增长极。

(4)扶持特色小微园区,实现社会收益

京郊旅游是以休闲农业为基础的产业形态,因此,农户等中小经营户是京郊旅游业的主体。支持小微京郊旅游企业发展,是实现京郊旅游定位多元化、满足现代都市旅游者需求的必需,同时也是通过京郊旅游发展,实现旅游产业社会效应的主要形式。如对绿华盛义制皂厂等特色小微企业,政府要在提供智力支持、纳入游览线路、帮助进行市场推广等方面发挥作用。必要时,还应对中小企业实行税收优惠、提供低息贷款等金融服务。

(5)引导及筹集产业资金

通过各种途径筹集京郊旅游发展基金。通过市场机制和利益导向,搭建国际、国内多渠道的融资平台,争取多种类型的政策性资金支持,同时积极利用国际资金,采用国际化融资方式进行资金筹措。具体来说,现阶段通州区京郊旅游建设可考虑如下筹资渠道。

建立京郊旅游产业专项基金。通过向相关部门与市级上级单位争取政策和资金支持,统筹用于重点发展的功能区、产业带和园区;在存量资金的基础上,逐步设立增量的京郊旅游产业发展资金。

财政资金:各级旅游发展基金、旅游产业发展基金,国家旅游局、北京旅游委等京郊旅游发展的专项资金;

政策支持性信贷资金:旅游国债、农业项目基金、水利项目基金、林业国债森林旅游专项基金、退耕还林基金、小流域治理基金、水资源保护基金、扶贫开发基金、生态保护基金及文化项目基金等;

国际金融组织贷款:世界银行贷款(国际复兴开发银行贷款和国际开发协会信贷)、国际金融公司贷款和亚洲开发银行贷款以及日本国际协力银行贷款(日本国际协力银行非官方发展援助不附带条件贷款,即原日本输出入银行贷款)等;

国内商业信贷:抵押或质押、整体项目融资、商业信用融资、租赁融资、产权融资、信托融资等多种方式从国内商业信贷机构获得贷款;

企业融资:国有企业、民营资本、外资等。

总体来说,京郊旅游发展要加强公共财政支持力度。加大各级政府在旅游发展资金上的投入,并对海内外重大促销活动和基础性项目给予补助。区旅游发展资金要加大对重点旅游景区、龙头性旅游项目、公益性旅游设施建设和旅游商品开发、资源保护的资金支持力度。加大公共财政在旅游基础设施方面的投入,提高旅游城市和游客集散地信息、供水、供电、公共交通等一系列与旅游相关的配套设施能力,完善服务功能,提高服务水平。

(6) 积极推进旅游土地政策改革

解决京郊旅游发展土地使用权流转机制问题。按照依法自愿有偿原则,允许农民以转包、出租、互换、转让、股份合作等形式流转土地承包经营权,发展多种形式的适度规模经营。成立农村土地股份合作社(土地银行),把存贷机制引入农地经营,促进农地流转和规模经营。旅游经营体制改革的核心是搞活旅游土地经营机制,按照明确所有权、稳定承包权、搞活使用权的原则,建立旅游土地使用权流转机制。

推行特殊用地的旅游发展优惠政策。根据《物权法》,在京郊旅游开发中,对于部分未开发利用的荒山、荒滩、荒地和草场,可以考虑在遵守宪法和相关法律确立的土地所有权及使用权的前提下,建立相关的保护物权的措施,对于在"三荒"和草场上进行的生态旅游项目等,允许开发者拥有在现行法律和政策范围内最多、最长的土地占有、使用和转让权以及林草等收益的最大所有权。为了支持发展壮大旅游企业,对利用荒山、荒滩和荒地进行旅游开发的,可以给予开发单位或个人 50 年土地使用期、土地出让金等优惠政策。

4. 规制旅游企业经营行为

(1) 服务质量规制

服务质量规制的目的是为了提高京郊旅游者的满意度,旅游业要建成让人民群众满意的现代服务业,最重要的途径和方法就是不断提升各项旅游服务的质量。2010年国家旅游局制定发布《旅游服务质量提升纲要》,组织开展旅游服务质量提升年、全国游客满意度调查和全国旅游标准化试点,加强旅游服务质量和市场秩序监督管理、旅游质监执法工作和队伍建设等,出发点和目标都是要全面提升旅游产品和服务的质量。

编制《通州区京郊旅游全面质量管理计划》,对产业进行引导。提升旅游产品质量,将旅游服务质量作为旅游业发展的战略问题,从目的地建设到旅游产品、管理、环境等 10 个方面全方位地提升京郊旅游产业素质。

编制《通州区京郊旅游经营正确方针的质量手册》,对企业进行指导。制定标准规范,出台作为旅游企业的质量标准,涉及企业人力、物力资源的管理,信息和销售,基础设施设备,客户满意度,环境管理等各方面,并确立了一系列指标体系。由专业部门确认达标,既提高了企业经营旅游业务的水平,也便于管理部门以小册子为检查监测的工具实施监督。

推进京郊旅游服务提升工程,加强保障服务的制度建设,建立京郊旅游环境与公共服务满意度指数发布机制和评价体系。制定京郊住宿业接待规范,提高京郊住宿业的整体接待水平。加强从业人员素质培训。完善郊区各类旅游从业人员的职业教育、岗位技能、业务素质培训体系,全面提高旅游相关从业人员的接待服务素质。

完善京郊旅游监管制度、行业自律监督制度和旅游行政执法制度等,实现"六个更加"中的"投诉更加有效"。保护京郊旅游者的合法权益,整顿旅游市场秩序,加大旅游监督和执法工作力度,倡导健康向上的旅游消费,打击各种欺诈行为,净化京郊旅游市场,维护通州区京郊旅游业良好形象。

(2) 环境保护规制

水域治理。加强京郊旅游目的地环境整治工作。推进北运河、潮白河、萧太后河、运潮减河、温榆河、通惠河等流域生态综合治理,推进大运河流域生态治理与排污设施建设,发挥通州区多水亲水的资源优势,大力引进以水为主题的各类文化旅游设施项目,为配合项目的推进,改善流域生态环境,完善旅游公共服务设施,提升景观品位,促进京郊旅游产业发展。

美化绿化。以生态优先为原则,在保护性开发、利用生态资源的基础上,制定鼓励政策,引导郊野公园、森林公园、花果产业基地等存量资源开发旅游项目,丰富京郊旅游产品。

禁止性规定。进入限制,在一些生态敏感区,采取限制旅游者进入的方式实现环境保护目标;容量限制,在一些热点旅游景区,或是在旅游旺季或某些特殊时间段内,通过容量限制对游客进行分流,将游客容量控制在旅游目的地环境容量阈值所许可的范围之内;建设限制,旅游区内与资源保护冲突的生产和生活活动、经营性活动和游览活动进行的禁止性规定。

(3) 价格规制

价格规制就是设定标准和条件,为企业制定一个参考价格,或要求企业在一定范围内定价,价格规制的目的主要是防止被规制企业利用垄断价格侵害消费者利益。京郊旅游价格规制就是了解门票及其他游览项目成本构成,对是否允许涨价、涨价幅度等进行控制,使景区价格位于一个合理的水平。通州区京郊旅游发展应提前进行价格规制预警,严防三亚等城市出现的"天价宰客"等损害旅游市场秩序的欺诈事件。

5. 推进京郊旅游信息化

智慧旅游成为当今热点。智慧旅游依托物联网技术、移动通信技术、云计算技术以及人工智能技术四大关键技术,通过感知化、物联化、智能化的方式,可以将旅游过程中的物理基础设施、信息基础设施、社会基础设施和商业基础设施连接起来,成为新一代的智慧化基础设施,使旅游业涉及的不同部门和系统之间实现信息共享和协同作业,更合理地利用资源、做出最好的旅游活动和管理决策、及时预测和应对突发事件和灾害。

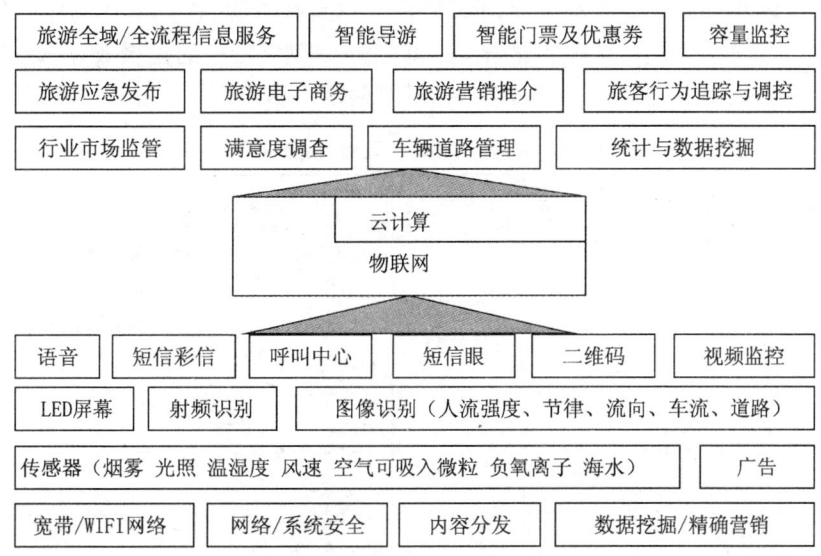

图22　智慧旅游系统构成

智慧旅游的四大应用对象为：以政府为代表的旅游公共管理与服务部门、旅游者、旅游企业以及目的地居民。与传统信息技术应用面向政府、企业与旅游者三大主体不同，智慧旅游将目的地居民纳入应用对象，即智慧旅游在智慧城市外延下，不仅能够为旅游者提供服务，还能够使旅游管理、服务与目的地的整体发展相融合，使旅游者与目的地居民和谐相处。

对游客而言，智慧旅游可以让其获取旅游全域/全流程的信息服务，实现出游前的信息查询、合理线路设计、旅游预订、智能导览、门票及优惠券获取、安全救助等价值。对企业而言，可以获取旅游电子商务、营销、满意度调查、行为追踪、数据统计及挖掘等价值。对政府而言，可以获取行业市场监管、旅游信息与其他公共服务信息共享与协同运作、旅游目的地营销等价值，实现指挥决策、实时反应、协调运作，政府可以更合理地利用资源、做出最优的城市发展和管理决策、及时预测和应对突发事件和灾害，形成产业发展与社会管理的新模式。对居民而言，可以享受交通、游憩、休闲等多种系统信息共享的价值。

智慧旅游面向这四大应用主体构建应用系统，既需要满足应用主体自身的需求，也需要满足应用主体之间的交互需求。例如，对于旅游者，智慧旅游既面向旅游者自身(T)及其之间(T2T)的需求，又面向旅游者与政府之间(T2G)、旅游者与企业之间(T2E)以及旅游与目的地居民之间(T2R)的交互需求。

七、近期行动计划

通州区京郊旅游发展的近期行动计划，可以概括为"六个一"计划。

（一）编制一个《通州区滨水京郊旅游带发展规划》

通州区京郊旅游的最大特色是滨水旅游带，因此，在明确定位基础上，尽快制定一个《通州区滨水京郊旅游带发展规划》,整合滨水园区资源、扩大滨水园区总体规模、推动滨水园区的空间集聚,打造通州区京郊旅游"滨水"特色的集聚效应,促进空间形态的发育。滨水京郊旅游带的基本格局应是"两带三 MALL",如表 13 所示:

表 13　通州区滨水京郊旅游带空间布局

空间格局	项目名称	依托轴线	功能定位	主要园区	发展思路
两带	潮白河沿岸的滨水休闲旅游带	潮白河	体育、娱乐、环境教育	(安君洲)开新农场、快乐源休闲农庄、中农富通园艺种植园及潞城园艺示范园、国际户外运动俱乐部、郑佳生态采摘园、西集果品示范园、泊洴乐园	1. 突出滨水特色 2. 利用林间用地 3. 部分园区开发水路连接
	北运河滨水休闲旅游带	北运河	休闲、游憩	大运河森林公园、布拉格农场、开心农场	
3MALL	台湖休闲旅游集聚区	京哈高速	设施农业、休闲餐饮	金福艺农采摘园、金盛强花卉休闲农庄	1. 扩大集聚效应 2. 宣传打造品牌 3. 强力提升服务
	宋庄休闲产品集聚区	通燕高速	文化创意	今日恒鑫、金红第怡园	
	于家务出口周边休闲旅游集聚区	京津高速	休闲度假	瑞正园、第五季台湾农业博览园、南瓜观光园、绿华盛义香皂 DIY 制作	

(二)塑造"一镇一特"京郊旅游示范项目

深化京郊旅游调研及普查,在此基础上,按照"突破高端、发展中端、提升低端"的思路,对京郊旅游业态进行分级管理。每个乡镇打造一个具有龙头带动效应的京郊旅游产业项目,培育一种京郊旅游示范模式。

(三)完善一套通州京郊旅游标志系统

目前,通州区旅游已经把握住了先机,先后编制了《2012 京郊旅游在通州》系列宣传手册,树立了通州京郊旅游发展在北京 10 区县中的先发优势。应继续抢先,全面完善京郊旅游标志系统。借鉴企业 CIS 系统设计的理念,创新设计通州京郊旅游的 MI 理念识别,BI 行为识别和 VI 形象识别系统。在 CIS 基础设计基础上,最重要的还是要推进应用系统。形成一句好的口号(任你所想,京郊旅游在通州)、一个好的标志(京郊旅游 LOGO)、一套创意的宣传手册、一个清晰互动的网站(通州京郊旅游网)和一套好的行动指南(通州京郊旅游行动指南)。

这套完整的标志还要广泛应用于通往主要的京郊旅游休闲园区的高速公路及景区公路上,使旅游者能够根据标志便捷地到达目的地。

这套完整的标志还要运用于媒体推广,如户外广告、电视、报纸、网络、杂志等,加深旅游者的认识,实现一加一大于二的整体印象。

(四)编制一本《通州区京郊旅游服务提升手册》

以服务为抓手,推动京郊旅游产品开发上档次,京郊旅游服务上水平,全面提升旅游企业、旅游公共部门的服务品质,以服务提升满足通州区国际化新城建设的根本要求。

以2010年国家旅游局制定发布的《旅游服务质量提升纲要》为蓝本,结合通州区京郊旅游实际状况,全面提升京郊旅游的服务质量。编制《通州区京郊旅游全面质量管理计划》,制定计划政策,对产业进行引导;编制《通州区京郊旅游经营正确方针的质量手册》,制定标准规范,对企业进行指导;编制《通州区京郊旅游者环境保护规范手册》,对于游客行为进行引导;编制《通州区京郊旅游公共服务手册》,建立京郊旅游环境与公共服务满意度指数机制和评价体系。

表14 通州区京郊旅游服务提升项目

性质	名称
宏观规划	《通州区京郊旅游全面质量管理计划》
企业规范	《通州区京郊旅游经营正确方针质量手册》
游客规范	《通州区京郊旅游者环境保护规范手册》
公共服务	《通州区京郊旅游公共服务手册》

(五)筹建一所京郊旅游培训学校

依托北京联合大学旅游学院,并与台湾台北健康护理大学乡村旅游研究所合作,筹建北京市第一家京郊旅游培训基地。开设高级战略管理、中级企业管理、基层服务培训等不同层级的培训课程,并前往台湾切实考察民宿业,以从总体上提升京郊旅游从业人员的整体素质。

(六)筹措一项京郊旅游专项基金

建立京郊旅游发展联席制度,加强联动发展,统筹协调。联席会议应由区政府主管领导任召集人,各成员单位、相关部门参加,联席会加强与各部门、各乡镇之间的联动,定期分析解决京郊旅游发展中的相关问题。

筹备京郊旅游发展专项基金,通过市场机制和利益导向,搭建国际、国内多渠道的融资平台,争取多种类型的政策性资金支持,同时积极利用国际资金,采用国际化融资方式进行资金筹措。

第四编　项目策划

- 水立方2012年度奥运旅游主题策划报告

水立方2012年度奥运旅游主题策划报告

刘 宇 王春才 谭家伦 吴泰岳 汪秋菊 等

一、基础调研

(一)调研目的

主要通过问卷调研法,针对前往水立方游览的游客及潜在游客进行调查,借以收集水立方游客与潜在游客的游客特征、旅游体验、消费行为与满意度等多方面的一手资料。据此对水立方旅游发展方向进行研究与判断,为水立方的经营策略与活动规划提供有价值的参考依据。

(二)调研地点

调研地点分为馆内和馆外。馆内调研主要在水立方场馆内。馆外调研范围覆盖整个北京市城八区的主要旅游景点与旅游交通枢纽,具体调研地点为:首都机场(因两会推迟)、北京火车站(因两会推迟)、奥体公园、王府井、西单商场、南锣鼓巷、朝阳大悦城、工人体育馆等。

(三)调研时间

调研时间为2012年3月6日、3月10日、3月11日及3月22日,共计4天。

(四)样本量及抽样方式

发放调研问卷680份,采用随机抽样、现场发放问卷的方式,进行问卷信息采集。调查对象主要分为两种类型,第一种为去过或正在体验水立方的游客,第二种为未曾去过水立方的潜在游客。

以16岁以上的游客为主要研究对象,去除无效样本23份,最终得到有效样本为657份,其中水立方馆内有效问卷为367份,水立方馆外的有效问卷为290份。之后将所有的问卷的原始数据进行编码,通过SPSS18.0进行统计分析。

(五)场馆内市场调研

1. 人口及消费特征

(1)在游客人口特征分析中,发现客源市场以外地游客为主(占61%),北京地区游客占38%。

(2)游客的年龄以"26～35岁"所占比例最大(34.2%),其次为"19～25岁"的游客(29.7%),二者之和,即19～35岁年龄段所占比例为63.9%。表明19～35岁的青年族群是目前到访水立方旅游的主要人群。

(3)游客每月平均收入以"2001～3000元"为最多(24%)、"3001～5000元"

(22%)紧接其后。二者相加,得出游客收入主要在2001~5000元范围内,显示前去水立方的游客经济条件属于一般民众水平。

(4)馆内游客的主要交通方式调查分析中,大部分的游客主要搭乘"地铁"(40.2%),以及乘"公交车"(35.4%)。可知,绝大部分的游客主要交通方式还是搭乘大众交通工具。

(5)家庭游客占到了46%,其次是和朋友一起来的结伴同行游客。显示出期待共享天伦之乐的家庭游客,以及能增进友谊与情感放松的结伴同行游客,是水立方主要目标客群。

(6)"电视"、"网络"、"亲朋推荐"是馆内游客了解水立方信息的三个主要渠道。水立方的"场馆网络主页"在全部的信息渠道中仅排名第四(见图1),这显示出场馆网络主页在网页内容与营销手法上存在着某种程度的问题,使得游客无法快速取得水立方场馆与旅游的相关信息,因此为了促进游客更多通过水立方场馆网络主页获取旅游信息,应加强场馆网络主页的内容设计与使用。

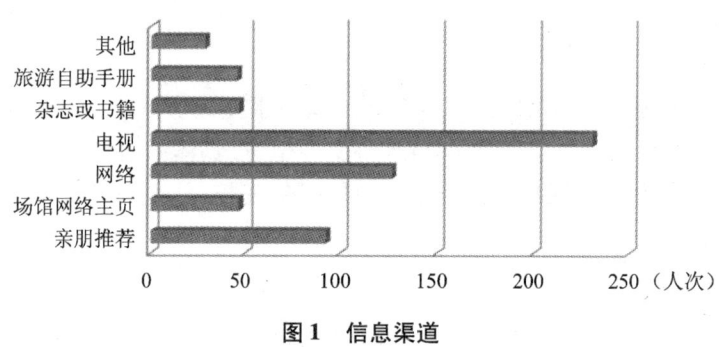

图1 信息渠道

(7)从所有受访者的反馈数据中发现,游客到水立方的消费预算以"51~100元"所占比例最高(32.5%),其次为"101~200元"(24.9%)。由此可知,游客到水立方的预期消费大多在200元之内,若花费超过200元即有可能产生与预期心理不符的负面体验。此外,游客普遍认为花在"门票费"上的费用最高(42.7%)、"娱乐及其他费用"(22.8%)次之。这表示游客普遍认为门票费较高,占去整体花费很大的比例。

2. 旅游动机

(1)从游客的旅游动机看,游客来水立方的主要动机是认为前来水立方能够增加自身对旅游的兴趣与好奇心(66%)、水立方具有娱乐性与趣味性(66%)、可能帮助他们与他人建立互动关系(59%)。由此可知游客前来水立方的部分动机是为自己带来积极的心理效益,以及为个体带来社会认同与归属感,这符合相关研究结果。据此未来水立方在活动规划中应注重娱乐性与趣味性,借由活动的参与,为游客提供良好的旅游体验。

(2)分析结果显示,大部分的游客都认为水立方具有很强的旅游价值(68%),因此愿意前来,为此水立方在未来的营运方向上应以旅游为主线进行开发。

(3)对于目前水立方举办什么样的活动最吸引游客前来参与,本研究从367位受访者的反馈中得知,游客最期待举办的活动类型排序如下:"运动赛事"、"公益性活动"、"文艺性质表演"、"室内动态展览活动"、"教育知识性活动"(见图2)。另外,许多受访者表示期待多举办教育知识性活动,显示出对于游客水立方具有很高的文化与知识价值,希望在游览的过程中能学到新知识。可见,游客对于体验馆内娱乐项目的兴趣很高,之后可加强娱乐项目的种类或服务。

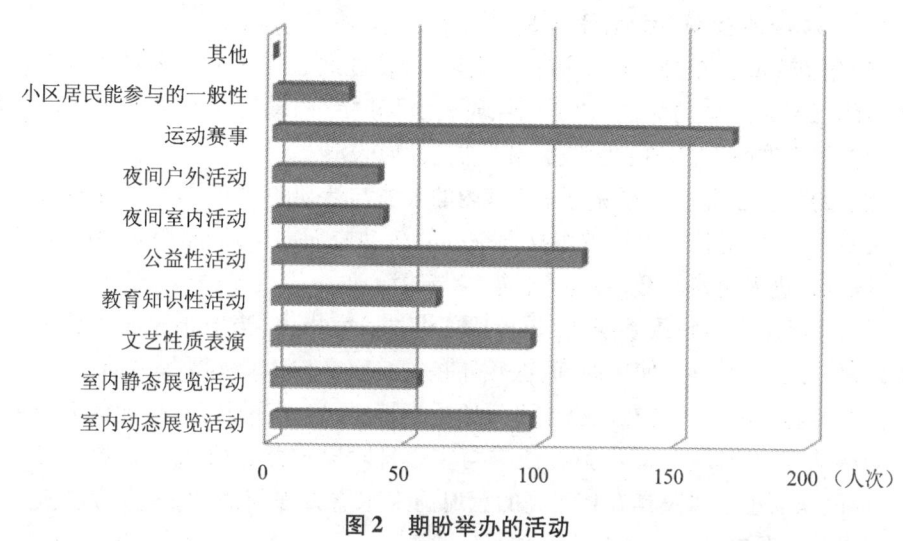

图2 期盼举办的活动

3. 旅游评价

(1)由分析数据可知,对于水立方的整体服务(人员、设备、活动内容)质量,有近七成的游客感到非常满意(68%)。相对地,也有近三成的游客对于水立方的整体服务感到不满意(32%)。在与受访者访谈过程中,受访者反映在馆内设施方面,馆内没有醒目的地图或旅游标志,反倒是商业性的招牌较为明显,以及水滴剧场的影片内容不够吸引人,对于观赏人群也没有针对性等。对此相关主管部门应进行改进与调整。

(2)在馆内设备与活动内容的满意度方面,游客普遍对于馆内的设备、活动内容与服务感到不满意,仅有五成的游客感到满意(52%)。这明确反映了游客对于馆内现有的活动内容与设备的满意度较低。因此未来在馆内活动方面可增加能使游客获得较多体验机会的活动,并在设备上进行改进。

(3)在服务人员满意度方面,游客对于是否感到服务人员的主动关心与关怀,"同意"者占37%,"很同意"占16%。可知仅有近五成的游客对于服务人员的态度是感到满意的。由于目前水立方提供的解说服务大多都是针对团体游客,散客享受不到讲解服务,因此前来的散客常感觉不到服务人员的主动与热情。为此最好设立导游服务处,出租导游讲解器,让散客也能得到良好的服务体验。

(4)在交通便利性方面,多数的受访者(76%)对于水立方的交通便利性感到很满意,显示出地铁与公交车的便利性对于游客而言是非常重要的。但部分开车的游客反映在停车上非常不便,建议改善停车的状况,或增加免费游览车。

(5)76%的受访者表示仅到过水立方一次,而到过二次以上的仅占整体游客的24%,这表明游客对水立方的重游意愿不是很高。在重游意愿与口碑传播方面,约有70%的受访者愿意再次到访水立方,却有近六成的游客不会主动推荐亲友来水立方游玩。因此在提升游客的重游率与推荐意愿方面,还是有赖于旅游服务质量的提升,两者之间有着密切关系。

(六)场馆外调研(以北京市民为主)

(1)根据290位馆外游客受访者的反馈,居住在北京城区的游客最期待举办的活动类型前三名为:"运动赛事"、"文艺性质表演"和"室内动态展览",而场馆内游客的选择为:"运动赛事"、"公益性活动"和"文艺性质表演"。

北京的民众已将水立方视为一个室内的表演与活动的空间,期盼能多举办文艺性质的表演。另外,受访者也反映水立方举办的活动应面向当地小区的居民,最好是常态化的活动,进入门槛较低,且是能长期参与的活动。

任何景区都会面临旅游淡旺季的问题,相关研究指出,当地小区居民是解决该问题的最好方式,不论是从使用时间、次数还是关心程度与体验感受等方面,小区居民往往都高过游客。因此若能在淡季或平日给予当地居民一定的优惠,促使他们前来水立方参与活动或使用设施,即可弥补淡季与非假日时段的营运收入。而调查结果也显示,一般民众与小区居民具有相当高的意愿前来水立方参与活动,未来应注重开发能使小区居民长期参与的活动与娱乐项目。

(2)54%的馆外游客认为服务人员会主动关心与关怀他们,可仅有近五成的场馆外游客对于服务人员的服务是感到满意的。许多到访水立方的北京居民都是以散客的形式前来,而目前水立方仅提供团体游客解说服务,所以常会使零散游客感到被冷落,对此最好针对散客也提供定时定点的解说导览服务。

(3)在交通便利性方面,仅有五成的馆外北京游客(55%)对水立方的交通便利性感到很满意,显示出对于大部分居住在北京城区的游客而言,前往水立方的交通并不是很方便,虽然水立方附近设有地铁站与公交站,但从车站至水立方需步行一定的距离,对于许多游客而言相当不便。另外对于自驾车的游客而言,常会遇到找不到地方停车的问题,对此应加以改善。

(4)场馆外北京市民调研中约有五成的受访者(47%)曾到访过水立方二次以上,这表明目前曾到访过的北京市游客重游意愿很强。在重游意愿与口碑传播上,有近七成的馆外游客表示非常愿意再次前往水立方旅游或参观。可知居住在北京城区的游客是非常愿意重游水立方的,若能有效地再次吸引他们前来,即可增加较大的收益,因此如何吸引这些游客即成为目前最关键的问题。

(七)结论与建议

(1)游客对于水立方的满意度较高,但重游率较低。

(2)中等收入的外地游客是水立方的主要客源市场,但消费普遍不高。北京当地居民的比例日益增长,是未来的潜力市场。

（3）水立方具有很强的旅游目的地概念,但目前馆内日常参观内容缺乏吸引力。游客对动态展示、互动体验、科普教育类活动比较感兴趣。

（4）家庭式旅游的游客占很大比例,但除嬉水乐园外,馆内所提供的设施与活动无法满足儿童或亲子的需求。

（5）游客认为水立方的旅游服务内容不够完善。在旅游板块上,北京奥运的吸引力逐渐淡去,缺乏新的吸引力。

（6）网络是游客获得水立方活动信息的主要传播渠道。应加大网络营销的推广力度。

二、发展条件分析

(一) 优势

1. 卓越的品牌价值

国家游泳中心（水立方）是奥运文化遗产,是第29届北京奥林匹克运动会两大精品场馆之一,现为北京市的地标性建筑。2008年后,水立方开始了赛后运营和设施改造,通过丰富游览内容和串联旅游路线,成功地从功能单一的奥运场馆向大型室内多功能水上中心转型。目前,水立方累计接待海内外游客8 260 000人次,举办国际性体育赛事39场,举办社会公益、文化演出、商业推广等各类大型活动310场。

水立方以其奥运影响力及赛后成功运营模式,无可置疑地成为了北京市旅游的新热点、奥运旅游的精品线路,并以其知名度和美誉度树立了卓越的品牌形象。

2. 巨大的活动空间

水立方场馆内、外空间巨大。水立方场馆内空间开阔,长、宽均为177米,高31米,建筑面积约10万平方米。在这一空间内,除了保证承担赛事功能的比赛池和热身池外,仍拥有充裕的、可利用和改造的活动空间。水立方场馆外还有户外广场,尚未开发,也具有组织、实施旅游活动的潜力空间。

3. 完善的旅游要素

经过3年多的商业运营,水立方已经形成了观光游览、体育健身、嬉水休闲、大型活动、旅游购物等多样化的产品形态,基本构建了完善的"吃、住、行、游、购、娱"的旅游要素体系。水立方内的旅游吸引物包括赛事活动、运动场馆和休闲娱乐场馆等资源;水立方的旅游餐饮包括不同档次的便利快餐;水立方旅游特许商品开发非常成功,共开发出15大类1000多种特许旅游商品,提高了水立方的综合盈利率;水立方内的娱乐活动丰富多彩,嬉水乐园和文艺演出活动等名声在外。

(二) 机遇

1. 旅游产业强劲增长

国发2009〔41〕号文件明确将旅游产业定位为战略性支柱产业和人民群众满意的现代服务业。北京2010〔28〕号文件进一步确立了北京市旅游产业可持续增长的具体思路。《北京市城市总体规划(2004—2020)》又提出至2020年北京要建设世界城市的远景目标,其中,世界一流旅游城市的建设是北京世界城市建设的重要构成。

旅游产业强劲增长及世界一流旅游城市的建设成为水立方旅游业务发展的最大机遇。后奥运时代,水立方如何抓住产业和行业机遇,面向旅游市场需求全面转型升级,内化市场优势为企业内部的竞争优势,成为水立方面临的战略性任务与课题。

2. 奥运旅游产品升级

北京市旅游委和水立方所在地的朝阳区旅游局高度重视奥运旅游产品开发。2012年,朝阳区旅游局重点策划奥运旅游线路图,紧抓CBD建设的契机,深度开发奥运旅游市场,加大旅游形象宣传力度,打造"金色朝阳一日游"的重点品牌。水立方已经成为"金色朝阳一日游"不可或缺的线路构成。

2012年,奥林匹克公园正积极申报国家5A级旅游景区,目前整体进展顺利。水立方作为奥林匹克公园的一部分,也将得益于5A景区申报成功后的综合效益。

3. 伦敦奥运使"奥运"题材重归热点

2012年,第30届奥运会将在伦敦举行,"奥运"作为热点字眼将在时隔四年后重回人们视线。水立方作为奥运场馆,面临着新的一轮奥运周期,这将是水立方面临的现实及难得的机遇。抓住2012年奥运年的机遇,围绕奥运主题策划出系列性的、体验性的活动,就可以有效延长奥运热潮周期,扩大水立方的影响力,借助伦敦奥运,打造水立方旅游新形象。

(三) 劣势

1. 旅游参观人数逐年下降

近两年,水立方旅游参观人数不断下降,旅游收入不断下滑,由此导致水立方的旅游发展面临瓶颈。2008年10月21日至2008年12月31日,水立方接待的旅游人数达到110万人次,而2011年全年,水立方接待旅游人数仅为217万多人次。因此,扭转水立方旅游参观人数下滑趋势成为水立方运营工作的当务之急。

2. 旅游产品结构亟待转型

从水立方目前经营的旅游业务来看,主要的经营项目是"嬉水乐园"、"比赛大厅"和"热身区游泳"。这几种经营项目的结构比较单一,缺少涉及奥运文化等核心价值的东西和理念。因此,水立方的主要收入来源仍是参观旅游,而成熟、多元化的商业运营模式尚未形成。目前,水立方门票收入占比过高,过度依赖旅行社输送客源,使得水立方的收入结构存在潜在风险。

3. 面向市场的营销机构急需成立

水立方从初始时期的赛事场馆向商业场馆转型,需要在组织内部设立面向市场的营销机构。营销机构,将不同于销售(sales)和促销(promotion),而是承担了水立方整合营销(integrated marketing)的职责,其任务将涉及需求调研、目标市场定位、产品策略、渠道策略、价格策略、促销策略及营销战略制定和顾客满意度管理等面向市场的多方面内容。目前,水立方营销机构的缺位使其不能有效率地应对市场需求变化,并高效整合场馆资源进行营销推广。

（四）挑战

1. 建筑外观维护的挑战

水立方最大的建筑特点是 ETFE 膜结构，并且是国际上建筑面积最大、功能要求最复杂的膜结构系统。由 3100 多个气枕组成、总面积达 10 万平方米的膜结构外观成为实质性的看点和卖点，但对其清理、维护并保持其历久弥新的外观，随着时间的推进越来越成为一大挑战。

2. 赛事管理与旅游运营的协调

尽管水立方有可开发的巨大活动空间，但旅游参观活动和旅游体验活动的组织必须服务于水立方赛事场馆的基本功能定位。因此，水立方旅游开发中存在着赛事活动与旅游运营的矛盾。在确保赛事任务完成的前提下，应统筹旅游开发等经营性项目，实现赛事管理与旅游运营的协调发展。

3. 旅游容量的控制

过量的游客进入会造成旅游品质下降、环境过于嘈杂等问题，甚至可能会出现旅游安全隐患。因此，科学估算水立方场馆内的旅游环境容量，并通过经营数据的累计分析来预测高峰客流量，及早进行管理干预，也成为水立方运营中的一个常规性内容。

三、主题及战略

（一）旅游主题

1. 主题定位

"奥运文化展、英伦风情街"。利用 2012 伦敦奥运年的契机，开展丰富多彩的奥运主题活动，开展"2012 奥运文化主题参观活动"，设置主题为"英伦风情街"的奥运主办城市推广活动。通过北京、伦敦奥运会对比，奥运会徽、吉祥物、火炬传递等当届奥运会相关内容介绍，奥运纪念品销售、门票销售、英伦风情展示等环节，丰富旅游内容，充实场馆空间，形成阶段性的奥运活动高潮。

2. 定位依据

（1）借势 2012 伦敦奥运会，通过活动策划，建立起水立方与伦敦奥运的天然联系，使水立方重新成为聚焦点；

（2）紧密围绕奥运主题，凸显奥运文化及奥运精神；

（3）突破传统上的静态参观展示，营造丰富视觉体验的旅游氛围；

（4）从奥运前到奥运中到奥运会，通过活动打造，不断形成可持续的热点；

（5）提升游览吸引力，实现"外观游"到"馆内游"；

（6）最终实现转型，从"观光产品"到"体验产品"，从"门票经济"到"消费经济"。

（二）宣传口号

1. 一级口号

"'游'水立方，看伦敦奥运"。该口号主要采用比附定位法，根据活动主题"2012

伦敦奥运"而策划,依托伦敦奥运的营销力来彰显本次策划活动的主题。2012 伦敦奥运会的推广口号——英国,有你参与,2012 伦敦奥运会宣传主题——游伦敦,看世界。因此,本策划活动依据比附定位法提出"游水立方,看伦敦奥运"的主题口号。

2. 二级口号

走进水立方,感受英伦风

下一站,伦敦—水立方

你好,伦敦!

伦敦奥运会,起航水立方

水立方,"游"你参与!

(三)发展战略

"五个一"项目:

  推出一句旅游宣传口号

  策划一场奥运文化展

  打造一条英伦风情街

  建设一座奥运生活馆

  制造一系列推广话题

最终,围绕"五个一"指导方针打造水立方全新的旅游营销产业链。

(四)发展目标

通过项目的策划与实施,彻底扭转目前水立方参观人数逐年下降的不利形势,对水立方整体经济增长做出贡献。

1. 实现 2012 年 4 月中旬至 10 月中旬游客接待量达到 150 万人次的目标

初期预期目标:通过本项目的实施,实现到 2012 年 4 月中旬到 10 月中旬游客接待人数达到 150 万人次。

2. 实现 2012 全年接待游客总人数不低于 200 万人次的目标

2012 年的总体预期目标:实现全年游客接待总人数超过 200 万人次。

四、奥运文化展

奥运文化展活动是"伦敦风情街,奥运文化展"两大主题之一,活动充分利用水立方作为 2008 年奥运会游泳赛场的自身优势,结合 2012 奥运年及 5·18 伦敦奥运火炬传递启动日契机,打破单一奥运文化展内容,开展丰富多彩的奥运文化展示与体验,旨在建立游客与奥运(包括伦敦奥运)对接的平台,宣传奥林匹克精神与价值,树立水立方富有亲和力、健康、快乐的形象,拉近与民众的距离,聚焦游客目光。奥运文化展系列活动包括两大板块:中国奥运文化展活动与伦敦奥运文化展活动。

(一)中国奥运文化展

1. 奥运集邮展、奥运徽章展、奥运火炬展

(1)奥运集邮展

在中国奥运文化区北侧东面举办奥运集邮展,《中国奥运之路》和《2008 北京奥运会》从同一个角度展现了中国参与奥运、申办奥运和主办奥运会的光辉历程。《奥林匹克运动场》展示了从第一届现代奥运会至今世界各国发行的奥运会邮票精品,介绍奥林匹克运动和奥运会的历史,从不同角度展现出奥林匹克运动的风采和魅力。《中国体育健儿》记录中国体育健儿在国内外体坛上所取得的辉煌成就。展现中国"集邮文化"与体育相结合的丰硕成果,以期能使游客感受到体育与奥运千姿百态和丰富多彩的历史内涵。

(2) 奥运徽章展

在中国奥运文化区北侧西面举办奥运徽章展,展示数十个种类几百枚奥运徽章,涵盖了奥运各个方面各个时期奥运徽章,借助奥运徽章作为奥运文化与精神的重要载体,让游客从不同的角度来解读奥林匹克运动与奥运会举办城市。奥运集邮展、奥运徽章展展期为 7 个月,从 4 月 17 日英伦文化节开幕时,一直到 10 月底。奥运集邮展、奥运徽章展的展品由华江公司提供。

(3) 奥运火炬展

在游客入口导引区设奥运火炬展柜,展示 17 只奥运火炬,这些火炬涵盖历届奥运会,为游客提供一个了解奥运火炬的窗口,游客可以亲手触摸奥运火炬,体验奥运激情。奥运火炬由华江公司提供。

2. 中国奥运主题展

中国奥运主题展分"奥林匹克历史回顾展"、"中国奥运文化展"、"2012 伦敦奥运军团明星展"3 个部分。

(1) 奥林匹克历史回顾展

以时间为主线,通过图片、文字、史料展现从 1896 年第一届希腊奥运会到 2008 年第二十九届北京奥运会跌宕起伏的发展历程:艰难的探索(1894—1914)、初具形态(两次世界大战之间)、发展与危机(1945—1980)、改革与创新(1980—2000)、蓬勃发展(2000 至今)。介绍历届奥运会的主办城市、开闭幕时间、参赛国家和运动员、比赛项目、金牌数量等情况以及海报(会徽)的图案和主要运动场馆。讲述国外 10 位奥运英雄的传奇故事:《70 年失而复得的金牌》、《他的真名叫"孙基祯"》、《超越偶像不是梦想》、《同龄齐飞"比翼鸟"》、《另一个出色的摩西》等。奥林匹克历史回顾展回顾 100 多年奥运历史,力求让广大游客获得最翔实、最全面的奥运历史主题资料,深刻感受奥林匹克体育文化的精神。

(2) 中国奥运文化展

共分为三篇:第一篇梦想奥运,第二篇激情奥运,第三篇成功奥运。梦想奥运篇展示中国的百年奥运梦想,从 1904 年张伯苓提出中国人的奥运之梦,到刘长春孤身一人参加洛杉矶奥运会,到 1984 年许海峰射落中国人的第一块奥运金牌,再到 2008 年奥运会成功申办。回顾百年梦想期待中 1984—2004 年中国奥运夺金史,132 位中国健儿在奥运会上获得 114 枚金牌情况,及优秀运动员身上体现的奥运精神。激情奥运篇主要展示中国申奥经历、奥运圣火传递、积极备战奥运的精神风貌。成功奥运篇主要展示奥运会运动场馆、比赛项目、参赛国家和运动员、金牌数量等情况以及奥运冠军奇闻趣事,并讲述在水立方发生的奥运故事。展览全方位还原历史的瞬间,让游客感受北京"绿色奥运、科技奥运、人文奥运"之理念,领略中国人不懈追赶世界先进文化所作出的努力。

(3)2012伦敦奥运军团明星展

展示夺金热门项目乒乓球、羽毛球、跳水等备战情况,关注"翔飞人"、"娜姐"等大牌体育明星,孙杨、赵菁等游泳明星,展示他们训练、生活情况,并对中国跳水、游泳队进行特别报道。邀请3～5名体育明星现场签名留影,以满足游客与体育明星留影的愿望。

同时,在多功能厅游客可以参与"我为奥运军团送祝福"活动,把自己对奥运明星的祝福写到门票上,幸运的游客可以亲手把祝福送到奥运明星手中,使游客在游览的同时,还能得到与奥运明星零距离接触的机会。

中国奥运主题展在中国奥运文化区南面布展,通过展板形式展示,展期为7个月,从4月17日英伦文化节开幕时,一直到10月底。"奥林匹克历史回顾展"、"中国奥运文化展"为静态展,"2012伦敦奥运军团明星展"需要及时更新主题及内容,相关展示资源由水立方提供。

(4)奥运知识有奖竞答

让游客参与奥运知识有奖竞答,由导游带领游客参观时,围绕北京奥运、伦敦奥运知识及水立方特有的奥运文化知识,组织有奖知识竞答,游客在体味游览快乐之时,又能得到意外惊喜。

(5)奥运娃娃手牵手活动

都长着一只大眼睛的卡通形象——文洛克与曼德维尔,分别作为2012年伦敦奥运会和残奥会的吉祥物。在旅游线路上,请装扮成文洛克、曼德维尔的工作人员为游客提供导引,小朋友可以和他们手牵手及合影留念,切身的体验方式将更能给小游客以感性的认识。

(二)伦敦奥运文化展

1. 伦敦奥运场馆展

伦敦奥运会的比赛将在34个体育场馆举行,其中14个新建体育馆中有8个临时场馆,6个永久性场馆。这34个场馆分布在伦敦奥林匹克公园、伦敦市区以及英国其他地区。

伦敦奥运场馆展示分为三部分:奥林匹克公园场馆;伦敦地区场馆;其他地区场馆及非竞赛区场馆。

奥林匹克公园场馆主要展示坐落于奥林匹克公园内奥林匹克体育场、水上运动中心、篮球馆、小轮车赛道、曲棍球中心、自行车馆、水球馆和手球馆。

伦敦地区场馆主要展示分布于伦敦市区的伯爵宫、Excel体育馆、格林威治公园、汉普顿宫、皇家骑兵卫队阅兵场、海德公园、罗德板球场、北格林威治体育馆、林荫路、皇家炮团军营、温布利体育馆等。非竞赛场馆主要展示运动员生活的伦敦奥运会运动员村。

伦敦奥运场馆展设在比赛大厅与热身区之间的通道，利用通道两边的玻璃，将伦敦奥运场馆展主要以剪影的形式，给每一个奥运场馆附以相应场馆说明，游客可以了解更多伦敦奥运知识。游客还能透过玻璃看到比赛大厅、热身区的赛事活动，提前获知赛事活动相关信息。并利用此区域柱子与柱子间的空隙，展示由著名雕塑大师雕塑的37座运动员雕塑，他们形态各异，让游客置身于运动雕塑之间，体验身临伦敦奥运会现场之感。

2. 伦敦奥运主题展

伦敦是迄今为止举办夏季奥运会次数最多的城市，也是历史上第二座三度举办奥运会的城市。伦敦奥运展共分为三篇：1908伦敦奥运——幸运惠顾，第二篇1948伦敦奥运——浴火重生，第三篇2012伦敦奥运——再续传奇。主要以文字图片形式，展示伦敦历届奥运会奥运会项目、吉祥物、火炬、奥运场馆等。

除此之外，1908伦敦奥运——幸运惠顾篇让游客了解到幸运女神如何惠顾伦敦，及《箭手威廉和夏洛特——多德》、《60岁的斯瓦恩》、《8枚金牌的尤里成》、《5次摔倒的皮耶特里》等传奇故事。

1948伦敦奥运——浴火重生篇让游客破解此次奥运会仅破4项世界纪录之谜，了解《匈牙利独臂世界冠军》、《捷克长跑选手扎托佩克》等故事。

2012伦敦奥运——再续传奇篇，可以使游客了解到伦敦如何从9个奥运会申办城市中，打败竞争对手胜出的。同时，游客也可以看到奥运会徽、火炬和以往奥运会的不同。

3. 2012伦敦奥运实时在线

以电视、广播、图片全程、全方位聆听收看伦敦的奥运精彩栏目，实时关注每日重点赛事、专家点评、精彩瞬间、明星队员采访实况，国外明星运动员的介绍、评论。2012年伦敦奥运会共设包括球类运动：足球（Football）、网球（Tennis）、曲棍球（Field Hockey）等在内的26大项，其中，游泳包括游泳（Swimming）、花样游泳（Synchronized swimming）、跳水（Diving）、水球（Water polo）等项目。伦敦奥运会期间，游客可以到多功能厅看比赛，走在英伦风情街上也可以随时随地听到来自伦敦的奥运比赛报道。

奥运主题展、2012伦敦奥运实时在线分别设在比赛大厅与热身区之间通道的两端，伦敦奥运场馆展、奥运主题展为静态展，展期为7个月，从4月17日英伦文化节开幕时，一直到10月底。"2012伦敦奥运实时在线"需要及时更新主题及内容，相关展示资源由水立方提供。

4. 开展以残奥为主题的活动

关注残疾人，把运动和健康的奥运精神用爱心传递给他们。以"和谐、爱心、运动、健康"为主题，开展"邀请残奥选手演讲"、"把爱送出去，关怀残障小朋友"公益活动。

在残奥会开幕前,邀请残奥冠军平亚丽(在参加的1984年第七届残奥会盲人跳远项目中夺冠,实现了我国在残奥会上金牌零的突破)演讲,讲述他的经历、成长的故事,并邀请残奥选手座谈,介绍他们的训练情况及生活情况。

把爱送出去,关怀残障小朋友活动邀请北京残障学校的学生免费参观水立方,让他们体味"英伦文化节"的快乐。

5. 2012伦敦奥运吉祥物彩绘比赛

借助英伦文化节,在中、小学开展2012伦敦奥运吉祥物彩绘比赛宣传活动。4月17日至6月18日学校内进行评选;6月18日至7月18日由学校从所有参赛作品中评选出优秀作品,然后将评选出的作品交由评审团评定。评审团由大学专业教师组成,评选出的作品在伦敦奥运主题区展出。通过彩绘的形式展现伦敦奥运吉祥物,在展区内形成一道独特的风景线,给游客以耳目一新的感觉。

6. 邮寄明信片活动

在游历伦敦风情街时,随处可见的是邮筒,它专为邮寄明信片活动所设计,游客可以利用手中的门票,捎去对家人对朋友的深切的祝福,也可传达对即将出征的奥运军团的祝福,游客在送祝福的同时,还可以参与幸运游客抽奖,有获得水立方纪念品的机会。

五、英伦风情街

在入口区、08大道中融入各类英伦元素,设计包装成英伦风情街,对英国建筑、自然、文化等各方面进行展示,同时在多功能区和水滴剧场中不定期进行关于英伦文化的特色主题活动,使游客能够深入体验英国文化,并尽力使游客能够参与其中。此外凯撒旅游的柜台也设于其中,对于其英国旅游线路产品的宣传推广也能起到推动作用。

(一)特色景点

英国,特别是本次奥运会的主办城市伦敦,拥有众多大家耳熟能详的著名建筑,也是了解英国文化最为直接的窗口之一。因此从中选择一些特定建筑,通过大型展板或喷涂等静态形式展现于游客面前,使得游客从进入入口区就能够直观地感受到浓浓的英伦风情,吸引游客留影,并提升游客继续参观的兴致。在具体设计中,可根据现有场地的条件选择相适应的英国建筑,通过喷涂形式完成布展,在保证展示效果的前提下,尽力降低布展成本。

6月份伦敦将举行"伦敦建筑节",因此在活动中策划了"城市印象讲座——伦敦"以及"伦敦奥运场馆设计理念讲座",展览可与讲座结合进行,邀请城市规划、建筑方面专家或英国大使馆相关人员进行讲座。

建议展示的英伦著名建筑简介及相关活动如下。

1. 著名建筑

(1)伦敦塔桥

伦敦塔桥是从英国伦敦泰晤士河口算起的第一座桥(泰晤士河上共建桥15座),也是伦敦的象征,有"伦敦正门"之称。该桥始建于1886年,1894年6月30日对公众开放。游人可在塔桥上步行游览,或从北边的塔桥乘电梯上去,观看大桥的结构。塔内有展室可供了解桥的历史及工作情况。

(2)伦敦眼

伦敦眼(The London Eye),全称英国航空伦敦眼(The British Airways London Eye),又称千禧之轮,坐落在伦敦泰晤士河畔,是世界第三大摩天轮(次于坐落在新加坡的摩天观景轮和中国南昌高160米的"南昌之星"摩天轮),是伦敦的地标之一,也是伦敦最吸引游人的观光点之一。

(3)大本钟

英国伦敦著名古钟,俗称大本钟(Big Ben),即威斯敏斯特宫报时钟(坐标:51°30′02.2″N,00°07′28.6″W),英国国会会议厅附属的钟楼,建于1859年。安装在西敏寺桥北议会大厦东侧高95米的钟楼上,钟楼四面的圆形钟盘,直径为6.7米,大本钟是伦敦的传统地标。

2. 著名景点

(1)泰晤士河

泰晤士河(Thames River)是英国著名的母亲河。发源于英格兰西南部的科茨沃尔德希尔斯,全长402公里,横贯英国首都伦敦与沿河的10多座城市,流域面积13 000平方公里,在伦敦下游河面变宽,形成一个宽度为29千米的河口,注入北海。在伦敦上游,泰晤士河沿岸有许多名胜之地,诸如伊顿、牛津、亨利和温莎等。

于入口区开始,至出口在地面铺设泰晤士河的图像,使游客产生一种顺流而下的感觉,并能够将整个展示串联在一起。

(2)Abbey Road

Abbey Road为伦敦的一条街道,著名的Abbey Road录音室设立于此,而其最为著名的标志就是披头士乐队(The Beatles)最后一张专辑的封面图,四位成员一字排开跨过Abbey Road上的斑马线,使得Abbey Road成为英国当代流行音乐的标志性符号之一。

可于英伦风情街中布置出Abbey Road及斑马线,并在旁边对The Beatles乐队进行介绍,游客可自行组成一列,于Abbey Road上留影,吸引更多游客加入体验活动。

(3)尼斯湖

尼斯湖(Loch Ness)亦译内斯湖,位于英国苏格兰高原北部的大峡谷中,湖长39公里,宽2.4公里。面积并不大,却深。平均深度达200米,最深处有300米。该湖终年不冻,两岸陡峭,树林茂密。尼斯湖像苏格兰高原和斯堪的那维亚的一些深湖一样,传说有水怪出现。尤其是尼斯湖岸公路通车以来,更多所谓尼斯湖怪物的目击报道出现。

于跳水池中设置充气水怪模型,不定时浮出水面,吸引游客注意力。

(二)英伦生活

此部分包括伦敦生活中的标志性交通工具和英国生活中必不可少的一些元素,如格纹、下午茶、园艺活动。

1. 伦敦出租车

即 Black Cab,为伦敦特有的黑色老爷出租车,已成为伦敦和英伦文化的标志之一。

通过 1∶1 的大型立体展板展示于游客面前,吸引游客合影,并鼓励游客将照片通过微博等形式发布,可提供一定奖励,如设计相应纪念戳,凭微博照片加盖于门票上。

2. 伦敦双层游览车

自 20 世纪 50 年代起于伦敦服务的 Routemaster 车款虽已退役,但已成为该市的地标,上层不设车顶,供游客登上作浏览沿途景色。

通过大型立体展板对 Routemaster 车进行展示,吸引游客合影,并鼓励游客将照片通过微博等形式发布,可提供加盖相应纪念戳等低成本奖励,达到扩大宣传的目的。

3. 苏格兰格纹

经典的苏格兰格子代表着英国人严谨的理性,正宗的苏格兰格子很复杂,并在历史上当成家徽纹样使用,目前基本就是一种装饰纹样的变化使用,并被众多服装品牌所使用。

格纹的展示可通过一系列相关服装展览进行,活动讲解员可配备格纹服装,与英国三大经典格子品牌 Aquascutum、Burberry 和 Daks 合作展示其经典或当季新品格纹单品。并在 4 月份的预热期间,进行"英伦格子疯——上传你的格子照"活动,通过微博发布,鼓励年轻时尚人群上传自己的格子服装照片至水立方网站,扩大网站和后续活动的影响力,并可在稳定外地游客客源的基础上,扩大北京本地年轻人对水立方的了解,吸引更多当地人来水立方进行参观。

4. 下午茶

下午茶是餐饮方式之一,现在多指享负盛名的英国维多利亚时代的英式下午茶(afternoon tea),一般享用下午茶的时间是下午 3 点到 5 点。下午茶是英国 17 世纪时期的产物,绵延至今,正逐渐变成现代人休闲的一种习惯。

下午茶文化包括茶叶和相应糕点两个必不可少的元素。与著名英国茶品牌立顿(Lipton)或川宁(TWININGS)合作,于英伦文化街展示其系列产品,并现场销售。由英国大使馆联系英式糕点供应商,与馆内现有餐饮服务商合作,推出"名媛疯——英式下午茶体验",此活动另外收费,不仅丰富了游客的体验,亦可增加餐饮商流水,扩大水立方收入。

5. 园艺活动

英国人为园艺和花草疯狂,英国人可以出动大批警察保护珍贵兰花,也会花费多年心血培育濒临灭绝的世界上最小睡莲品种。因为在英国,无论尊卑老幼清一色地喜爱花草,英国人把看足球和侍弄花草当成人生的两大乐趣,这让英国落下"花痴之国"的名声。

在较小空间中展示园艺和花卉的最好方式就是插花,因此企划"LOHAS ROOM 英式美学生活插花之'经典花王玫瑰'"活动,与花艺培训学校合作,邀请著名插花师于周末进行演示,指导游客体验插花活动,可对活动参与者进行一定的额外收费。

(三)文化与艺术

本部分包括英国的文学、影视、音乐、文化创业产业、节庆等方面元素,主要表现形式为展板与作品欣赏放映,并设计相应活动,吸引小朋友参与。

1. 文学作品

(1)莎士比亚

莎士比亚(W. William Shakespeare,1564—1616)英国文艺复兴时期伟大的剧作家、诗人,欧洲文艺复兴时期人文主义文学的集大成者。

4月23日为莎士比亚诞辰,与大学戏剧社团合作进行莎士比亚戏剧中著名场景的演出,并租借服装,将讲解员依莎士比亚戏剧中人物进行装扮。

(2)福尔摩斯

歇洛克·福尔摩斯(Sherlock Holmes),是一个虚构的侦探人物,是由19世纪末的英国侦探小说家阿瑟·柯南·道尔所塑造的一个才华横溢的侦探形象。福尔摩斯自称是一名"咨询侦探",也就是说当其他私人或官方侦探遇到困难时常常向他求救。

针对小朋友,设计相应的福尔摩斯的参与活动,主要集中于5月份,包括"寻找小小福尔摩斯(馆内寻宝)"、"谁是福尔摩斯?上传你的福尔摩斯照"和"追寻福尔摩斯(电影欣赏)"三项,其中后两项可在预算允许的情况下机动进行。"谁是福尔摩斯?上传你的福尔摩斯照"需另外租借服装,鼓励将照片发布到微博,并给予相应奖励。"追寻福尔摩斯"则需与电影公司合作,放映关于福尔摩斯的经典影片。并可在此期间与凯撒国旅合作,鼓励其推出"追寻福尔摩斯的脚步"主题英国游。

(3)简·奥斯汀

简·奥斯汀(Jane Austen,1775年12月16日—1817年7月18日)是英国著名女性小说家,她的作品主要关注乡绅家庭女性的婚姻和生活,以女性特有的细致入微的观察力和活泼风趣的文字真实地描绘了她周围世界的小天地。

对于简·奥斯汀的作品选取相应影片进行放映,包括《傲慢与偏见》、《理智与情感》、《简·爱》,以及其传记片《成为简·奥斯汀》。

2. 影视作品

放映具有英伦元素的影视作品也是宣传英国文化的有效途径,因此挑选适当影片,与电影公司合作,每天中午、下午两个特定时段于水滴剧场进行免费放映,并定期更换影片,吸引游客定期前来,提高复游率。

具体影片见体验活动策划表中"一部电影如何打开一座城市——英国电影展"部分。

3. 音乐作品

英国流行音乐也是英伦文化的代表,因此让游客了解英国不同类型乐手、乐队的作品也是接触英伦文化的有效途径。

通过水立方场馆内音响系统播放具代表性的 brit‐pop 音乐,营造英伦气氛,特别是与体育赛事有所关联的歌曲,如 Queen 乐队的《We are the Champions》、David Bowie 的《Heroes》。与唱片公司合作,水滴剧场中定期免费播放英国乐队演唱会或电影,如 The Beatles 的《Yellow Submarine》、The Who 乐队、Queen 乐队、Elton John、David Bowie、Blur 乐队等。

4. 文化创意产业

英国具有悠久的设计传统,英国人对于设计比较讲究,特点是对设计所表达的社会象征性看得很重,近年来更将相关的设计理念融入文化创意产业之中。尤其是在商业室内设计和展示设计部分,英国的文化创意产业具有很特别的优势。

于8月伦敦残奥会进行过程中,举办"英伦设计疯"系列活动,包括"英国设计,让生活变得更美"专题讲座和"伦敦设计博物馆介绍",邀请设计和建筑方面相关人士参与,并可与之前的一系列英伦元素展示结合,旨在奥运后期仍能调动起游客的参观兴致,维持游客数量。

5. 教育

英国目前总共有将近200余所高等教育机构,其中包括60多所大学,近30所的理工大学,每年都会有将近10万名来自全世界各地的留学生到英国留学。目前英国也已成为中国学生的主要留学国家之一,国际间的教育成为文化交流的新途径。

9月份参观将进入淡季,为保证游客数量不发生大幅下降,与英国大使馆文化教育处及留学中介公司合作,进行"英国教育理念"和"英国留学"专题讲座,吸引高中和大学生进入水立方参观,扩大水立方在大中院校里的影响。

6. 节庆

万圣节(HALLOWEEN)为每年的11月1日,源自古代塞尔特民族(Celtic)的新年节庆,此时也是祭祀亡魂的时刻,在避免恶灵干扰的同时,也以食物祭拜祖灵及善灵以祈平安度过严冬,是西方传统节日。

将万圣节活动提前至9月中旬至10月进行,于周末开展针对青少年的相关活动:进行南瓜雕刻的亲子活动,使小朋友游客和家长能够同时参与到活动中,可另外收费,增加水立方利润;配合小说《哈利·波特》和《纳尼亚传奇》及改编的电影举办化装舞会;举办哈利·波特书迷会,调动中小学生的参观积极性。

六、奥运生活馆(空间布局)

(一)布局原则

1. 综合协调,突出主题

展区内各项功能区的布局要紧紧围绕主题,根据主题确定各类设施的位置、风格、外观、级别、类型等,使之与主题相吻合、相烘托;景点布局应充分利用空间,协调好功能区用地,既要满足静态展示的要求,又要考虑到动态展示的需要。

2. 紧凑合理,交通便利

展区内功能区的布局要求紧凑合理,交通方便。各功能区之间、各类展品之间在互相协调的同时,既要有方便的联系,又互不妨碍。如果展品布局不集中、不紧凑、交通不畅,不但浪费用地还会减弱展区的旅游吸引力。

3. 因地制宜,组合布局

根据展区的主题差异,对展品、微缩景观进行合理的空间布局和规划设计。同时,从类型上和内容上进行合理空间布局,使有限的空间最大限度地集中不同时空维度的景观、产品和服务,较大程度地满足游客的旅游需求。

(二)奥运生活馆布局

根据水立方布展区域现状及布局原则,通过实地考察与调研分析,将水立方布展区域划分为十大功能区域板块。沿着游客旅游路线分别是:游客入口导引区;购物区;休闲区;体验区;中国奥运文化展示区;伦敦奥运文化展示区;英伦风情街区;多功能综合区;水上表演区、影视播放区。

1. 游客入口导引区

"游客入口导引区"——水立方南门入口处,是游客进入水立方最主要入口,包括英国双层大巴、电子显示屏、奥运火炬等旅游接待设施。

售票亭设计:将英国的特质元素融入其中,烘托独特的英伦气息。

进入水立方,设计一面巨型立体浮雕墙,为地图全真模拟,也是展馆导游图。导游图除具备所有的引导标示和注释外,还表现出一定的艺术性,具备很高的观赏价值,可作为一处旅游景点。设计一辆伦敦双层大巴,让游客有置身于伦敦大街之感。还可设置大型投影,可连续播放 3~5 分钟时长的伦敦奥运宣传内容。

2. 购物区

设立英国商品购物店,在这里游客可以买到正宗的英国特色商品,如苏格兰威士忌(可展示,不销售)、泰迪熊、皮革制品、烟斗(可展示,不销售)、威治活陶瓷器、英国雪利酒(可展示,不销售)等,除此之外,还可以售卖一些反映英伦文化和民俗风情的食品、服饰。力求商品形式多样、质量上乘。

(1)商品推介一:苏格兰威士忌(可展示,不销售)

英国苏格兰威士忌历史悠久,在世界上最负盛名。苏格兰高地的特殊水质和极为严格的酿造工艺,使那里出产的威士忌被誉为"液体黄金"。其中,白马威士忌在世界上很多国家都非常受欢迎。

(2)商品推介二:泰迪熊

泰迪熊(TeddyBear)是英国家喻户晓的宠物玩偶,如在水立方经营此商品,会吸引小游客的热衷,成为水立方一个新的商品卖点。

(3)商品推介三:皮革制品

英国的皮革制品由来已久,从资本主义萌芽时期的小手工作坊到现在的机械化大生产,经过历代的精化和改良形成今天的风格。英国的皮革制品总是想表现稳重、脱俗的绅士气质。

(4) 商品推介四:烟斗(可展示,不销售)

能够让男人爱不释手,并有一定实用价值的小东西不是很多。烟斗应当算作其中一种。烟斗的优势在于,既是吸烟工具,又是艺术品,在烟斗那简单的线条和造型中,蕴含着无穷的智慧和乐趣。

(5) 商品推介五:英国雪利酒(可展示,不销售)

雪利是英文 Sherry 的译音,也被译成谐丽、谢利等。这种酒在西班牙称为及雷茨酒,因英国人特别喜爱它,故以其近似的英文译音 Sherry(王子之意)称呼。

(6) 商品推介六:英国红茶

独特香醇的红茶打动芳心。英国红茶已在过去几百年成为英国人重要的饮料。此商品的售卖是与推出的"名媛疯——英式下午茶体验"活动对接,以满足游客体验下午茶后的购买欲望。

(7) 商品推介七:Burberry 格子衫

1891 年,巴宝莉在伦敦 Haymarket 开了在英国首都的第一家店,现在那里仍是巴宝莉公司的总部所在地。凭着传统、精谨的设计风格和产品制作深受明星的喜爱。此商品的售卖是与"英伦格子疯——上传你的格子照"活动对接,以满足游客希望购买 Burberry 格子衫的心理。

(8) 商品推介八:苏格兰饼干

游客可以买到正宗的英国苏格兰金钟维多利亚精选黄油饼干礼盒、英国苏格兰金钟黄油饼干短裙礼盒、英国苏格兰金钟巧克力黄油手指饼干礼盒等。

3. 休闲区

提供英式下午茶、特色冰激凌等餐饮。

4. 体验区

奥运模拟竞赛(足球、网球、高尔夫、自行车、慢跑、保龄球等);哈利·波特魔法学校;尼斯湖水怪魔幻空间。

5. 中国奥运文化展示区

系列活动包括:奥林匹克历史回顾展、中国奥运文化展、2012 伦敦奥运军团明星展、奥运集邮展、奥运徽章展、摄影展等。

6. 英伦奥运文化展示区

系列活动包括:伦敦奥运场馆介绍、伦敦奥运史展示、2012 伦敦奥运实时在线、奥运体育运动员雕塑展。

7. 英伦风情街区

从游客入口引导区继续向前走就进入了英伦风情街,沿途将建立白金汉宫、唐宁街 10 号、伦敦塔桥、伦敦眼、大本钟、大英博物馆、格林威治天文台 7 大建筑物的微缩景观,这些建筑物为 7 处地理标志节点,作为站点。各个站点设立站牌、邮筒,站牌为景点详细介绍。同时,旅游线路上布设电子显示屏,实时播报活动预告,将水上比赛、跳水表演、水上芭蕾表演、电影等活动链接到比赛大厅、热身区、水滴剧场、探秘馆、多功能贵宾厅,方便游客游览。

具体各站顺序为:白金汉宫—唐宁街10号—伦敦塔桥—伦敦眼—大本钟—大英博物馆—格林威治天文台。

各站点都配有完善的旅游解说系统、文字图片等,主要介绍各建筑物所在地和地理标志节点的自然地理和历史人文知识,以及与奥运密切相关的传说。

8．多功能区

主要功能为:信息发布、讲座、表演、有奖竞答。

系列活动包括:奥运知识有奖竞答(包含北京与伦敦前两届奥运会知识)、奥运娃娃手牵手、体育明星签名留影;票选你心中最美丽的伦敦奥运场馆、2012伦敦奥运吉祥物彩绘比赛、邀请残奥选手演讲、把爱送出去关怀残障小朋友、邮寄明信片活动、奥运体育运动员雕塑展等。

9．影视播放区——水滴剧场

系列活动包括:莎士比亚短剧演出、追寻福尔摩斯(电影欣赏)、英国电影系列。

10．水上表演比赛区

系列活动:水上比赛、跳水表演、水上芭蕾表演等。

七、营销推广方案

(一)推广目标

1．经营目标

(1)短期目标:2012年4月15日—10月15日游客数量不低于150万人次,2012年全年不低于200万人次;全年旅游收入不低于4000万元。

(2)长期目标:塑造水立方品牌形象。

2．实施目标

(1)初步建立水立方与主要旅游媒体的合作关系。

(2)初步完善水立方官方网络宣传渠道。

(二)营销现状

对水立方现有的营销资源的调查包括:现有官方宣传渠道、现有门票销售渠道及以往水立方主要媒体合作渠道和方式。

1．现有官方宣传渠道

水立方现有官方宣传渠道包括http://www.water-cube.com、新浪官方微博http://weibo.com/bjwatercube,目前尚未建立其他官方微博。

(1)水立方官方网站

设有水立方概况、游览项目等9个栏目。内容清晰,网站设计精美,符合水立方品牌形象。其中设置的线路图、导览图及开放时间公告等为游客参观游览水立方提供了实质性的帮助。但必须指出,水立方官网也存在一些问题:如整版宣传信息量少、信息更新慢、搜索引擎排名靠后等。截至2012年3月,场馆活动板块信息仍为2010年内容;对官网在各大搜索引擎的排名进行调查发现,部分搜索引擎中水立方官网位于水立方嬉水乐园后面,排序在首页底端,不利于游客网上信息检索。具体情况如表1所示。

(2)官方微博

对水立方官方微博的使用现状调查包括微博建立渠道、关注度、信息量和互动情况四个方面的评估。水立方仅在新浪建有官方微博,网易、搜狐、腾讯等网站尚未建立。水立方新浪官方微博关注度和粉丝数量与水立方品牌严重失调,微博信息更新慢,与粉丝互动少。具体情况如表1所示。

表1 水立方官方宣传渠道现状

(数据引用日期:2012.3.27)

渠道	调查指标	使用情况
官方网站	信息量	包括基本游览内容
	信息更新速度	截至2012年3月,场馆活动板块信息为2010年内容
	搜索引擎排名	百度:7 搜狗:3 Google:1 有道:6
官方微博	微博建立情况	仅在新浪建立官方微博
	关注度	关注:437
	信息量	粉丝:1408
	互动情况	微博数量:132

2. 现有销售渠道

水立方的门票、比赛、演出销售主要依靠水鸟票务公司,与鸟巢统一开展。水鸟票务通过携程等旅游媒体渠道分销。同时水立方与国旅等一批传统旅行社建立合作关系,面向旅游团队销售门票,主要消费群体为外地团队游客。

(三)营销策略

1. 产品概况

宣传推广针对"水立方2012年度奥运旅游"活动项目开展,包括整体形象宣传和活动推广两部分。

(1)形象宣传

2012年度水立方奥运旅游主题宣传口号——"游"水立方,看伦敦奥运!

针对目标市场,初步树立水立方"亲近、快乐、健康、时尚、高科技、国际化"的品牌形象。

(2)活动推广

奥运文化展、伦敦风情节——2012年水立方系列旅游活动。

2. 目标市场

通过对问卷调研结果进行科学分析,结合水立方品牌形象和本次活动的主题,确定水立方未来旅游发展的目标市场策略为:充分挖掘中青年游客,重点培育儿童市场;使外地游客、本地市民客源市场互为补充。

3. 渠道策略

(1) 合作渠道选择依据

水立方作为中国奥运精神的象征,其品牌形象早已深入人心。在旅游推广渠道选择时,应挖掘品牌价值较高的媒体作为合作对象,在保证推广效果的同时,确保水立方的品牌形象不受侵害。另外,由于项目进度较为紧张,已有合作伙伴应首先纳入考虑范围。因此,对旅游推广媒体的选择主要参考如下依据:

旅游媒体的旅游品牌价值;

艾瑞咨询报告(网络媒体、电子商务、网络游戏、无线增值等经济领域专业市场调研公司);

水立方及北京联合大学旅游学院渠道资源。

(2) 渠道组合

加强官网和官方微博建设与维护。中青年游客的主要信息获取渠道为网络,而宣传渠道简单、宣传效率较低正是水立方目前网络宣传的主要问题。针对这一现象,在项目推广时,应重点加强水立方网络渠道的建立和维护,及时更新官网信息,丰富官网信息类型和数量;在腾讯及其他主要微博媒体上建立水立方官方微博,建立专门团队负责微博的日常维护。

加强与新兴网络旅游媒体合作。水立方以往的旅游合作伙伴是包括国旅在内的一些旅行社,而新兴的网络旅游媒体并没有被重视。这部分网络旅游媒体拥有众多会员资源,其销售形式多样,产品设计新颖,更适合水立方长期发展需要。

发挥品牌价值,充分利用公共资源。在实体媒体选择上,电视、广播、地铁站、公交站等宣传渠道尽管符合水立方消费群体获取信息的习惯,也十分有利于活动推广,但受到宣传推广预算的限制,这些渠道需要放弃。可选择利用品牌合作和公益推广渠道进行宣传。另外,针对本地游客需求,可在奥林匹克公园园区设立宣传栏等,扩大活动影响,使进入园区的游客口口相传。

4. 价格策略

逐步实现"门票经济"向"综合经济"转变。水立方场馆门票为30元,销售形式有单独销售和捆绑销售两种。可从长期发展角度,增加场馆经营内涵,参照"西湖模式",推进免门票机制。就本次活动而言,在门票价格策略上需考虑因素包括全年经济收入与销售折扣的平衡、门票策略如何杜绝"黄牛"的产生,重点发展的合作对象与一般销售渠道的差别策略,低门票收益空间如何激励销售渠道等。

(四) 营销方案

1. 总体思路

通过市场调研,找出目标群体;跳过形象宣传,抓住销售渠道;借势项目开展,建立合作关系;珍惜品牌形象,力求强强联合;合理配置资源,实现经济效益及社会效益最优。

2. 渠道选择

(1)网络推广

抓住旅行网站作为销售渠道,发展官网微博作为宣传亮点。在旅行网站的选择上,针对不同类型的旅行网站和市场群体,选择重点合作对象。充分利用水立方品牌价值,深入挖掘战略合作模式,实现互惠互利发展。保护水立方品牌定位,慎重使用一般团购网站,在活动重点推广阶段,可适度采用团购网站进行销售。建议选择"携程旅行网"作为水立方长期发展旅游媒体伙伴,在产品开发、项目推广、捆绑营销等方面深度挖掘对方资源。"去哪儿"作为新兴旅游网站,线路销售是其优势,可针对外地旅行散客、部分本地散客开展门票团购和线路整合销售。

表2 网络推广渠道一览

渠道类型	潜在合作对象	选择	市场群体	合作模式
旅行网站	1. 携程旅行网 2. 艺龙网	1家	外地团队 商务散客	线上产品宣传 线下产品整合
	3. 去哪儿旅行网 4. 途牛旅游网 5. 驴妈妈旅游网	1家	外地旅行散客 部分本地散客	旅行团购 产品整合
官方微博	1. 新浪 2. 腾讯 3. 搜狐 4. 网易	至少2家	受众广 中青年市场	宣传内容 微博营销
团购网站	1. 拉手 2. 糯米 3. 满座	1家	本地散客市场 非游客市场	门票销售

(2)实体推广

避开高成本实体推广渠道,利用旅游学院已有资源,提出与主要经济型连锁酒店合作,在其门店推广水立方产品。一方面经济型酒店客户群体与水立方目标市场重合;另一方面,商务散客行程安排自由,水立方产品能满足其短途参观游览的需求。

作为政府为旅游提供的便利资源,近年来北京旅游咨询发展迅猛。目前,北京旅游咨询站点约为373家,遍布北京各主要景点、餐厅、酒店、交通枢纽。在北京旅游咨询站点投放水立方宣传品有利于扩大影响,制造宣传舆论。

表3 实体推广渠道一览

渠道	合作对象	优势	市场群体	合作模式
连锁酒店	速8 如家	速8：北京55家门店 如家：北京111家门店	外地商务散客	门店宣传品投放 会员产品捆绑销售
北京旅游咨询	373家站点	遍布北京各主要景点、餐厅、酒店、交通枢纽	外地游客	宣传品投放

(3) 传统纸媒

针对市场，结合品牌形象需求，推荐：中国旅游报、精品购物指南、北京漫步等。

(五) 实施方案

表4 营销推广实施任务分解

阶段	宣传重点	主要渠道	工作任务
4月前			确定策划方案
4月—6月	全面开展口号宣传、活动推广、百日倒计时活动、火炬接力、伦敦风情节开幕式、幸运抽奖活动等	旅行网站、官方微博、官方网站、中国旅游报、北京旅游咨询、团购	1. 确定门票策略 2. 选定合作媒体 3. 建立微博营销团队 4. 宣传品制作、投放 5. 专人监测门票销售情况
7月—8月	2012伦敦奥运会实时在线观赛、2012年水立方奥运旅游系列活动	旅行网站 官方微博 官方网站 北京漫步 精品购物指南 北京旅游咨询 旅行社	1. 4—6月合作渠道效果评价 2. 调整渠道组合 3. 纸媒专题发布 4. 加大对旅行社的宣传力度
9月—10月	品牌形象宣传、2012年水立方奥运旅游系列活动总结、奥运冠军走进水立方等	官方微博 官方网站 中国旅游报 旅行网站 旅行社	1. 发布活动成果 2. 抓紧黄金周，促进门票销售

八、实施保障

（一）效益分析

1. 经济效益分析

该项目的基本目标是通过一系列活动策划、方案实施和宣传推广等方式，力争在较短时间内初步缓解参观人数逐年下降的趋势，实现2012年4月中旬至10月中旬接待游客150万人次，2012全年接待游客总人数不低于200万人次。实现经济效益和社会效益双改善。

就该项目的经济效益而言，由于本次系列活动预计直接投入200万元，主要以打造水立方新亮点，增强人们对水立方的认知，遏制入馆参观人数不断下降的趋势为重点。而形成人们新的认知需要一定的时间，因此，短期内直接经济效益不会很显著。初步测算，短期新增直接经济效益约为直接投入的3～4倍。但人们新的认知一旦形成并不断强化，长期经济效益的潜力将会显现。

2. 社会效益分析

本次系列活动的成功实施将会带来较明显的社会效益，从一定意义上来看，社会效益将比经济效益更显著。原因主要有三个方面：

第一，水立方本身就是北京奥运会遗留下来的宝贵遗产，具有特殊的纪念和宣传功能，对北京甚至整个国家都具有重要的社会价值。水立方的认知形象提升必将给北京乃至全国带来明显的社会效益。

第二，水立方实现从单纯的奥运比赛场馆向活动体验场馆转变，必将大大拓展公众参与空间，实现更好的社会效益。

第三，水立方作为一种具有特殊意义的国有资产，必将承担一定的公益功能，而这种公益功能的充分发挥，本质上就体现了良好的社会效益。

3. 长期效益评估

长期效益也主要包含两个方面，一是经济效益，二是社会效益。随着水立方品牌效应的提升和人们对水立方新的形象定位的认知，经济效益将会先逐步提升，然后基本稳定在一个较合理的水平。而随着水立方的展示、宣传、大众参与、公益等功能的充分发挥，其社会效益将更加显著。鉴于水立方的特殊地位和产权特性，水立方必然要继续承担一定的社会功能。因此，长期来看，在保证一定经济效益的基础上，水立方的社会效益仍将是其总体效益中的重要组成部分。

（二）风险控制

任何旅游项目在开发实施过程中都会面临一定的风险，这是因为项目各构成要素本身的不确定性以及要素间相互作用方式及结果的不确定性往往会导致实际结果与预期目标之间出现偏离。就本项目而言，其涉及的内容、方式、环节、对象等丰富多样，所面临的环境复杂多变，制约因素较多，因此，极易出现实施效果与项目预期目标之间出现差异。风险无法完全消除，但应尽量降低出现各种风险的可能性。这里对本项目的风险与控制简要分析如下：

1. 项目风险来源

该项目主要风险主要来自于如何保证项目实施的充分性，包括项目内容、方式、数量、资金、宣传手段、持续时间、人员安排、理念实现程度等。其中，管理制度、思想意识、宣传手段、实施方式、人员安排和理念实现程度等是影响项目能否取得成功的关键要素。

该项目从策划到实施时间较紧，包含的内容、涉及的对象和环节等较多，与单一目标和单一要素的项目相比，该项目的风险来源也相对较多。

2. 控制风险的主要措施

（1）制度保障

制度是抵御风险的基本保证，本项目的实施必须要有相应的制度来保障，特别是应在水立方整体层面上要形成较完善的管理制度，其中包括鼓励创新的激励制度、促进项目实施的部门协调制度、灵活高效的人员管理制度等。本项目不是水立方某一个单一部门的任务，也不是简单按照最初设计的方案机械地执行就能成功，而是要保证各部门间能灵活协调，鼓励竞争与创新，激发员工的创造思维等。

（2）思想保障

统一思想，统一认识，统一行动是促进项目成功的关键因素。对本项目而言，不仅要求管理团队在项目意义和项目实施上统一思想，而且在对项目的深层理解上也应尽量全面把握和统一。

因此，整个水立方管理和运营团队要形成统一的思想认识，共同促进水立方的快速发展。要有全局意识、创新意识、服务意识和团队合作精神，在项目实施过程中要心往一处想，劲往一处使，尽量避免出现只为本部门利益而损害整体利益的现象。同时，要充分理解创新设计的活动理念，保证活动实施的充分性。

（3）资金保障

本项目的实施需要有相应的资金支持，且资金支持要分配合理、到位及时。结合项目目标，资金分配要有所侧重，保证重点环节的资金投入，尽量不出现因资金问题而影响实施效果的现象。另外，资金来源以争取上级支持为主，自筹和寻求外界赞助为辅。部分环节可通过争取赞助或资源置换等方式解决资金不足问题。

（4）人员保障

人员是影响活动成功与否最关键的因素，各项活动要安排到位，按不同环节或不同活动内容安排相应的负责人，责任落实到人。在人员安排上要尽量选择相对较专业的人员负责相关的环节或内容。要既保证人员数量又保证人员质量。从项目设计策划、运行实施、服务保障等各个环节都要安排和明确相应的专业人员、责任人等。人员要提前安排，甚至要进行相应的培训，保证项目的顺利实施。

（5）时间保障

时间保障主要体现在两个方面，一是要根据不同活动内容和方式安排不同跨度的时间，二是应根据不同活动内容和方式安排相应的活动时段。就本次活动包含的一系列内容而言，一些造势宣传活动不需安排较长时间，但有些强化人们认知的活动则需要持续进行。要处理好短期造势推动性活动与提升水立方形象的长期性活动的关系。同时，要按照此次活动设计的宣传方案，及时开展相应的宣传造势活动，不要出现仓促宣传、宣传时间滞后等现象，以保证活动实施的良好效果。